渝教先锋 榜样力量
重庆教育100个榜样访谈录【上册】

黄政 主编

西南师范大学出版社
国家一级出版社 全国百佳图书出版单位

图书在版编目（CIP）数据

渝教先锋　榜样力量：重庆教育100个榜样访谈录.上册/黄政主编. -- 重庆：西南师范大学出版社，2021.6
ISBN 978-7-5697-0918-6

Ⅰ.①渝… Ⅱ.①黄… Ⅲ.①教育工作者-先进事迹-重庆-现代 Ⅳ.①K825.46

中国版本图书馆CIP数据核字(2021)第097380号

渝教先锋 榜样力量——
重庆教育100个榜样访谈录【上册】

YUJIAO XIANFENG BANGYANG LILIANG
CHONGQING JIAOYU 100 GE BANGYANG FANGTANLU【SHANG CE】

黄政　主编

责任编辑	于诗琦　杨佳宜　何雨婷
责任校对	张　昊　王玉竹　伯古娟
书籍设计	汪宜康　谭伟娅
出版发行	西南师范大学出版社
	地址　重庆市北碚区天生路2号
	邮编　400715
	网址　http://www.xscbs.com
经　　销	全国新华书店
印　　刷	重庆升光电力印务有限公司
幅面尺寸	285mm×210mm
印　　张	14.75
插　　页	37
字　　数	330千字
版　　次	2021年6月　第1版
印　　次	2021年6月　第1次印刷
书　　号	ISBN 978-7-5697-0918-6
定　　价	68.00元

■ 版权所有·翻印必究
■ 本书如有缺页、破损、装订错误，请寄回印刷厂调换

主编简介

黄 政

黄政，男，汉族，四川荥经人，1963年6月生，1985年7月参加工作，1987年1月加入中国共产党，教授，国务院政府特殊津贴专家，出版著作和教材十余部，发表论文二十余篇，历任重庆工业管理学院马列教研室主任、党委办公室主任，重庆工学院院长助理兼院党委办公室主任、社会科学部主任，四川美术学院党委副书记、纪委书记，四川美术学院党委书记，现任重庆市委教育工委书记、市教委主任。

PREFACE

一 序言

习近平总书记指出，"榜样的力量是无穷的"。榜样是道德的标杆、社会的楷模、时代的先锋。一个榜样树起一面旗帜，无数榜样挺起新时代的精神脊梁。

2021年是伟大的中国共产党成立100周年，从石库门走到天安门，从兴业路迈向复兴路，从小小红船壮大成巍巍巨轮，中国共产党带领中国人民实现了从站起来、富起来到强起来的伟大飞跃，书写了一部感天动地的奋斗史诗。百年党史也是一部树立榜样、学习榜样、争当榜样的创先争优史，先后涌现出战争年代的方志敏、刘胡兰、董存瑞、邱少云等革命志士与和平年代的雷锋、焦裕禄、钟南山、毛相林等时代楷模。正是一代又一代榜样，犹如一座座精神灯塔，照亮着社会进步、国家发展、民族振兴。

党的十八大以来，以习近平同志为核心的党中央高度重视教育工作，把教育摆在优先发展战略位置。沐浴新时代春风，重庆教育系统深学笃用习近平新时代中国特色社会主义思想，事业改革发展取得显著成效，为成渝地区双城经济圈建设等国家重大战略献智献才。在战"疫"战贫战洪、教学科研管理等生动实践中，重庆广大党员教师走在前、做表率，发挥了很好的示范引领和先锋模范作用。为宣扬和学习党员教师的先进事迹，在党史学习教育和"学身边榜样"活动中，重庆市教委组织干部处党支部及全市教育系统有关基层党组织对身边榜样进行了面对面访谈。本书选取的这批访谈榜样，有攻克近距离开采保护层抽放瓦斯世界难题的院士，有被誉为"当代民法史的活化石"的百岁教授，有"把论文写在巴渝大地上"的扶贫教师党员，有完成国庆70周年"魅力重庆"彩车设计制作团队的党组织……大家在访谈中普遍反映，能从这些文字碎片中品味到他们的精神力量，从一个个故事中感悟到他们的坚定信仰，从一幅幅素描中体察到他们的正义担当，他们展现了新时代重庆教师的精神风貌和价值追求，是"四有好老师"的优秀代表，是全市广大教职员工的学习榜样。

习近平总书记近日在清华大学考察时指出，要心怀"国之大者"，把握大势，敢于担当，善于作为，为服务国家富强、民族复兴、人民幸福贡献力量。面对把握新发展阶段、贯彻新发展理念、构建新发展格局的时代要求，重庆教育系统要在市委、市政府的坚强领导下，坚持打牢定盘星、稳住基本面，服务新格局、解决烦心事，克服卡脖子、抢占制高点，激发新动能、汇聚大合力，不忘为党育人、为国育才初心，牢记培根铸魂、立德树人使命，只争朝夕、砥砺拼搏，建设高质量教育体系，全面推进教育现代化，建设教育强市，办好人民满意的教育，为重庆经济社会高质量发展做出教育新贡献。

伟大出自平凡，榜样就在身边，让我们向阳而生；平凡造就伟大，奋斗不负韶华，让我们逐光前行。

CONTENTS 目录

002 **报国心志在千里，育英才壮心不已**

重庆大学鲜学福同志访谈实录

008 **"板车箩筐"里建起的样板支部**

重庆大学电气工程学院党委
高电压与绝缘技术系教工党支部访谈实录

014 **甘为脱贫攻坚的"质检仪"，善做立德树人的"铸魂者"**

西南大学廖和平同志访谈实录

020 **坚守立德树人初心，打造"党建＋业务"双优教师党支部**

西南大学心理学部教工第一党支部访谈实录

026 **新中国民法发展的亲历者**

西南政法大学金平同志访谈实录

034 **围绕中心抓党建，抓好党建促发展**
——以"党建四力工程"为抓手加强基层党建工作

西南政法大学经济法学院党委访谈实录

042 **报效祖国的科研者，教书育人的摆渡人**

重庆医科大学金艾顺同志访谈实录

048　砥砺初心显本色，抗疫火线展担当
重庆医科大学周发春同志访谈实录

056　抓好党建主责主业，促进事业蓬勃发展
重庆师范大学经济与管理学院党委访谈实录

062　以生为本、因材施教，引导学生成为最好的自己
重庆邮电大学王汝言同志访谈实录

068　将思政工作贯穿教育教学全过程，夯实教书育人战斗堡垒作用
重庆邮电大学网络空间安全与信息法学院知识产权系党支部访谈实录

074　教书不分上下课，育人不分上下班
重庆交通大学傅红同志访谈实录

080　落实立德树人做课程思政的践行者
重庆交通大学向中富同志访谈实录

086　建一流智库、带一流团队、出一流成果、育一流人才
重庆工商大学杨维东同志访谈实录

094 "党建+教育""思政+艺术"工作模式的示范

四川美术学院付继红同志访谈实录

100 高质量党建引领高质量发展

四川美术学院设计学院党总支访谈实录

106 立德树人,红芯闪耀

重庆理工大学计算机科学与工程学院教工第二党支部访谈实录

112 以拳拳报国之心走科技创新之路

重庆文理学院李璐同志访谈实录

118 "三驻"贫困乡村抓实产业发展
——不让一个贫困村民掉队的"第一书记"

长江师范学院杨伟同志访谈实录

124 全心全意为民脱贫致富奔小康

重庆科技学院何亮同志访谈实录

130 怀赤子心、立鸿鹄志、担匹夫责

重庆第二师范学院王晓阳同志访谈实录

136　**无悔的选择永恒的奉献**
　　重庆警察学院吴玉红同志访谈实录

142　**做教育教学的示范者、**
　　改革创新的领军者、青年一代的引路者
　　重庆广播电视大学（重庆工商职业学院）曾春同志访谈实录

148　**情系乡村振兴，圆梦深山支教**
　　重庆人文科技学院校友杨明同志访谈实录

154　**投身教学科研一线，为党育人为国育才**
　　重庆工程学院李英吉同志访谈实录

160　**27年如一日，为培养电力人才奉献光和热**
　　重庆电力高等专科学校伍家洁同志访谈实录

166　**杨柳依依　青青我心　公卫教育　助力抗疫**
　　重庆三峡医药高等专科学校杨柳清同志访谈实录

172　**专家型教师如何培养具有"仁心仁术"的医务工作者**
　　重庆医药高等专科学校何坪同志访谈实录

178 弘扬红色文化，践行使命担当
重庆幼儿师范高等专科学校继续教育学院（培训学院）党支部访谈实录

184 高职院校信息安全领域的探索者
重庆电子工程职业学院武春岭同志访谈实录

190 潜心职业教育，坚守讲台初心
重庆工业职业技术学院刘蘅同志访谈实录

196 勇担时代使命，争做扶贫战线的排头兵
重庆城市管理职业学院傅伟同志访谈实录

202 真蹲实驻，用实干与汗水写下"扶贫诗"
重庆工程职业技术学院邵乘胜同志访谈实录

210 凝聚力量助力脱贫攻坚
重庆三峡职业学院谭鹏昊同志访谈实录

216 乡村里走出的大学教师，带领太阳山村脱贫致富
重庆财经职业学院罗箭飞同志访谈实录

渝教先锋 榜样力量

重庆教育100个榜样访谈录【上册】

报国心志在千里，育英才壮心不已

重庆大学鲜学福同志访谈实录

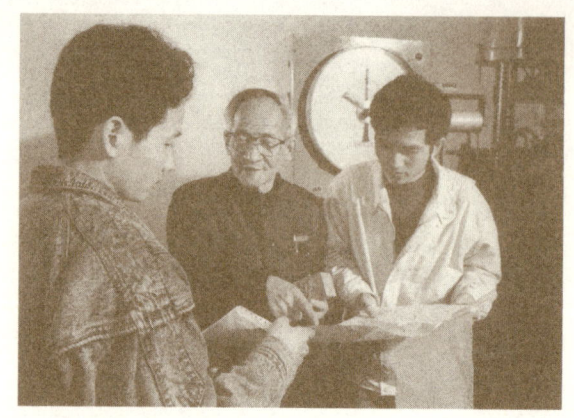

人物简介

鲜学福，男，汉族，1929年出生，四川省阆中市人，中共党员，现任中国工程院院士、重庆大学资源与安全学院教授，博士生导师，煤炭学会名誉理事长，著名矿山安全技术专家，煤层瓦斯（煤层气）基础研究的开拓者，攻克了近距离开采保护层抽放瓦斯这一世界性难题，使我国最早实现了近距离煤层保护层开发及瓦斯抽放技术。在国际上首次完整地建立了煤层瓦斯渗流理论，为煤层开采时瓦斯运移、富集、涌出的预测及抽放技术的改进奠定了理论基础。创新提出超临界二氧化碳强化页岩气高效开采的路径，指导实施世界首次超临界二氧化碳压裂现场试验，使我国在这一领域的研究处于国际前沿地位。先后获全国科学大会奖1项，国家级科技进步奖3项；获振兴重庆争光贡献奖、香港柏宁顿中国教育基金会第二届"孺子牛金球奖"和全国优秀教师、全国先进工作者、"庆祝中华人民共和国成立70周年"纪念章、新中国"最美奋斗者"称号等荣誉称号。

导",要多为学生的发展考虑,这才是智者的魄力和远见。最后,要重视梯队建设。尤其要重视对青年人才的扶持,创造条件让他们锻炼成长。在教学、科研上,要有意识地把重担压给年轻人,要让想干事的年轻人冲在前面。

访谈组: 鲜院士,您热衷科研工作,请谈谈您的兴趣爱好。

鲜学福: 一年365天,我只休息4天,就是除夕到初三,周末也要上班。工作时间就到办公室看书学习,关注国家大事和学科前沿动态,有时也翻译俄文资料,风雨无阻。空闲时间我喜欢练书法,春节偶尔会帮别人写写对联,或是有感而发时写首诗。我还爱看金庸小说,品味书中的人生哲理和家国情怀。以前我还喜欢旅游,现在除了重大活动,我尽量少出远门,这个年龄出门坐飞机都得有人陪同,我这个人不喜欢麻烦别人。

访谈组: 鲜院士,您作为老一辈科技工作者代表,请问对新时代大学生有什么寄语吗?

鲜学福: 几年前,我在自己的个人总结中是这样写的——"我的求学之路一直在警示我,学海无涯、人生苦短、珍惜时光、多干实事、回报祖国,这才是人生意义之所在"。我就把这句话送给我们的学生,希望他们戒骄戒躁,对科研有兴趣的年轻人要树立远大的志向,不断上进、刻苦钻研,立志成为学术领域的带头人,为我们的国家、社会做出更大的贡献。

访谈组: 陈大勇书记,您负责联系鲜院士所在的党支部,请谈谈您心目中的鲜老师是什么样的人。

陈大勇(资源与安全学院党委书记): 我最佩服鲜老师的一点是,鲜老师作为一个68年党龄的党员,尽管92岁高龄,从来没有放松对自己的党性要求。我作为院党委领导班子一员,负责联系鲜老师所在的支部,所以有很多机会和鲜老师一起参加组织生活。鲜老师每次都是提前到会场,很认真地参加组织生活,很认真地听党课,他总是鼓励学院的班子成员要团结起来,为学校和学院发展做贡献,多次对学院学科建设和人才培养提出自己的建议。2019年在学院的"七一"表彰大会上,有一个活动是新党员入党宣誓和老党员重温入党誓词，当时是我在负责领誓，鲜老师在第一排，他也站起来，严肃认真地和大家一起重温入党誓词。有时候，我们也有户外党组织生活，考虑到鲜老师的年龄，征求他的意见，说他可以不参加户外组织生活，但是他从来不搞特殊化，和大家一样坐着大客车一起参加户外组织生活。鲜老师严格要求自己的作风，给全院教职工做了非常好的榜样，同时也是全院教职工的一个精神指引。

访谈组：卢院长，作为鲜院士的第二代弟子，您觉得鲜院士身上的哪些精神对您影响最大？

卢义玉（资源与安全学院院长）：我是鲜老师学生的学生，有机会长期和鲜老师相处，深切感受到鲜老师胸怀祖国、服务人民的爱国精神，勇攀高峰、敢为人先的创新精神，追求真理、严谨治学的求实精神，淡泊名利、潜心研究的奉献精神，甘为人梯、奖掖后学的育人精神，这给我们广大学子树立了非常好的榜样，他的精神影响了一代又一代的学子，是我们学院和国家重点实验室非常宝贵的财富。鲜老师能够高屋建瓴地把握学科发展现状，立足前沿领域，虽然92岁高龄，但他时刻关注国家重大需求以及社会经济发展需求，经常大量地查阅相关资料，把握学科发展方向，在学院、国家重点实验室的发展上发挥着思想引领作用。鲜老师理论基础非常深厚，思维非常活跃，他经常告诉我们科研工作要有创新，思想不能僵化、不能封闭，要树立突破常规、敢为人先的理念。他也非常注重学科交叉，随时吸收新的、最先进的基础知识，我认为这是他能够保持学术之树长青的秘诀所在。

访谈组：许江教授，您是鲜院士的学生，请您分享一下和鲜院士相处的一些故事。

许江（资源与安全学院教授）：我是鲜老师创立的矿山工程物理专业的首届本科生之一，也是他的第六位博士生弟子，每每看到我博士学位论文手稿满是鲜老师一丝不苟的文字修改痕迹，我都十分感慨，鲜老师对我们学生的影响是深远的，我把这些文稿保存了几十年，是因为它们弥足珍贵，代表着一代科学家崇高的精神！鲜老师不管是做学问还是做人，都是我们一辈子的榜样。对于学生的培养，鲜老师总是不遗余力给学生创造好的条件。20世纪八九十年代，三位学生先后得到赴美国参加国际学术交流会的机会，但由于经费紧张难以成行。鲜老师知道后，凑了十几万元，分别资助他们出国交流，那时候他的一个自然科学基金面上项目也才 3.5 万元，鲜老师能拿出这么多钱来资助学生，但他一家人的生活过得却并不轻松。另外，鲜老师总是甘当绿叶，鼓励年轻人担当重任。他的科研项目特别是重大攻关项目，总是让他的学生抛头露面。凡是重要的学术会议、技术鉴定，他都让年轻的同事们去参加，他的目的很明确，就是要锻炼年轻人。

访谈组：姜永东副主任，作为鲜院士的学生，请谈谈您心目中的鲜老师是什么样的人。

姜永东（煤矿灾害动力学与控制国家重点实验室副主任）：我是鲜老师的博士生，鲜老师是一位和蔼可亲的好老师，是一位认真负责的好老师，是我们学习的榜样。在科学研究上，他治学严谨、精益求精，不断探索学科前沿，深得煤炭领域的人尊重；在工作中，他兢兢业业，为学科和科研平台建设投入大量心血；在生活上，他爱生如子，特别关心学生，给我们满满的正能量。他按学生的兴趣和爱好进行培养，重视理论研究与现场实践相结合，经常带领我们参加国内外学术会议，认识学术大咖，掌握本领域的最新研究成果与进展，让我们在会议小组交流发言，汇报研究成果，同时锻炼我们的表达能力。

"板车箩筐"里建起的样板支部

重庆大学电气工程学院党委高电压与绝缘技术系教工党支部访谈实录

党支部简介

高电压与绝缘技术系教工党支部成立于1980年,姚陈果任支部书记,现有支部党员28人,全部拥有博士学位。支部作为首批"全国党建工作样板支部"培育创建单位并通过验收,获"重庆市教育系统先进基层党组织"称号。支部党员中有全国创新争先奖获得者1人、长江学者1人、国家杰出青年科学基金获得者1人、国家"百千万人才工程"人选1人、国家万人计划科技领军人才1人、重庆英才优秀科学家1人、重庆英才科技创新领军人才1人、重庆英才青年拔尖人才3人,荣获重庆市教书育人楷模1人,重庆市教育系统优秀共产党员1人。近年来,高电压与绝缘技术系教工党支部的同志出版英文专著3部,参与编著英文专著2部;出版中文专著3部;共发表SCI收录的高水平研究论文860余篇,其中SCI一区、二区400余篇。支部成员获得国家级教学成果一等奖1项,国家科技进步一等奖3项、二等奖1项,国家技术发明二等奖1项,国家信息产业重大发明1项,中国发明专利优秀奖1项,中国产学研合作创新成果奖一等奖1项,省部级一、二、三等奖等科技奖励30余项。

访 谈 组｜重庆大学党委组织部、党委宣传部

访谈地点｜重庆大学电气工程学院高压楼高压教工党支部活动室

访谈对象｜高电压与绝缘技术系教工党支部

访谈组： 谢开贵书记,请您简单介绍一下高电压与绝缘技术系教工党支部的基本情况。另外,高压支部的精神是什么?

谢开贵（电气工程学院党委书记）： 20世纪70年代末,根据国家发展的需要,颜怀梁、顾乐观教授不计报酬、亲力亲为,与基层教师一起推板车、扳绞盘,搬运试验设备,通过"坐箩筐""捡破烂"建立了全国高校第六个"高电压工程"专业。"板车""箩筐"凝结着高压老党员们敢于斗争、敢于拼搏的

精神之魂，是高压党支部代代相传的宝贵财富。2018年支部获批全国首批党建工作样板支部培育创建单位。支部始终以习近平新时代中国特色社会主义思想为指导，对标"七个有力"，不断推动支部党建工作提质增效。通过夯基础补短板、出特色见成效，在"党建+业务"中弘扬高压人"不等、不靠、不要"的拼搏精神，实践高压人扎根祖国大地干科研的家国情怀，建设了一批具有学科特色的党建活动教育基地，形成了一个硬件强、软件优、特色鲜明、群众认可的样板支部，树立起"重大高压"品牌。

访谈组：谢开贵书记，学院党委在加强教工党支部建设方面有哪些好的经验和做法？在配齐配强支部书记方面有哪些好的做法？教工党支部是如何有效发挥政治功能、组织功能和服务功能，提高育人工作能力和水平的？

谢开贵：学院党委严格落实"双带头人"制度，按照"两好"（思想政治好、群众基础好）、"两强"（业务能力强、党务工作能力强）的标准选配支部书记，保证专任教师支部实现"双带头人"全覆盖。通过落实领导干部联系指导支部、健全党支部考核评价标准、发挥"双带头人"头雁效应等，全面强化教工党支部建设，为加快一流大学和一流学科建设、实现高等教育内涵式发展、培养德智体美劳全面发展的社会主义建设者和接班人提供坚强组织保证。

学院党委以"两学一做"学习教育和"不忘初心、牢记使命"主题教育深

入推进为抓手，将学习教育平台从线上拓展到线下，从校内拓展到校外；开展党员"政治生日""人人讲党课""空中课堂"等主题活动；成立党员科技创新创业团、党员社会实践团，发挥党员在创新创业、支教、扶贫等方面的引领作用，形成了"电气先锋工程""党员领航工程"和"五星评价体系"三大特色品牌党建活动。

访谈组：姚陈果书记，党支部于 2021 年 1 月通过了全国首批党建工作样板支部的创建验收，创建过程中形成了哪些党建品牌，形成了哪些好的创建经验？

姚陈果（支部书记）：支部作为首批全国党建工作样板支部培育创建单位，以学科专业特色助力支部特色党建，建成了具有发挥辐射引导作用的党建示范平台。

用一个"实体展馆"（立德树人展览馆）强化党建"引领、攻关、创新"的价值导向，以我国电气学科顾乐观先生、孙才新院士等著名科学家的事迹引导学习科学家精神；用一个"原创文化作品"（历史舞台剧《光华》）统筹"补钙、铸魂、聚力"三位一体思政工作体系，传播高电压团队"不等"、"不靠"、"不要"、誓做前锋的创新精神；用一个"实践基地"（雪峰山野外试验站）教育学习基地凸显"党员攻关队、党员示范岗、特别行动队"三支标杆队伍的样板作用，弘扬高压人立足祖国大地做科研、佑启乡邦的家国情怀；创作一系列示范点建设微视频，"高扬党旗，勇攀科研高峰""旗扬雪峰红更艳"等微视频集中展现了支部党员不畏艰险、为国奉献的精神。

访谈组：姚陈果书记，您作为"双带头人"支部书记，请谈谈支部是如何以党建工作引领学科发展和专业建设，将学科建设融入党支部工作的？

姚陈果：电气工程学科在能源互联互通、新能源革命以及"一带一路"倡议中居于极其重要的地位。支部始终坚持"党建业务合力、助推学科发展"的思路和要求，发挥雪峰山教育实践基地"党员攻关队、党员示范岗、特别行动队"标杆作用，坚持队伍联建、团队示范，形成"党建+业务""双创双优"的良好氛围，团结带领师生投入中心工作，落实立德树人根本任务，保持我校高电压与绝缘技术学科的国际领先水平和领跑优势。

针对支部党员承担国家重大科技任务繁重、长期坚守野外试验基地、突发性临时科研工作安排较多等现实问题，支部依托"学习强国"等新媒体平台实现组织生活不掉线。依托支部开展常态化的教职工政治理论学习和课程思政，让师生们意识到关键核心科学技术是买不来、要不来的，要将科技攻关聚焦在解决"卡脖子"关键技术问题上，引导师生将论文写在祖国大地上。

访谈组：姚陈果书记，支部的战斗堡垒作用是如何发挥的？请谈谈支部如何全面贯彻落实学校党委决策部署和学校中心工作任务，引领带动师生积极投身学校改革发展。

姚陈果：支部始终以习近平新时代中国特色社会主义思想为指引，对标"七个有力"，做到支部建设有标尺、党员工作有方向、示范引领有依据。

坚持思想政治建设，制度保障教育党员有力，支部采用"空中课堂"、党小组等形式落实"三会一课"制度，教育党员牢固树立"四个意识"、坚定"四个自信"、做到"两个维护"。坚持传承高压精神，从严从实管理党员有力，支部将团结凝聚高层次人才、高知群体作为首要工作，支部党员发挥着"骨干带头、青年冲锋、团队互助"的先锋模范作用。坚持红线零碰触，强化纪律监督党员有力，支部始终坚持用党章党规约束党员行为，开展学术不端案例警示教育，引导党员遵守教师职业道德、学术道德，守住纪律底线。坚持党建业务合力，围绕中心组织师生有力，支部始终坚持"党建业务合力、助推学科发展"，形成"党建+学科""双创双优"的良好氛围，团结带领师生投入中心工作，落实立德树人根本任务。坚持选树身边典型，正面引领宣传师生有力，支部通过"三个一"思政教育载体，常态化开展教职工政治理论学习；在学院官网、微信公众号设立支部宣传专栏，官方媒体多次报道支部党员先进事迹，形成了师生学做先进、争当先进的浓厚氛围。坚持社会主义核心价值观，团结一心凝聚师生有力，支部积极参与"三全育人"综合改革，加强课程思政建设，形成富有特色的支部四大思政教育案例模块，结合争创电气先锋工程，对学生们进行价值观引导，努力培养具有家国情怀的时代新人。坚持党建带团建，深入一线服务师生有力，支部坚持党建带团建，积极参与云南绿春、重庆开州贫困县的对口扶贫工作，以及支援湖北疫后重建的帮扶任务。

访谈组：姚陈果书记，支部在建设过程中，党员的先锋模范作用是如何发挥的？涌现了哪些优秀党员代表？

姚陈果：近年来支部涌现了一批师德高尚、业务精湛的名师专家及团队。党员蒋兴良教授坚持十余年带领团队开石挖方、砌砖架线，在海拔1500米的湖南雪峰山上建成了"独具特色、不可替代"的世界首个自然（覆冰）试验基地。支部党员长期致力于极端环境电气外绝缘和电网冰灾防御的科学技术研究，获国家科技进步一等奖1项、国家科技进步二等奖2项。在植物绝缘油电气绝缘、抗氧化性能和一体化吸滤技术装备等领域，党员李剑教授团队处于国际领先水平，已应用于我国第一台110kV植物油电力变压器并实现挂网运行，自主研制的植物绝缘油迫使进口油品降价50%以上，引领了我国绿色、安全和高效变压器技术的发展。

访谈组：袁涛副教授，分享一下支部及支部党员在抗击新冠肺炎疫情中的故事。

袁涛（支部组织委员）：2020年疫情期间，当大部分师生都按要求待在家中做好自我防护的时候，远在湖南雪峰山自然覆冰基地的胡琴、郑华龙两位党员同志带领学生们一起，坚守在冰天雪地科研一线。当时，在进行直流试验时，开关柜整流桥受潮烧坏，需要进行更换；在进行交流试验时，变压器积冰严重，导致电压升不上，需要进行人工除冰。由于防疫需要，维修人员无法赶赴现场维修，党员同志带头克服困难、解决难题。由于不能外出购置菜品，师生们只能吃一些过冬时准备的冻货，在食物资源不够的情况下，党员同志只能在雪地里挖白菜萝卜、下鱼塘捉鱼。直到覆冰期过去后，同志们依然坚守雪峰山基地进行污秽、淋雨等试验。疫情期间，支部党员在保护自身安全的前提下，有力保障了覆冰基地的安全和冬季试验的平稳完成，用最平凡的方式为抗击疫情做出了应有的贡献。

访谈组：张志劲教授，一个党员就是一面旗帜，请以案例的形式介绍一下支部党员在重大科研攻关方面所发挥的作用。

张志劲（支部宣传委员）：蒋兴良同志36年坚持教学科研第一线，经常冒着生命危险在青藏高原、雪峰山等野外极端恶劣环境下工作，挑战自然极限，战胜疾病困扰，探索科学真理，有效保障了国家能源电力装备安全，充分发挥了共产党员模范榜样作用，取得国内外广泛认可、国际领先和卓有成效的杰出实绩。

我国能源资源的70%在高海拔地区，复杂环境外绝缘问题是制约我国能源开发利用的难题。蒋兴良同志通过30余年的人工模拟和在西藏、青海等20余个野外站点持续多年的研究，建立超高海拔外绝缘理论，推进电气外绝缘理论发展；建立结构物大气覆冰与防御理论体系，引领国际大气覆冰与防御的研究。蒋兴良同志创建的理论体系与原始科学数据支撑我国高海拔系列标准的建立，以及2项CIGRE和IEC标准、16项国家行业标准制定，支撑电网大面积冰灾防御，青藏、川藏铁路，超高海拔重大工程建设和能源装备安全保障，相关发明专利广泛应用于重庆、贵州、安徽等13个电网。

访谈组：袁涛副教授，一个党员就是一面旗帜，请以案例的形式介绍一下支部党员在重大科研攻关方面所发挥的作用。

袁涛：能源电力装备状态准确检测及诊断是电网安全运行的首要保障，是电网安全的第一道防御系统。支部党员陈伟根教授带领团队围绕国家特高压输电工程、能源互联网、国家智能电网建设等国家重大需求开展科技攻关，在电气设备状态检测、评估、维修决策及智能化等方向基础理论及应用关键技术方面取得了突破，其中大型电力变压器智能化关键技术成果在全国300多座变电站110~750kV电力变压器上得到广泛应用。同时，为国家重（特）大工程顺利实施做出了重要的贡献，包括世界首条千万千瓦级的特高压直流输电工程——江苏省电网公司±800千伏特高压直流锡泰工程建设和运维、川藏联网工程电网复杂运行工况下的状态监测及运维、南方电网公司首个"3C"绿色智能化变电站示范项目——珠海琴韵变电站智能化工程等。

访谈组：姚陈果书记，支部通过党建工作样板支部培育创建验收之后，谈一谈下一步的工作设想。

姚陈果：一是以思想为本。夯实支部政治基础根基，提高支部政治基础水平是发展支部的最根本的要求，为支部发展壮大提供根本保证。二是以行动为干。加强对党员的管理教育，树立正确的世界观、人生观、价值观，做到服务群众，凝聚人心，促进和谐，共同发展，充分发挥基层党组织服务群众的作用。三是以发展为叶。全面贯彻党的教育方针，落实立德树人的根本任务，培养中国特色社会主义合格建设者和可靠接班人。

甘为脱贫攻坚的"质检仪"，善做立德树人的"铸魂者"

——西南大学廖和平同志访谈实录

人物简介

廖和平，女，1964年生，汉族，中共党员，博士研究生，教授，博士生导师，西南大学精准扶贫与区域发展评估研究中心主任。2016年以来，受国务院扶贫办和相关省委、省政府委托，带领团队认真开展贫困县退出评估检查和精准扶贫工作成效第三方评估工作，2018年受党中央、国务院邀请参加北戴河暑期专家休假，2021年被党中央、国务院授予"全国脱贫攻坚先进个人"称号。

访 谈 组 | 西南大学党委组织部、档案馆
访谈地点 | 西南大学地理科学学院党员活动室（216室）
访谈对象 | 廖和平

访谈组： 请您简要介绍一下您的学科专业背景和研究方向。

廖和平： 我本科就读于西南师范大学（现西南大学）地理学专业，硕士期间的研究方向是中国自然地理，博士期间主攻土地资源研究。1986年加入中国共产党并参加工作，目前主要从事土地资源开发利用与管理、贫困地理学等方面的研究。

访谈组： 作为一名党员，您是怎么决定投身脱贫攻坚工作的？

廖和平： 作为一名30多年党龄的"老党员"，我时刻铭记"全心全意为人民服务"的宗旨，一直努力把自己的专业所长用于为人民群众服务。自2015年国家提出"打赢脱贫攻坚战"这个重大战略部署后，我就一直在思考着：高校如何在这场战役中发挥好智力帮扶的作用。首先，地理学特别是人文地理领域相关研究与脱贫攻坚密切相关。脱贫攻坚的总目标是，到2020年，稳定实现农村贫困人口不愁吃、不愁穿，义务教育、基本医疗和住房安全有保障。这恰好是我们专业领域经常接触和研究的内容。其次，脱贫攻坚工作成效需要一个客观、独立、公正的第三方进行评估检验，学校成立精准扶贫与区域发展评估研究中心，培育高水平的精准扶贫评估研究团队，给了我们很好的契机参与脱贫攻坚工作。

访谈组： 能介绍一下您在打赢脱贫攻坚战中主要做了哪方面的工作吗？是怎么发挥专业优势的？

廖和平： 主要包括四个方面，一是考核各省市精准扶贫工作成效；二是评估各地贫困县是否达到"摘帽"要求；三是评估贫困地区建档立卡户的信息真实性；四是为地方政府培训扶贫干部。第三方评估工作，意义就在于承担好"质检仪"

和"助推器"的角色。关于做好"质检仪",有一套科学的指标体系,由国家相关部委组织专家共同制订、不断完善,地方政府对标指标体系开展工作,我们团队按照指标体系进行评估,地方政府做得好的,我们肯定成效,做得不好的,我们提出问题整改。除了精准识别、精准帮扶、政策落实、减贫成效等方面的评估外,还要做好"助推器",就是在发现问题后,助推整改、解决问题。5年来,我们团队撰写各类评估报告和决策咨询建议累计达315万字,为地方政府提供了1246条脱贫攻坚工作建议,得到国务院扶贫办、中国科学院和有关省市地方的高度肯定和采纳,为科学推动精准扶贫和贫困县退出工作提供了决策支撑。基于此,我们团队还总结了很多优秀的脱贫做法,为地方政府提供借鉴的经验。

访谈组: 连续5年开展脱贫攻坚工作,是什么让您坚持做下去的?

廖和平: 首要原因是党员身份的内在驱使。我认为党员必须要有使命感,要始终想着人民、为着人民,特别是为贫困群众、困难群体做点实事儿。能够把国家的好政策在他们身上落实,保障他们的基本生活,解决他们的生活疾苦,是我在脱贫攻坚道路上不断前行、持续奋进的重要原因。其次是习近平总书记的殷殷嘱托言犹在耳。在整个脱贫攻坚战中,总书记先后主持召开7次重要会议,50多次实地走访调研深度贫困地区、集中连片特困地区,发表了一系列脱贫攻坚重要讲话。习近平总书记尚且如此,作为一名党员,更应该以实际行动践行"脚下沾泥土""把论文写在祖国大地上"的殷殷嘱托。三是为基层扶贫干部事迹所激励。全国数百万基层干部奋斗在脱贫攻坚的第一线,舍小家为大家,在自己的岗位上默默奉献。我知道一些扶贫干部女同志,甚至带着父母、小孩同住在村子里面,非常感人。四是为团队中学生的成长转变所感动。我坚持结合脱贫攻坚工作开展实践育人,把课堂设在扶贫路上。学生们通过走访调研,在将理论同实践结合运用的同时,把扶贫的经历和见识转变成了巨大的学习动力,获得了极大的成长。

访谈组: 在工作过程中有没有遇到过什么困难?

廖和平: 评估过程当中遇到了很多困难,首要的是安全问题。如何保障每一个人的安全是我最担心的问题,这方面我们团队做足了后勤和安全保障。其次,我觉得最大的困难是害怕自己没有做好工作，评估结果有争议，这个过程就一定要克服形式主义，坚持实事求是。

访谈组： 在开展评估工作过程中，您看到的脱贫前后有哪些变化？

廖和平： 脱贫攻坚给各地带来的变化是方方面面的。首先脱贫前后变化最大的是基础设施。现在很多贫困山区不仅有了道路，还有了自己的活动广场和健身设施，极大方便了村民的日常生活。其次就是贫困地区发展能力增强，农村有了各自的产业。再次是干群关系发生了很大转变。扶贫干部们在开展工作过程中，吃住在村、工作在村，实实在在、真心真意地关心老百姓疾苦、为他们解决问题，干部干群关系得到了很大改善。最后，变化最大的就是我们老百姓的精气神。"三不愁两保障"为老百姓提供了切切实实的保障，他们自然就有了精气神。我们还发现，脱贫攻坚各项工作做得好的贫困村，其党建工作都做得非常好。可见，"坚决打赢脱贫攻坚战"一定要抓好基层党建，发挥好基层党员的先锋模范作用。

访谈组： 开展评估工作过程中，您一定接触了很多基层扶贫干部，有没有印象最深刻的人或事？

廖和平： 印象深刻的事太多了，我举一个例子吧。2018年，我们在四川宜宾屏山县进行评估考察，负责当地贫困村工作的扶贫干部是一位市级机关部门的男同志，他因一户人家不配合搬离危房，我们去现场检查的时候，他竟然委屈地哭了起来。深入了解情况才明白事情原委，原来这户人家一直不愿意搬迁至改造后的新房，原因竟是"今年没有适合动土的好日子"，扶贫干部怎么劝也不愿意搬，一家人就一直住在危房里。可我们的评估标准是"危房不住人、住人不危房"。扶贫干部委屈的原因在于他辛苦所做的工作没有得到老百姓的重视和认可，甚至还引起了不满。他哭了，不仅没有得到安慰，还被老百姓抱怨过年在家门口哭不吉利。面对这种情况，当时我们就进行了集体研判，分析认定究竟是谁的责任，而不是"一刀切"。我们开展评估工作，既要看到扶贫干部付出了什么，取得什么样的成绩，也要看"任务没完成"的最终责任在谁，不能盲目地归咎于一方。

访谈组： 您把参与评估工作作为实践育人的重要方式，能谈谈您是怎么思考的吗？

廖和平： 在我看来，组织学生参与脱贫攻坚工作是立德树人、实践育人的有效方式。我的学生们作为团队成员重要组成部分，参与了很多工作，对学生而言，这些经历既培养了他们的责任担当意识，还锻炼了他们的综合素质。地方政府是很需要有知识、有能力的人去协助或直接参与扶贫工作的。我们在评估工作中会遇到一些扶贫干部，虽然确实尽心尽力地去开展工作，但因他们自身对政策的理解有偏差或者自身能力有局限，所做工作的结果始终与国家的标准有差距。我会通过这些事实和案例教育我们的青年大学生，让他们认识到国家和地方政府对人才的渴求，认识到大学里学到的知识是能够很好地解决实际问题的。同时，学生在实践的过程中能够发现自身短板弱项，不断自我学习和完善。

访谈组： 此次获评"全国脱贫攻坚先进个人"，您还到人民大会堂现场参加了全国脱贫攻坚表彰大会，您有什么感受？

廖和平： 此次能够获得全国脱贫攻坚先进个人的殊荣，我倍感荣幸。

这份荣誉属于西南大学。几年来，走访调研这么大的工作量，没有学校及地理科学学院的支持，我一个人肯定是无法完成的。学校党委行政坚持把学校主动融入国家发展战略，高度重视并积极参与脱贫攻坚事业，对我们团队的工作给予了大力支持。特别是去年新冠肺炎疫情暴发初期，学校顶着巨大压力，认真研判风险，加强统筹安排，全力协调我们团队外出开展工作。

这份荣誉是属于我们团队及上级相关领导部门的。"人多计谋广，柴多火焰高"，遇到困难时团队中党员总能带头冲锋陷阵，大家团结一致，万众一心，才为脱贫攻坚伟大事业贡献了应有的力量。此外，在整个脱贫攻坚过程中，我们国家有一套完整的责任体系、工作体系、投入体系、帮扶体系、监督考核体系，这些系统工程相互联系、相互作用，共同促成脱贫攻坚事业的顺利进行。

对于我个人而言，与其说是一份荣誉，不如说是一份责任。其实我所做的事情真的很平凡，只是几年来我踏踏实实、任劳任怨地坚持做下去了而已。做这个事情，就觉得是作为党员的义务所在，作为一名党员，有这个能力可以去做一点事情，在"坚决打赢脱贫攻坚战"伟大事业中利用专业知识发挥一点微小的作用，我觉得这个付出是最值得的。

访谈组： 开展评估工作占用了您大量的时间，您还经常出差在外，家人有没有不理解的地方？

廖和平： 其实在工作的过程中我也遇到过家里突发的事情，但我的家人始终都非常理解我。我们全家都是党员，有时我们也开玩笑，说我们一家人都可以成立临时党支部了。我的家人给予了我很多精神上的支持，他们非常理解和支持我的工作，从来没抱怨过我长期不在家或者为家庭贡献少，每次出差临行时家人都会特别提醒我要注意安全、不要太累，虽然这些话很简单、很平常，但其实是非常暖心的。

访谈组： 结合国家乡村振兴，您接下来有什么具体的工作打算呢？

廖和平： 关于乡村振兴，我们团队一直在做相关工作，尤其是做了大量的调研。一是建立有关乡村建设行动和村镇规划的基地，继续探索农户共享产权的投资方式。二是助力筹建重庆市乡村振兴研究院。三是探索在文化振兴方面开展相关工作。在"十四五"期间，我将继续弘扬脱贫攻坚精神，以一往无前的奋斗姿态，真抓实干、埋头苦干，争取在全面推进乡村振兴的过程中发挥更大作用，取得更大成绩。

访谈组： 如果请您对当代青年大学生说一句话，您有什么话要送给他们的吗？

廖和平： 青年大学生最应该做的就是沉到基层去，按照习近平总书记讲的，就是要"脚上粘泥土"。只有真的到了最基层，才能更了解社会、更了解"三农"，才能真正认识到乡村振兴战略正迫切需要真正懂农业、懂农村、懂农民的人才，才能切实明白自己的责任和使命，进而为之努力奋斗。

总之，青年大学生们，青春是用来奋斗的，一代人有一代人的使命，一代人有一代人的担当。风好正扬帆，奋斗正当时。希望能早日看到你们成为乡村振兴、民族复兴的中坚力量！

坚守立德树人初心，打造"党建+业务"双优教师党支部

——西南大学心理学部教工第一党支部访谈实录

党支部简介

西南大学心理学部教工第一党支部成立于2012年，支部书记高雪梅，现有支部党员17人，拥有博士学位教师占比100%。支部曾获批首批全国党建工作样板支部和首批全国高校"双带头人"教师党支部书记工作室，获"西南大学先进基层党组织""西南大学思想政治工作先进集体"称号。支部成员12人次入选省部级以上人才计划，12人次获得"重庆市最美教师""唐立新名师奖"等荣誉称号。近年来，支部党员在 Psychological Science、Journal of Neuroscience、《中国科学》《科学通报》《心理学报》等权威期刊上发表学术论文100余篇，主持国家级课题7项，助力"神经科学与行为学"和"精神病学与心理学"两个学科进入全球ESI学科排名前1%。

访 谈 组 | 西南大学党委组织部、档案馆
访谈地点 | 全国高校"双带头人"教师党支部书记工作室、
　　　　　　西南大学心理学部教工第一党支部党员之家（215室）
访谈对象 | 西南大学心理学部教工第一党支部

访谈组： 您能简要介绍一下支部的基本情况吗？

高雪梅： 教工第一党支部成立于2012年，由发展与教育心理学系的教师党员组成，现有党员17名，全部具有博士学位。支部2018年入选了首批全国高校"双带头人"教师党支部书记工作室、首批全国党建工作样板支部培育创建单位，2021年，样板支部顺利通过教育部验收。支部成员获得省部级以上奖项和荣誉20余次，是一个党建和业务融合发展的教师党支部。

访谈组： 您所在支部培育创建全国党建工作样板支部和全国高校"双带头人"教师党支部书记工作室，具体的工作思路是什么？

高雪梅： 一是抓好"七个一"工程。具体包括：一种理念——树先锋形象，筑心灵后盾；一个目标——党建业务双促双融；一个阵地——打造近百平方米的线下"党员之家"党建阵地；一个网站——建设首批全国高校"双带头人"教师党支部书记工作室网站；一组示范——设立了"四岗四培养"党员示范岗；一批项目——设置一系列"党建+心理"育人项目；一个品牌——打造支部"初心"党建品牌。

二是打造初心论坛、初心公益和初心剧场"三位一体"的"初心"党建品牌。初心论坛主要是"做立德树人的大事儿"，主要通过讲座、沙龙、故事会等形式将有高度、有意义、有感觉的主题进一步落实落地，达到一种潜移默化的育人效果。初心公益主要是"做为民服务的实事儿"，通过建设针对困境儿童的"知心工程"和针对孤寡留守老人的"暖心工程"来引导和促进支部党员为人民服务。初心剧场主要是"做引领示范的亮事儿"，通过红色剧场、歌咏比赛、心理剧等方式，创新主题党日活动形式，发挥引领示范作用。

三是以联合主题党日为载体，构建了"党建+心理"的育人模式。我们提炼为"五个拓展"，即从室内向室外拓展，从教师党支部向学生党支部拓展，从学部内向学部外拓展，从规定的学习内容向师生党员需要的内容拓展，从党员向非党员拓展。通过拓展组织生活的深度和广度，探索构建"党建+心理"师生成长共同体的运行模式。

四是设立"四岗四培养"党员示范岗，以点带面，引领辐射。具体包括：立德树人岗——培养教学人才，专家引领岗——培养创新人才，学术示范岗——培养科研人才，社会服务岗——培养服务人才。通过"四岗四培养"，充分发挥教师党员的先锋模范作用。

访谈组： 对标教育部支部建设的"七个有力"，您所在支部在创建过程中，都有哪些方面的具体举措？

高雪梅： 一是以"三会一课"为主渠道，教育党员有力。组织党员读原著、学原文、悟原理，强化支部成员理性认同、情感认同。突出支部政治功能，提升党员政治站位、政治敏锐性。通过搭建网络学习平台、设立党员示范岗等加强党员教育力度，树立先锋形象，努力成为"四有好老师""四个引路人"和"四个相统一"的表率。

二是以严格规范为导向，管理党员有力。严格规范支部的制度建设，建立"全程化、全方位"的党员考核体系。认真做好党费收缴、使用和管理工作，积极开展党员发展工作，严格党员发展程序。

三是以遵规守纪为底线，监督党员有力。严格用党章党规党纪规范党员行为，教育教师党员提高政治站位、遵守教师职业道德规范、恪守学术道德、严守纪律底线。落实谈心谈话制度，开展批评与自我批评，准确把握教师党员的思想动态、师德师风、工作情况，疏导不良情绪，实现支部成员的相互监督、相互指导、相互提高。支部成员充满正能量、积极向上，多名教师入选省部级人才计划，获得"优秀教师"称号。

四是以主题党日为载体，组织师生有力。与校内外、学部内外党支部结对共建，最大限度把师生组织团结起来，推进全方位育人体系的构建，有效探索了一条提升基层党组织组织力的路径。

五是以示范引领为榜样，宣传师生有力。深入挖掘宣传典型，从不同角度、不同层面展开宣传，扩大优秀教师党员的影响力，在支部内外营造学习先进、争当先进的良好氛围。党员示范岗充分发挥了示范引领作用，示范岗教师领衔的课程入选国家级一流本科课程建设、"MOOC中国杯"最受学习者喜爱课程等。

六是以党员之家为依托，凝聚师生有力。通过打造支部文化阵地、开展红色主题教育等，树立文化自信，增强教职工归属感、获得感、价值感。支部着力打造线上线下融合发展的党员之家，一方面将党员之家建设成为支部党员及学部师生学习、教育、活动的主阵地，另一方面建设完成样板支部网络党员之家，增强了思想引领和价值观塑造的实效性。

七是以初心品牌为抓手，服务师生有力。打造三位一体的"初心"党建品牌，对接国家战略，结合专业特长，全方位诠释支部"树先锋形象、筑心灵后盾"的精神，积极服务广大师生和人民群众，助推国家和地方经济社会发展。

访谈组：您所在支部在日常工作规范性上有没有好的经验？

高雪梅：除了"三会一课"、谈心谈话制度外，支部还形成了3个比较有效的管理制度。一是"双请假制"，即如果支部党员无法参加主题党日活动，需向

支部书记和学部党委书记同时请假。二是"轮讲制",即党员轮流讲党课、党史故事。三是支委分工合作制。支部书记、组织委员、宣传委员分工明确。

访谈组: 您认为怎么策划一个好的主题党日活动呢?

高雪梅: 我觉得要做到3点。一是支部书记要有想法。想法来源于对国家大政方针的学习掌握、对时事政治的关心关注。二是支委要形成合力。支委要有凝聚力,甘愿付出、不求回报。三是支部成员和学部党委的大力支持。举个例子,庆祝新中国成立70周年时,我们策划了联合主题党日活动"我和我的祖国"合唱快闪,学部党员、部分民主党派人士和群众都积极参加了此次活动。

访谈组: 党建"双创"工作就是要聚焦支部工作的重点难点问题,您认为在所在支部的创建过程中,解决了哪些问题?

高雪梅: 我认为我们基本解决了党建业务"两张皮"这个难点问题。

一是党建引领立德树人。支部推进课程思政和教学改革,着力提升人才培养质量。支部党员先后获批国家级一流本科专业课程，获得重庆市优秀教改论文等。此外，我们党员教师还指导学生参加各种竞赛，获得佳绩。

二是党建促进科研创新。支部培养带动支部和学部的青年教师共同成长。比如，在申报科研项目、科研论文写作、实验设计完善等方面指导青年教师、开展合作研究等，有效提升了青年教师的科研能力。

访谈组：您所在支部在促进立德树人任务落实方面做了哪些工作？

高雪梅：主要做了以下4个方面工作。

一是在"坚持教书和育人相统一"方面，倡导支部成员发挥好先锋模范作用，督促支部成员以身作则，对接国家需求，开展一些重要的高端科研项目。

二是在"坚持言传和身教相统一"方面，党员示范岗产生的辐射带动作用，在学部已经产生了积极的影响力，学部各党支部间形成"比学赶超、创先争优"的浓厚氛围。

三是在"坚持潜心问道和关注社会相统一"方面，组织支部党员和学生党员积极参加各种公益活动，投身社会服务。

四是在"坚持学术自由和学术规范相统一"方面，支部以专家引领岗和学术示范岗为依托，国家级人才通过讲座、支部组织生活等方式树立榜样。

访谈组：在对接国家发展战略方面、新冠肺炎疫情大战大考中，支部做了哪些工作？

高雪梅：在对接国家发展战略方面，支部开展了心理扶贫工作，开展了大量的公益讲座、心理团辅和心理测试，捐建了多个"初心"书屋。新冠肺炎疫情期间，支部成员积极投身心理抗"疫"，参与录制未成年人心理健康微讲座、撰写心理科普推文、开展中小学生免费心理测评、积极参与心理援助热线、筹集善款等。参与中央文明办和重庆市文明办联合录制的未成年人心理健康微讲座，在中国文明网、学习强国、喜马拉雅等官方媒体推出，累计阅读量超7000万次；参与组织策划重庆市委宣传部和西南大学联合录制的心理健康辅导微讲座，在华龙网、上游新闻、"学习强国"重庆学习平台等发布，累计阅读量近1000万次；撰写10余篇心理科普推文，在西南大学心理学部官微、重庆市社会心理学会平台、《重庆日报》等推出，阅读量近10万次；参与编写、出版《疫情中的心理关爱手册》；为全国200多所中小学10万余名学生开展免费心理测评，分别为每所学校撰写30多页的反馈报告和心理健康教育建议；开展心理调研，公开发表学术论文5篇；积极参与心理援助热线，为求助者提供心理支持；积极筹集善款1万余元捐给武汉市慈善总会。2020年，我们学部被评为"重庆市新冠肺炎疫情期间未成年人心理健康辅导工作先进单位"。

访谈组： 您觉得支部在全国高校党建工作样板支部培育创建前后，支部工作和支部成员都发生了哪些变化？

高雪梅： 一是支部工作开展更加顺利，组织生活策划更加精心周密，支部的凝聚力大大增强。二是支部的战斗堡垒作用和党员的先锋模范作用更加彰显，尤其是在新冠肺炎疫情大考中，支部党员的责任担当和奉献精神，让我深受感动。

访谈组： 在全国党建工作样板支部培育创建的过程中，学校和心理学部给予了哪些方面的支持？

高雪梅： 一是学校党委高度重视，党委组织部等各相关职能部门大力支持指导，为样板支部的培育创建明确了目标。二是建立学校和学部领导联系样板支部的"专人专责"机制。三是建立样板支部建设"专事专研"机制，每月定期对样板支部建设进展、建设理念等进行追踪和指导。最终实现以样板支部建设为依托，形成学校、学部党建工作上下联动、齐抓共管的良好局面。

访谈组： 您作为专任教师有教学科研任务，作为心理学部副部长有管理工作，您又是支部书记，您是怎样平衡各项工作的？

高雪梅： 一是对所分管的工作分工要明确，充分发挥团队的力量来实现工作方案的落地。二是提前制订详细的计划，才能准时、高效完成各项任务。三是有效管理时间，分清轻重缓急。四是调整好心态，积极乐观地看待问题。

新中国民法发展的亲历者

西南政法大学金平同志访谈实录

人物简介

金平，男，1922年5月生，汉族，中共党员，西南政法大学教授、离休教师（享受司局级待遇）。1952年9月加入中国共产党，1993年3月离休。金平同志理想信念坚定，对党忠诚，为党领导的中国革命和中国特色社会主义法治建设事业做出了杰出贡献。他是新中国民事立法的亲历者、新中国法学研究的先行者、新中国法学教育的推动者。从1954年起，先后三次参加全国人大常委会组织的民法起草工作，并在第三次民法典起草工作中担任了所有权分组的负责人，是全程参加了新中国第一、二、三次民法起草工作唯一健在的学者，为我国民事立法，特别是为中国的人权宣言的《中华人民共和国民法通则》的制定与传播做出了历史性贡献，被誉为"当代民法史的活化石"。1949年被中国人民解放军二野军大授予乙等模范，1986年12月被四川省法学会授予社会科学研究奖，1988年1月被原国家教委授予优秀教材一等奖，2009年9月被重庆市教委授予教育工作终身贡献奖，2012年9月被中国法学会授予首批全国杰出资深法学家，2015年10月被中国法学会民法学法研究会授予特别贡献奖，2017年3月被《今日中国》评选为"影响法治中国建设进程的百位法学家"。

访 谈 组 | 西南政法大学党委组织部
访谈地点 | 西南政法大学沙坪坝校区金平教授家
访谈对象 | 金平

访谈组： 金平老师，您与法学结缘70载，法学界称呼您是"当代中国民法史活化石"。您能简要回顾一下您的求学经历吗？

金平： 我的求学经历是曲折的，也是幸运的。我老家金寨位于皖西边陲、大别山腹地，我就是大别山中一户普通农家的孩子，很小就要帮家里干活，一开始是放牛，七八岁时就要背着筐去拾粪。

我的命运转机发生在1929年。那一年，中国共产党在金寨发动"立夏节起义"，组建工农革命政权，乡里成立了苏维埃小学，只收普通农户的娃。就这样，让我这样一个大别山区差点活不下来的放牛娃迎来了上学的机会（当年我7岁）。

1932年，国民党军队攻占金寨，我失学了。直到1936年，我才再次走进小学课堂。读中学更难，当时我们那里最近的中学离我家也有100多公里路。1938年，日军占领了安徽省府所在地安庆，安徽省政府迁到了金寨，各类文教机构也随之而来。一时间，小小金寨聚集了七八所中学，正好其中一所就在我们村子附近。1945年，我读完高中，顺利考上了成立于抗战中的省立安徽学院。1946年，因战争而停办的国立安徽大学复校，我又转入安徽大学法律系，从此结缘法律70余载。

访谈组： 您在1952年加入中国共产党，能谈谈当时为什么选择加入中国共产党吗？

金平： 这个问题好回答，我的入党动机是非常纯朴的。首先，虽然我现在成为一名法学教师，但小时候只是大别山区一个放牛娃，是中国共产党为我的一生点石成金，是中国共产党让我有书读，这是我终身感恩的。其次，1952年我已经30岁了，亲身经历了中国共产党领导中国人民取得解放的胜利，领导中国人民站起来了，我1949年在大学读书时就报名考入了南京中国人民解放军第二野战军军事政治大学，我已经立志终身追随中国共产党了；我在二野军大结业后也随军投入了解放大西南的征程，解放后分配在云南工作，1952年也终于如愿以偿加入了我们党。

访谈组：您32岁就参与民法的第一次立法起草工作，然后在40岁、60岁时分别参加了第二、第三次民法起草工作，可以说民法典的编纂和颁布是您毕生心系之事。能回顾一下这3次民法典起草时的情景吗？

金平：能与国家民法起草工作结缘，有大学所学专业的因素，也有偶然的因素。1953年5月，我被选派到中央政法干校进修，一年后组织上又将我调到了刚刚成立的西南政法学院（现西南政法大学）担任法学教员，从此我跟民法就算结缘了。在我的一生中，1954—1956年、1962—1964年以及1979—1982年这三段时间是很难忘的。因为，在这三段时间里，新中国都在艰苦地酝酿着属于自己的民法典。而我有幸全程参与了这三次民法典的起草工作，亲历和见证了半个世纪以来我国民法典起草历程的坎坷曲折。

1954年，随着新中国第一部宪法的颁布，我国的社会主义法制建设进入一个新的阶段，民法的起草工作也被列入议事日程。

1954年底，我刚调到西南政法学院任教就被指派赴京从事新中国民法典的起草工作，这是我与民法典结缘的开始。第一次民法典起草小组设在全国人大常委会办公厅，全国人大常委会副委员长兼秘书长彭真直接领导民法典的立法工作，他强调要把握三条原则：一是党的领导，二是群众路线，三是从实际出发。1956年12月，在对民法典初稿征求意见的过程中，民法典起草工作暂停，第一次民法典的起草就此搁置。

1962年，随着三年经济困难时期的逐渐过去，经济建设开始走入正轨。毛主席也在这时提出："刑法、民法都要搞。"于是，民法典的起草工作又被提上议程。为此，全国人大常委会组建了工作班子，开始了第二次民法典的起草工作。我也再次受邀北上，继续从事民法典起草工作。1965年政治气氛忽又紧张起来，第二次民法典的起草工作再次中断。

1978年12月，党的十一届三中全会强调了社会主义法制建设的重要性，新中国的第三次民法典起草工作拉开了序幕——全国人大常委会在1979年底成立了民法起草小组。

我第三次受邀到北京参加民法典的起草工作，并被任命为"民法起草小组所有权分组"的负责人。受制于当时的社会经济条件，经过深入研究后，决定按照"成熟一个通过一个"的工作思路，针对一些迫切需要解决的问题先制定一个民法大纲。这就是1986年4月12日通过的《中华人民共和国民法通则》。

转眼半个多世纪过去了，我依然很怀念早期在全国人大工作的那些时光。2012年和2016年，我在接受《中国人大》杂志的两次专访时谈过："参加这三次民法典起草工作的同志一直都住在后库，在中南海、人民大会堂和后库都办过公。第一次起草民法典是在中南海，我们办公的地方就在周总理办公室的隔壁，挨着宋庆龄办公室。那时我们在国务院的食堂吃饭时，常能看见周总理。周总理还主动过来询问我们的生活，关心我们的工作。另外，全国人大常委会的那些饱经风霜的老领导也都非常谦虚、平易近人。我们那个时候虽然每天都工作到很晚，经常要加班、开座谈会，会后还要整理总结，生活条件比较差，冬天总是吃大白菜烩榨过油的豆腐，但是大家工作都很愉快，干劲都很足。"

在三次参加民法典起草过程中，我最难忘的两位老师是孙亚明和林诚毅先生。我参加的三次民法典起草工作都是在孙亚明的直接领导下进行的。孙老20世纪30年代就参加了革命，是一位"老革命"了，但他却总是和我们年轻人打成一片，没一点架子。我们第一次到东北去调研时，响应党的号召，和农民同吃同住。他作为领导干部也和我们一样深入农民家庭。他的工作作风值得我们学习。孙老现在已经离开了我们，我很怀念他。林诚毅先生原先是四川大学的教授，后来又调到重庆大学任教。他对我国台湾地区和国外的民法研究很深，而且为人清廉正直。1981年夏天，我曾到后库去探望他，只见桌子上放着一大堆民法典草稿和有关资料，而这位年近七旬的老人却穿着背心，满头大汗地趴在那改东西……我常常怀念这两位老人，希望他们的敬业精神能够代代相传。

访谈组：在这三次民法典起草的过程中，您遇到的最大困难是什么？又是如何克服这些困难的呢？

金平： 说实话，这三次进京参与民法典起草时间跨度很长，我第一次参与时才32岁，第三次结束时我已经成为60岁的老者啦！在这近30年岁月里，说没遇到困难是假的，但这些个人困难在国家大业、民族复兴面前又算什么呢？任何困难在我们共产党人坚定的信念面前都不值一提。说实话，2020年5月28日，十三届全国人大三次会议表决通过《中华人民共和国民法典》时，我的内心是非常激动的。在参加学校举办的办学70周年"共同见证民法典"学术报告会上，我就讲："只有在这个伟大的时代才能产生这样的一部重要法律。"从我个人的经历来看，的确中国只有发展到了当下这个时代，具有了稳定和平的社会环境，强有力的党的领导，市场经济充分发展到一定程度，以及法学实践有了相当丰厚的积淀，才具备了民法典出台的条件。

访谈组： 1978年全国法学教育恢复招生后，您提出举办一个全国民法师资班的想法，这个班被誉为中国民法学的春天，您能否谈谈当年开设这个班时的情景？

金平： 当时，党的十一届三中全会刚刚结束，法学教育重新启动，面临重重困难。国内政法院校大多面临一无教师、二无教材的现实困难。为此，我向司法部建议，办一个专门培养民法教师的培训班，以解法学教育的燃眉之急。这个建议得到司法部领导的首肯，并决定把"第三期全国法律专业民法师资进修班"设在西南政法学院。

为了办好这次进修班，我承担部分讲课任务，还在全国范围内广邀名师，一大批一流民法学者纷纷汇聚歌乐山下，堪称一时之盛。

1983年3月到6月，来自全国各地共计131人参加了此次学习。为了能让更多的人分享到此次进修班的成果，我组织人员整理授课内容，我们学院的黄名述、赵勇山、程正宗、张和光、张华等老师用卡式录音机全程录下了老师们讲课的全部内容，选取部分汇编成《中华人民共和国民法原理（上、下册）》，总计40万余字，内部印刷出版，供国内法学院校作为教学参考用书。当时杭州大学法律系的一位老师还感慨地说："有了这本书，我们就敢上讲台了。"

应该说，在那个时代，这个班虽然举办在西南地区，但向全国播下了民法种子，为我国培养出了改革开放后第一批民法学基本教学科研骨干，并为他们的迅速成长提供了一个重要的平台。

访谈组： 70年来，您和西南政法大学风雨同舟、不离不弃，请您简要谈谈和西政的故事。

金平： 我来到西政已经快70个春秋，这里可以说是我毕生寄托的地方了。西政是我跟民法教育与研究真正结缘的开始。

1954年，我从中央政法干校学习结业后就调入西南政法学院任教。从此，我在西政的三尺讲台上一站就是40多年。1977年5月，西南政法学院经中央批准开始恢复招生，我们民法教研室成为学校复办后首批成立的教研室。但大家都知道，经历了"文革"的动荡岁月之后，师资失散是非常严重的。当时我就想，如何才能让民商法学科迅速成长和壮大，我提出了"抓教师培养、抓教材建设、抓科学研究"的"三抓"工作思路。后来，一大批优秀的人才先后从北京、四川、贵州等地回到母校，我们学院民法教师队伍就开始逐渐壮大了。

稳定了学科教师队伍之后，我就开始组织编写教材。先后编写了《中华人民共和国民法讲义》《民法原理》《民法通则教程》《民法学教程》《中国民法学》等。

另外，我也撰写了一些学术论文，完成了国家社科基金"七五"课题等科研项目，并积极组织教师、学生进行社会调查，撰写学术论文，提高团队的整体科研实力。

我们西政人是一直不懈奋斗的，1979年，民商法学科就开始招收第一批硕士研究生，这在新中国政法院校里是第一次；1981年，经国务院批准，我们民商法学科也成为全国第一批硕士学位授权点。

访谈组： 您能谈谈如何让民法典真正成为新时代保护人民合法权益、促进社会进步发展、保障国家长治久安的坚强基石呢？

金平： 民法典是几代民法人的共同追求，民法典的颁布必将对我国经济社会的发展、稳定、和谐提供保障，成为我国法治进程中值得铭记的一件大事。天下之事，不难于立法，而难于法之必行。今后在依法治国实践过程中，用好这部法，更重要的是将民法典的精神与制度阐释好、传播好、发展好、形成依法治国的有序环境。

访谈组： 从大别山区的一个"差点活不下来"的放牛娃到新中国的法学家，您认为是什么支撑您一路走来，取得今天的成就？

金平： 我的这一生，从大别山贫苦家庭的一个放牛娃，到有机会上学改变命运，再到与民法结缘，三次参加民法典起草，再到一辈子教书育人，这都是我们伟大的党给了我机会，给了我信念。没有我们党，我可能一辈子就在农村放牛种地；没有党一直致力于新中国法治建设，我也没有机会参与民法起草，没有机会踏踏实实地在大学校园里从事法学研究。

访谈组： 您觉得青年大学生如何才能成为一名合格党员？

金平： 我的党龄已经近70年了，算是一名老党员了。我是亲身经历了我们党领导中国人民站起来、富起来、强起来的。党领导中国走到今天不容易的，未来怎么办？这需要我们一代一代接续奋斗。我希望我们的青年一代，首先要有感恩之心。感恩谁？没有我们的党，中国能有今天的伟大时代吗？我们还能幸福安静地教书育人、看书学习吗？我们的党是把人民的利益放在第一位的，维护人民的利益就是最好的维护公平正义。其次，要奋斗。怎样奋斗？一是要有信念，我们共产党人的信念就要牢记为中国人民谋幸福和为中华民族谋复兴的初心和使命，没有这个信念那就不可能真心向党组织靠拢，也就不可能合格，甚至还会走偏。二是要实干，我们党是靠实干起家的，"空谈误国"呀！我们既然加入了党组织，就要有使命感，就要明白自己的责任，无论你是什么专业，都要到实践中去，都要到人民中去。只有这样，年轻人才能有所作为，我们的党才后继有人，我们的民族才有希望。

访谈组： 最后，请您给青年教师和学生一些寄语。

金平： "许国不畏身家累，除弊应如金石坚。"这是我曾经送给我的学生的一句话，这里也再次送给现在的青年师生吧。对于青年教师们，我想说："从教只为育栋梁，育人严守德为先。"对于法科青年学生们，我想说:"法治中国需要我们全体法律人接续努力。修身、齐家、治国、平天下。大家都是国家培养的知识分子,那你们就负有为建设中国特色社会主义而奋斗的责任。从大义上讲,必须把国家和民族的利益置于首位,人民的权益才能真正地得到保障。"

西南政法大学经济法学院党委访谈实录

围绕中心抓党建,抓好党建促发展——以"党建四力工程"为抓手加强基层党建工作

党委简介

经济法学院党委成立于2017年,张良庆任党委书记,现有党支部26个,党员433人,拥有博士学位的教师占比95%。学院党委曾获批第二批"全国党建工作标杆院系"培育创建单位,获"重庆市教育系统先进党组织""西南政法大学先进党组织",金融财税法教研室党支部书记胡元聪工作室被评为"重庆市高校教师党支部'双带头人'工作室"培育创建单位;学院被表彰为"全国教育系统先进集体",经济法教师团队被评为首批"全国高校黄大年式教师团队",涌现出国家级人才项目称号获得者2人、荣誉获得者10人次,省部级人才项目称号获得者15人次、荣誉获得者18人次。已建成国家级重点学科、国家级教学团队、国家级一流本科课程和国家级精品课程等教学科研平台。

访 谈 组 | 西南政法大学党委组织部
访谈地点 | 西南政法大学"全国高校黄大年式教师团队"工作室
访谈对象 | 西南政法大学经济法学院党委

访谈组: 请您向我们介绍一下西南政法大学经济法学院的发展历程和学院党委的基本情况。

张良庆(经济法学院党委书记): 我们学院的前身是1985年成立的经济法系,是西南政法大学建立较早的法学院系之一。2009年9月学校院系调整后更名为经济法学院。2018年1月成立生态法学院,与经济法学院实行"两块牌子、一套班子"。学院现有教职工110人,在校学生 2781 人。

学院党委是第二批"全国党建工作标杆院系"培育创建单位，现有党员 436 名，其中教职工党员 91 名、学生党员 342 名，下设教师党支部 5 个、学生党支部 21 个。学院党委班子设书记 1 人、副书记 2 人、其他党委委员 4 人，配备党建组织员 1 人。近年来，学院党委坚持深学笃用习近平新时代中国特色社会主义思想，围绕中心抓党建、抓好党建促发展，突出增强政治功能和组织力，着力把党建工作融入人才培养、科学研究、特色发展，深入实施引领力、助推力、凝聚力、组织力"党建四力工程"，为加快推进"双一流"建设和国家地方经济社会发展发挥了积极作用。

访谈组：近年来，经济法学院党委在加强政治建设，以党建引领学院事业发展方面做了哪些工作？取得哪些实效？

张良庆（经济法学院党委书记）：我们认识到，党的政治建设是党的根本性建设。作为党在高校的基层组织，必须把党的政治建设摆在首位。为此，我们实施了"引领力工程"，坚持以习近平新时代中国特色社会主义思想为指引，把政治建设摆在首位，在严把"三大关"上下功夫，引导全院师生增强"四个意识"、坚定"四个自信"、做到"两个维护"。

一是严把政治廉洁关。坚持执行民主集中制，修订完善了党委会会议和党政联席会议议事规则，定期讨论研究重大事项，涉及学院重大发展、教职工切身利益的议题，先上党委会审议把关。抓实党风廉政建设和反腐败工作，把营造风清气正的政治生态作为基础性、经常性工作。

二是严把学习教育关。严格落实理论学习中心组学习制度，每月至少开展一次集中学习研讨。邀请专家学者举办"经济法论坛"讲座，宣传阐释习近平法治思想、习近平生态文明思想等，实现了学用结合、学以致用。学生党支部坚持举办"青马读书会"，开展青年理论学习小组活动。

三是严把意识形态关。制定意识形态工作管理实施方案，压实意识形态工作责任，坚持意识形态定期研判制度，严格审核管理哲学社会科学类活动，加强网络意识形态阵地管理。

访谈组： 学院党委是如何实现党建工作与学院事业发展、立德树人双融合、双促进、双丰收的？

卢代富（经济法学院党委副书记、院长）： 我们始终认为，党建工作应围绕中心，服务大局，与中心工作相辅相成，这是加强学院党建工作、推动中心工作的重要要求。为此，我们实施了"助推力工程"，聚焦立德树人根本任务，通过搭平台、汇力量、鼓干劲，推动党建优势转化为学院发展优势。

一是立德树人重根本。学院党委坚持"以德为先"涵育国家级平台和优秀师资队伍，先后建成国家级重点学科经济法学科、国家级教学团队经济法教学团队、国家精品课程经济法学、国家级一流本科课程环境资源保护法学。

二是党员示范重引领。在我们"全国高校黄大年式教师团队"中党员占比92%，2020年全院教师发表科研论文、出版专著中党员占比87%，各级课题立项中党员占比80%，提交决策咨询、立法草案修改建议中党员占比64%；各类学生评优评奖中学生党员占比23%。近年来，学院产出的代表性重大科研成果中，有90%以上来自党员教师。

三是建言献策重服务。我们接受重庆市人大与政府的委托，参与重庆直辖以来的195件地方性法规、176件政府规章的清理工作并获高度评价；承担全国首部市场监管地方性法规《广东省市场监管条例》的研究起草工作；组建《长江保护法》宣讲团，深入长江流域地区开展宣讲。

访谈组： 党支部是我们党最基本的组织，是党全部工作和战斗力的基础。经济法学院党委在促进党支部发挥战斗堡垒作用方面有哪些具体举措？

张良庆（经济法学院党委书记）： 党支部是教学科研一线的战斗堡垒，必须把提升支部组织力作为学院党建工作的立足点。为此，我们实施了"组织力工程"，通过选齐配强支部书记，开展支部书记能力提升培训，锻炼培养了一支优秀的支部书记队伍；落实党委委员对口联系党支部制度，加大对支部落实"三会一课"、主题党日、民主评议党员等党内生活制度的检查指导；加强党支部的规范化标准化建设，打造宣传"示范党支部"，发挥引领带动作用，形成了对标争先的浓厚氛围。2020年，金融财税法教研室党支部书记胡元聪工作室被评为"重庆市高校教师党支部'双带头人'工作室"培育创建单位，接受全市高校观摩。

访谈组： 作为"重庆市担当作为好干部"，您领衔的"胡元聪工作室"被评为"重庆市高校教师党支部'双带头人'工作室"培育创建单位，工作室如何发挥在政治引领、规范党的组织生活、团结凝聚师生三个方面的主体作用？

胡元聪（经济法学院金融财税法教研室党支部书记）： 我们工作室坚持以黄大年精神引领党支部建设，通过树立"精品意识"打造高校教师"双带头人"先进党支部，先后被评为西南政法大学"优秀党支部""主题教育示范党支部"。中央督导组张百如副组长和原重庆市委常委、组织部部长胡文容到支部调研指导。市委教育工委书记、市教委主任黄政以党员身份参加我们支部与市教委组干处党支部的联合主题党日活动。我们的主要做法：一是强化引领意识，抓好思政教育主渠道、主阵地。在坚持"三会一课"制度化的同时，利用个人微信公众号设置《思政党建》栏目，开展微视频、诗朗诵、微党课等形式丰富的党建活动，有效凝聚了党员和群众。二是强化结合意识，助推党建业务共促进、双提高。2021年，金融财税法教学团队入选学校首批"课程思政"示范教学团队。

近年来，我们积极回应习近平总书记"把论文写在祖国大地上"的期望，支部党员共获得 17 项国家级课题和系列高层次论文，成果中党员教师的贡献率超过 95%。

访谈组：经济法学院学生党支部如何加强思想政治引领，筑牢学生理想信念根基，激发爱党爱国热情，着眼学生成长成才，引导学生思想进步、刻苦学习、全面发展、健康成长？

朱琳（经济法学院 2019 级本科党支部书记）：青年大学生的思想引领是一项长期工程。我们在党员日常教育管理中，通过"上两块牌子、占两个空间、用两个时间"的方式保证教育效果。一是党支部对所有党员和入党积极分子所在的寝室挂牌，亮身份、树旗帜、展新风。二是党支部要求全体党员和入党积极分子遵守网络空间文明行为准则，积极创办年级微信公众号等平台，推送思政文章近百篇。三是党支部坚持开展党章学习小组和组织生活学习，截至目前，已经开展党章学习小组 16 次，《习近平谈治国理政》第三卷学习 8 次，《共产党宣言》学习 8 次，涵盖入党申请人 136 人，入党积极分子 31 人，正式党员 11 人。

访谈组：作为全国师德先进个人、重庆市优秀共产党员，您是如何带领经济法教师团队成为首批"全国高校黄大年式教师团队"？这个团队有着怎样的精神禀赋和独特气质？

卢代富（经济法学院党委副书记、院长）：我认为，"心系天下，自强不息，和衷共济，严谨求实"的"西政精神"既是西南政法大学的文化内核，也是经济法教师团队的精神禀赋和独特气质。我们始终秉持着"心系天下·不忘育人初心"精神，涌现出了全国师德先进个人、国务院政府特殊津贴获得者、重庆市教书育人楷模等优秀代表。我们始终秉持着"自强不息·方得学问始终"的精神，从被评为全国唯一的经济法重点学科到被评为国家级高等学校重点学科，从举办西部唯一法学类中外合作办学项目到如今的全国高校黄大年式教师团队，经济法教师团队一步一个脚印，这些成就的背后，彰显的是自强不息的精神。我们始终秉持着"和衷共济·齐心勠力同行"的精神，整个团队的气氛和谐融洽，于合作中竞争，于竞争中合作，和衷共济，互助共进是团队最主要的特征。我们始终秉持着"严谨求实·恪守治学根本"的精神，体现为一种为学的原则，一种做事的态度，一种做人的品格。

访谈组：经济法学院如何做到守正创新，以党建引领、推进三全育人工作？

代莉平（经济法学院党委副书记、纪委书记）：我们以党建引领团建，理想信念教育有实效。通过打造全过程育人体系，开展个性化的过程教育。在新生年级、大二和大三年级、毕业年级分别实施养成教育为主题的"起航计划"、学风教育为主题的"护航计划"、就业择业为主题的"远航计划"。学院涌现出以"第十四届中国大学生年度人物"提名奖获得者林逸同学为代表的多名获得国家级表彰的优秀学子。凝聚全员力量，实现教育同频共振。学院党委统筹推进多个一对一"同心联结"工程。学院领导班子成员"一对一"联系学院少数民族学生。班子成员"一对一"联系本科班级。教工党支部"一对一"关心联系一个学生寝室，帮扶数名就业困难毕业生。为本科年级小班"一对一"配备班导，遴选优秀的专业课教师对学生进行精细化指导。学院还高度重视辅导员队伍建设，成立"二级心理辅导站""一职为你工作室"等专项工作组，鼓励辅导员专业化发展。近年来有3名辅导员获"重庆市辅导员年度人物""重庆市优秀辅导员"称号；1名辅导员获重庆市辅导员素质能力大赛一等奖。拓展全方位育人空间，促学生全面发展。学院党委注重育人空间的两结合，即"线下思政与线上思政结合""学校思政与社会思政结合"。学院层面形成了"经济法学院"官微统领，"经法青年"学工微信公众号辅助，"微言经法""朱言珠语""且听封吟"等各有特色的年级微信、微博群补充的新媒体宣传矩阵。近年来，学院开展了"愿动力""爱心家教"等多个志愿者服务品牌活动，组建了"长江保护法宣讲小组""消费者权益保护公益行"等专业团队开展法律服务。

访谈组：您的课程思政示范课——经济法，刚刚荣获了重庆市2020年普通本科高校教师教学创新大赛副高组一等奖，经济法学院是如何以课程思政建设为抓手，全面落实立德树人这一根本任务？

蒋亚娟（经济法学院副院长）：近年来，我们学院始终坚持落实立德树人根本任务，把党建融入人才培养，以教学改革项目为依托，积极探索课程思政建设，取得了显著的成绩。我们的主要做法：一是增强教学内容的创新性。改变传统式的纯知识点讲授，在"立德树人"的目标导向下突出对学生价值观的培育和塑造。二是提升教学方法的有效性。通过发挥教师"学为人师，行为世范"的引领作用，通过教与学的良性互动，培养学生的家国情怀，形成内生性的学习驱动力。在"知、情、意、行"等不同维度，提升教学效果。三是发挥思政课与专业课的协同性。加强专业课教师与思政课教师的沟通和交流，从而更好地实现专业课与思政课同向同行。四是优化思政内容与课程内容的有机结合。推进教材建设以加强和服务教学团队建设，将具有思想政治教育元素的时事政治作为课堂教学的案例素材。

访谈组：在推进全面依法治国进程中，经济法学院在服务地方法治建设方面做了哪些工作？

张波（经济法学院副院长）：近年来，我们学院以智库平台为抓手，为地方法治建设建言献策。我院教师平均每年为政府、企业及其他社会团体建言献策20余项。比如：承担了国家高端智库项目"社会救助制度研究"，"重庆市资源税实施方案解读"被国家税务总局采纳应用，"乡村振兴背景下我市农村耕地撂荒治理的问题及对策"被副省部级国家机关采纳或领导批示，"中国特色金融法治智库"入选首批重庆市新型智库。学院还以课题研究为依托，为地方法治建设提供智力支持。近年来，我院年均立项近20项省部级以上科研项目，省部级以上纵向经费年均近200万元，横向项目实际到账经费年均150余万元，为法院案件评查、法律实施的监督、法律规范的起草等法治建设工作提供了强有力的智力支持。

访谈组："十四五"已经全面擘画，经济法学院将如何在"十四五"中创造新活力，贡献西政力量呢？

张良庆（经济法学院党委书记）：学院党委将以全国党建工作标杆院系

培育创建为契机，深入推进"党建四力工程"，坚持做到"四个始终"，实现"五个到位"：一要始终坚持在"铸魂"上下功夫，努力做到党组织领导和运行机制到位、政治把关作用到位；二要始终坚持在"聚力"上下功夫，努力做到思想政治工作到位；三要始终在"强基"上下功夫，努力做到基层组织制度执行到位；四要始终坚持在"育才"上下功夫，努力做到推动改革发展到位。

卢代富（经济法学院党委副书记、院长）： 学院将充分发挥全国高校黄大年式教师团队的示范带动作用，坚守立德树人初心，勇担教书育人使命，切实抓好国家级和市级一流课程建设；以补短板、突重点、强特色的学科建设思路，引领经济法学科、资源与环境保护法学科和社会法学科"三位一体"谋突破，践行教学、科研、人才培养和社会服务"四面出击"求跨越。

报效祖国的科研者，教书育人的摆渡人

——重庆医科大学金艾顺同志访谈实录

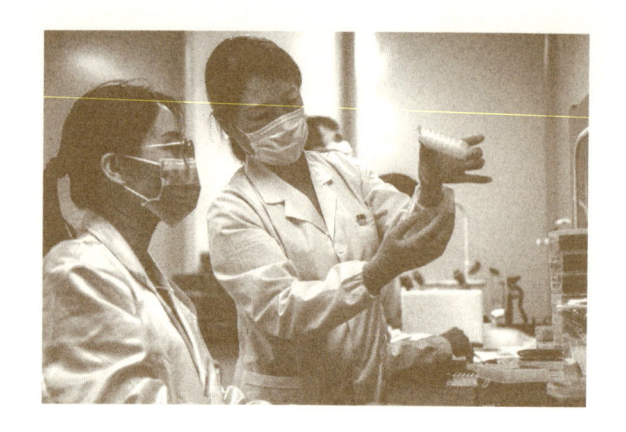

人物简介

金艾顺，女，朝鲜族，1965年5月生，1988年7月参加工作，1986年4月加入中国共产党。重庆医科大学教授、博士生导师，重庆医科大学基础医学院微生物与免疫学系主任、免疫教研室主任，肿瘤免疫基础与转化研究重庆市重点实验室主任，重庆英才计划领军人才，重庆市学科学术带头人，重庆市高层次引进人才，巴渝学者特聘教授。2020年"重庆市教书育人楷模"，2020年重庆医科大学优秀共产党员。

访 谈 组 | 重庆医科大学党委组织部、党委宣传部
访谈地点 | 重庆医科大学肿瘤免疫基础与转化研究重庆市重点实验室
访谈对象 | 金艾顺

访谈组： 您两次参与日本科学文部省重大项目，日本富山大学挽留您留校任教，但您最终选择回国，是什么让您做出决定？

金艾顺： 我当时以一种求学的心态出国，攻读硕士、博士，一直到毕业工作，在国外待了将近10余年的时间。在我的知识水平、技术储备达到一定程度后，有了更多的想法。尤其在我的研究成果发表在国际高水平的学术期刊，获得荣誉和赞誉后，冷静下来，一种作为一名中国学者的责任感和使命感涌上心头，觉得只有回国才能更好地报效祖国。这些不由自主的想法是在学有所成的潜在积累达到一定程度后才有的。那时候我问自己："为什么不回国？为什么还要在这里？我在其他国家做科研是为他们生产科研成果，为什么不能回国去做贡献呢？"这种潜意识让我意识到要肩负起使命、责任。面对日方的挽留，我确实很犹豫，不确定回国后能做得一样好。但作为科研人员，我有责任、有义务尽我所能为国家社会做点贡献。

访谈组： 您当时选择免疫学专业是基于兴趣还是探索其他几个学科后做的选择？

金艾顺： 我博士期间选的是肿瘤专业，但是研究肿瘤细胞发生的机制非常基础，离转化应用很远。后来我想做开发药物方面的研究，更靠近临床应用。当时大部分抗肿瘤治疗是抗肿瘤药物，我就想利用免疫学原理进行抗肿瘤治疗是否更有前景？所以博士后工作期间我就选择免疫学专业。因为在早期工作期间开发过诊断试剂盒，抗体的知识我比较有基础。实际上我不是从感兴趣开始，而是从需求开始，然后逐渐发觉免疫原来这么重要。并不是所有的工作都是从兴趣开始，我只是去大胆地尝试挑战和坚持，这也是我们科研工作者应有的能力与素质。做得越多就会发现兴趣所在。现在我做转化研究就非常想了解临床发生的问题，这时我又觉得基础非常重要，因为我知道了它的目的、意义、需求，这样做科研就没有那么累。

访谈组： 2020年3月，您带领团队仅用10天时间就成功获得新冠病毒全人源克隆抗体，是如何在这么短的时间内做到的？

金艾顺： 一是知识储备充足。我们团队知识积累丰富，实验技术、方法掌握牢固。二是培训方法科学。我们平时注重培养学生了解技术层面的知识，鼓励他们多看相关文献，打破技术瓶颈。三是团队凝聚力强。我们团队具有奉献、合作、牺牲的精神，都心往一处想，劲儿往一处使。随后我们准备了几个方案，先试最粗糙、最简单、最笨的方法。在能做出来的基础上，再探讨优化的措施。实际操作过程中，任何环节出现问题，我都会追究原因。从前期准备、精神气状态等各方面的因素，共同加速了团队进度。项目启动以来，成员们不分昼夜，坚持与病毒和疫情赛跑。我们优化了多个技术方案，获得了二百余株新冠病毒中和抗体和能激发T细胞活化的抗原肽，为新冠肺炎防治和疫苗研发预治提供策略，期待这些研究成果的转化和应用为社会带来巨大经济效益和社会效益。

访谈组： 您和团队成功研发快速高效全人源单克隆抗体制备技术和参与研发T细胞基因治疗技术，您在这段科研过程中有什么收获和感受？

金艾顺： 一是技术层面要原创。2019年组建团队后必须把我原先掌握的核心技术重现，而且还必须避开国外那些核心技术，开发原创的自主知识产权。二是平时"磨刀"很重要。我们团队成员大都要跨专业学习免疫学知识，共同克服技术瓶颈，日夜攻关，集体讨论解决困难。团队骨干都充分发挥最强项，取长补短开展科研工作。2020年新冠肺炎疫情发生之前，我们就准备做免疫细胞免疫治疗研究，因为肿瘤细胞免疫治疗这几年非常火热，而且是临床非常需要的治疗方法。三是科学的思路很关键。隔离期利用网络沟通任务，返校后确立方案，把攻关的一条线分割成若干环节，让骨干们在每一个环节重点开展工作。我们既在战略上思考如何解决技术瓶颈，也争取时间补充知识。团队同心协力，运用科学的理论、思维、管理方式，发现问题及时纠正，每天汇报总结，打通各个攻关环节，推进研究进度。

访谈组： 在疫情期间，您亲身进入隔离病区收集患者血液样本，当时是一种什么样的心理？

金艾顺： 科研项目确定后我们就必须做，第一步就是取得患者恢复期的血液样本。如果我不亲自去现场看，后期出现问题若解决不了，项目就可能终止。接触到从病区出来的医务工作者，也很担心接触传播将会带来麻烦，所以我们都做好了个人防护。另外，亲自体验采样遇到困难，可以及时解决问题和下决策。基于上述两方面原因，我亲自开车带着团队到永川，甚至把病房的大夫接到我的车上，把所有的样本都放在我的车上。不亲自体验是不能熟悉从样本采集到样本处理整个流程的。从源头把好关，才能顺利开展项目。

访谈组： 2020年5月，您带领团队攻关新型冠状病毒（SARS-CoV-2）应急项目，在特异性T淋巴细胞研究方面又取得突破性进展，能为后续进一步新冠肺炎疫苗研发和T细胞免疫治疗奠定哪些基础呢？

金艾顺： 我们研究新冠肺炎患者恢复期T细胞免疫应答和T细胞优势抗原肽的筛选，是为疫苗研发服务。更好地理解新冠肺炎患者细胞免疫应答反应，对我们更好地设计有效疫苗起着非常重要的作用。用科学数据为新冠肺炎疫苗的设计提供坚实的基础是非常重要的。新冠病毒特异性T细胞可帮助患者或感染者彻底清除体内病毒，达到治愈目的。对于无症状感染者和复阳患者T细胞免疫治疗是有效根治的方法之一。本研究为新冠肺炎的T细胞免疫治疗提供方法。获得的T细胞抗原肽与抗体的抗原表位将成为研发疫苗最好的材料来源，为课题组后续新冠疫苗研发提供研究基础。我们团队打造的系列抗体快速筛选相关技术，希望能为国家新发突发重大传染病等公共卫生突发事件的应急诊断和预防控制提供坚实的科学技术平台。

访谈组： 2020年这段抗击疫情的工作经历想必让您十分难忘，这给您和您的团队在后续的科研工作带来了什么影响？

金艾顺： 一方面，我们团队更加融洽，更有凝聚力了。新冠肺炎疫情发生后，打乱了原先的工作计划。我们没想到能在短时间集合人力、物力、技术等各方面的力量。此后，我们信心更强，经验更足，大家更清楚地认识到合作才能使团队利益最大化。另一方面，我认为疫情突发事件见证了培养有情怀有担当的下一代是一项系统性的工程，也是检验精心培育的团队是否具有创新力的试金石。我常常告诫我的学生，"做事先做人"，做人要有顾大局的家国情怀和责任担当，科研工作者更是如此。这些应急项目阶段性成果见证了我们重医人同心向上、协同作战的精神以及平日磨刀不懈、滴水穿石的深厚专业沉淀。

访谈组： 您从无到有、精益求精地建起了肿瘤免疫基础与转化重庆市重点实验室，您和团队付出了哪些努力？

金艾顺： 总体而言两个原因，一是学校给予了大量的支持，二是我们积极的行动。学校党委高度重视人才工作，积极筑巢引凤，为我们实验室迅速组成了由引进人才和多名博士后为主的实力科研团队，带动科研技术平台迅速搭建。从实验环境的建设，设备的购置等学校都给予了大量支持，让我觉得特别暖心。同时，学校提供附属医院的资源优势，帮助我们与临床科室密切沟通和学术交流，以 1+N 的模式（1 个免疫研究平台、N 个临床学科）搭建了基础与临床沟通的桥梁，开展了基础与临床合作研究。当初，我只带着一名硕士研究生从零开始建设免疫学创新研究平台，每一步都细致入微，亲力亲为。我带领团队共同努力了 3 年，实验室被认证为肿瘤免疫基础与转化重庆市重点实验室。后来，我们拿了一些相关的国际领先技术，也申请到了横向科研经费 2000 多万元。2020 年，陈敏尔书记来我们重庆医科大学科技创新中心调研，对我们实验室近年来所取得的成绩点赞。这一点让我特别欣慰，更加激发了我们团队的工作热情。

访谈组： 您有什么做科研项目的经验和学生们分享呢？

金艾顺： 一是理论知识丰富。做科研首先要掌握知识前沿，否则不会有太大的创新。二是实际操作能力要强。要有动手的能力，才能设计实验。三是细致耐心观察。做实验时要用心体会，否则不会有任何的创新发现。四是科学整理数据。要想和别人有不同的发现就要从细微做起。五是创新意识强。对于将来的发展要有长远的预测，思考现在要做什么准备。

访谈组： 您是如何根据本科生和临床硕博生不同学科特点，量身定制课题？

金艾顺： 以前我是让学生们做我的课题，但是我发现每一个学生接受的知识层面、操作动手能力不一样，如果按照我的方向去要求他们，只会欲速则不达。后来我结合我的研究方向，根据学生擅长什么来安排科研任务。只有尊重学生的兴趣和规划，才能量身定制合适的培养方案。比如学生要读博士，这期间必须打好基础、学好英文、训练实验思维；本科、硕士毕业后就参加工作，就要掌握检验科室流程化工作的技术。有句话叫"强扭的瓜不甜"，根据学生的特点、需求、能力来定制科研方向和培养要求以此激发学生们的科研兴趣和探索精神，这就是我在教学科研工作中探索出的经验。

访谈组： 疫情期间改为网络授课，您依然坚持录制高水平的网课，是怎么样的动力让您坚持？

金艾顺： 返校之后正处于申请基金项目和抗疫攻关的繁忙时期，只有晚上回家后才有时间录课。因为缺乏经验，使用录制软件也不够熟练，录的次数增多，声音就越沙哑。但我认为再忙再累，授课任务就是军令，不可推卸。授课时我结合新冠肺炎疫情，注重把研究成果转化为教学内容，让学生听起来更生动，更容易接受。如果再有网络授课的机会，我相信会做得更好。

访谈组： 您几乎每天待在实验室，用自己的一言一行深深感染着身边的同伴和学生们，其中有哪些原因呢？

金艾顺： 一是科研任务多。我觉得我有很多事情要做，因为我刚组建这个平台，有很多团队和科研方向的管理需要我把关。二是培养学生任务重。我注重在学生培养中强化"科研育人"的理念，因为硕博士生进来之后只有三年的时间，如果不充分利用好时间是完不成任务的。所以我想，既然要求他们早晚按时到实验室，首先我要做到。三是出于安全考虑。实验室比较简易，担心有安全隐患，所以我坚持最后离开。我作为最后关上实验室大门的人，鼓励学生珍惜时间刻苦学习，以自己的实际行动潜移默化地教育引导他们。

砥砺初心，显本色，抗疫火线展担当

重庆医科大学周发春同志访谈实录

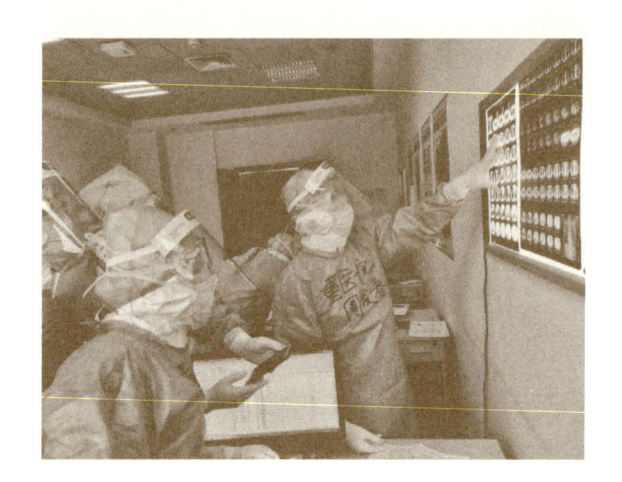

人物简介

周发春，男，汉族，重庆璧山人，1966年1月生，1989年7月参加工作，1987年12月加入中国共产党。重庆医科大学附属第一医院门诊第四党支部书记、主任医师、教授、博士生导师，重症医学科主任、急诊医学教研室主任，重庆市抗击新冠肺炎医疗救治专家组副组长，重庆市第八批、重医附一院第四批援湖北医疗队副领队。武汉一院联合专家组副组长，武汉国家医疗救治专家组重症巡查组专家。全国抗击新冠肺炎疫情先进个人，全国优秀共产党员，教育部第二批高校"双带头人"教师党支部书记工作室负责人。

访谈组 | 重庆医科大学党委组织部、党委宣传部
访谈地点 | 重庆医科大学附属第一医院 7 号楼 302
重症医学科主任办公室
访谈对象 | 周发春

访谈组： 您作为教育部"双带头人"教师党支部书记，在党支部建设中，积累了哪些经验呢？

周发春： 近年来我们工作室探索出了"三个一"的经验做法。

第一，扛起一面旗帜，增强党支部政治功能。一是政治建设为先。今年 3 月，我作为全市"双带头人"教师党支部书记代表，在党史学习教育中央宣讲团重庆高校宣讲座谈会上做了题为"学习党史，重在力行"的交流发言。二是政治生活从严。强化党支部政治功能，规范落实"三会一课"、组织生活会等基本制度。三是组织生活创新。开展"红旗颂、创先锋"等系列主题党日活动，组织到红色教育基地开展党性教育，听党课、举行党员政治生日"仪式"等。

第二，树立一个标杆，发挥党员先锋作用。一是危急关头冲在前。我作为重庆市新冠肺炎救治专家组副组长、重庆市第八批援湖北医疗队副领队，带领支部及科室 28 位同志紧急驰援武汉，出色完成了援鄂抗疫任务，1 名支委获"抗击新冠肺炎疫情全国三八红旗手"称号，1 名支委被评为重庆市优秀共产党员，4 名党员被评为全国卫生健康系统及重庆市抗击新冠肺炎疫情先进个人。2021 年 1 月 27 日，我作为重医附一院（国家专家组）援吉林医疗队队长，又带领 5 人专家组再次逆行吉林通化战疫。二是教书育人勇担当。紧紧围绕培养医德高尚、医术精湛的高素质医学人才，充分发挥专业课程的育人功能。我主讲 2 门急重症医学大课，担任 2 门课程组组长，参编重症医学培训相关教材 6 部，参研校级重大教改课题 1 项，2017 年获重庆市教学成果二等奖。三是学科建设出成效。支部书记自觉当好"领头雁"，重症医学科为首批国家临床重点专科，连续 4 年入选复旦排行榜提名，并获批重庆市急危重症临床研究中心、重症医学 2020 年度重庆市研究生联合培养基地。近

两年来获得国自科2项，省部级项目27项，科研经费335万余元，发表SCI论文近40篇。

第三，探索一套方法，提升立德树人质量。一是党建工作讲方法。工作室坚持以党建带业务，以业务促党建。我参与重庆电视台制作急救公益节目，联合科协拍摄系列医疗健康微视频，开展"急救知识进校园"活动。二是思政工作讲方法。党支部把师德师风建设、医德医风建设与学术诚信建设作为思想政治工作的重要抓手。三是育人工作讲方法。党支部不断探索育人的方法途径，用先进典型事迹来塑造医学生职业道德和爱国情怀。我在学校2020届毕业生最后一课及2020级新生开学典礼上分享战疫心得，引导学生从伟大抗疫精神中，汲取奋进力量，坚定理想信念。

访谈组： 您入选教育部第二批高校"双带头人"教师党支部书记工作室负责人后，党支部的建设有哪些新变化？

周发春： 理论学习更加系统化，尤其是在党史学习教育中，按照学史明理、学史增信、学史崇德、学史力行的要求，努力做到学党史、悟思想、办实事、开新局，着力解决群众困难。

一是强化党支部政治功能，进一步提升党支部组织力，把党支部建设成为促进医学教育与医疗卫生事业高质量发展的坚强战斗堡垒。二是把党的建设作为落实立德树人根本任务、建设高水平人才培养体系的重要牵引；结合西迁精神、红岩精神、抗震救灾精神、抗疫精神等，在大课、实习课等环节进一步加强思政工作。三是提升支部战斗力。支部全体同志、科室全体同仁，团结一心，促进学科各项工作有序推进；支部书记以身作则当好"领头雁"，注重提升支委履职尽责能力。

访谈组： 作为全市高校"双带头人"教师党支部书记工作室的先进典型，您对高校党建示范创建和质量创优工作推进有什么好的建议吗？

周发春： 我在高校附属医院工作，教师和医生的双重身份，教书育人、治病救人，更显示出这份工作的重要性。从教师队伍和高校学生，支部党建示范创建和质量创优，到学科实力提升和专业骨干队伍建设等方面，深入应引领带动高校党建和思想政治工作质量提升，着力把教师党支部书记队伍建设成为新时代高校党建和业务双融合、双促进的中坚骨干力量。应抓好支部班子建设，抓好党建主责主业，强化支部政治功能，提升思想政治工作质量，促进学校事业发展，努力把教师党支部建设成为促进新时代高校事业发展的坚强战斗堡垒，为扎根中国大地办好社会主义大学提供坚强保证。

访谈组： 您从重庆永川直接转战武汉，甚至没来得及回家整理行装、与亲人道别，是什么样的信念和决心支撑着您以最快的速度奔向前线？

周发春： 我觉得在疫情面前，党员有义务第一时间上前线，这是责任。而且，我从事的专业是急诊和重症医学，所以参加应急医疗救援也是我的天职。

2月12日晚11点，我接到紧急通知，次日随重医附一院160人医疗队赴武汉，整建制接管武汉市第一医院重症病区。招之即来，来之即战！疫情形势严峻、时间紧迫，我没来得及回家整理行装，与亲人道别，便匆匆带队驰援武汉。抵汉不到24小时，我们医疗队克服重重困难、不惧危险，首批进入隔离红区，整建制接管武汉市第一医院两个重症病区，3小时内收治了70位重症患者。武汉人民以性命相托，我们必全力以赴！

访谈组： 您每次参与紧急医疗救援任务，家人们有担心吗？

周发春： 去年出发武汉前晚我还坚守在永川定点救治医院，深夜我夫人得知消息后给我打电话，我一直没敢接。第二天一早我给重医附属永川医院龚院长和专家组电话沟通交接工作后，就赶回医院和医疗队汇合，安排出征的系列工作。近中午时，我抽空去父母家，他们以为我从永川救治医院撤回，还说："这下回来就好了，一家人也放心点了。"我一下不知如何接这话，在家里转了两圈还是说出即将奔赴武汉的事，妈妈什么话也没说，眼泪止不住地流。医疗队出发时爸妈来送行的身影一直都在我的脑海里。从汶川地震救援，到这次渝汉两地抗疫，家人们也慢慢理解支持我了。今年1月27日我又率队去吉林通化抗疫，这次就和家人们直说了，他们觉得之前去过武汉，心里也相对踏实和放心。

访谈组： 请问您在接管武汉第一医院两个重症病区期间，如何在第一时间开展医疗、管理、指导等多项工作？

周发春： 全力以赴"提高治愈率、降低病亡率"，对病情分级做出预案，按病情严重度科学分区；快速制定出了一套病房管理模式及流程：主任负责、组长包区、责任医生包床，医护一体；充分发挥重症、呼吸、感染专业医生的专业优势，合理整合专业力量；建立系统的医疗制度，保证医疗质量稳步提升；实行医疗组长每日例会，讨论疑难病例，优化治疗方案以提高诊疗水平。分层分级对医务人员进行培训、演练和考核全覆盖，确保人人过关。

访谈组： 您之前提到过要把"重医附一院经验"带到武汉前线，请问在当时的情形下，如何做到最大限度保障医务人员安全的同时又能高效救治患者？

周发春： 在重医附一院援鄂医疗队领队肖明朝副院长的带领下，我们借鉴在重庆疫情防控救治中总结的经验，医疗队在武汉市第一医院，推广了重医附一院区域管理的防控策略、危重患者的多学科讨论、重危病例的救治策略等；以重医附一院党委提出的"精救治、严防控、打胜仗、零感染"为目标，结合武汉抗疫一线实际充分借鉴、高效运用。

根据指挥部要求，2月14日下午6点我们就开始集中收治大量新冠肺炎患者。医疗队成立临时党总支部，重医附一院副院长肖明朝任书记，我任组织委员；临时党总支召开简短会议，明确党员队员第一批进隔离病房。全队立即组织全员培训，病区流程、诊治指南、感控防护等紧张而有序地进行。医疗队借鉴前期经验从感控策略、救治方案、心理减压等系列强化培训着手，有效病区严重度分级分区、医疗护理组整合等，保证了病区救治工作有序高效开展。

我们始终强调两点，"救人"和"回家"，不惜一切代价挽救生命，让患者康复回家；医护人员坚持"科学救治，严格防护"，一个都不能少地安全回家。病房运行一周后，两名患者病情危重，必须行气管插管有创呼吸机辅助通气治疗。面对医院 ICU 病房满员、病人不能转入的难题，立即向领队肖明朝副院长汇报，果断决定"建立病房临时 ICU"。在当时设备、物资都紧缺的情况下，与医疗队总护士长米洁一道积极多方协调，使临时 ICU 所需的呼吸机、简易呼吸器、微量泵等各种生命支持设备得以快速到位，带领医护团队紧急为两名 80 多岁的患者行紧急气管插管有创通气，随后又开展俯卧位通气，让患者得到及时有效的救治，切实实现了"应插尽插、应趴尽趴"的有效机械通气治疗。

　　武汉一院一名危重患者经全院讨论后决定采用 ECMO 挽救治疗，为患者抢得一线生机。但该院尚未开展过。我第一时间挺身而出，顾不得刚刚从隔离区出来，迅速带领我们医疗队 ECMO 小组，立即启动 ECMO 救治，历时近 7 小时，终于 ECMO 顺利运转，患者病情得到有效缓解。

访谈组： 历经 46 天圆满完成抗疫任务，可以谈谈其中您印象最深的事或人吗？

周发春： 在重症患者的救治过程中，我们面临着许多生死瞬间，能做到的就是绝不让生命叫停！在武汉一院，有一名 50 多岁的男性患者，无创通气治疗多日，难以脱机。他情绪悲观，对康复没有信心。我鼓励他说："你不是说想去重庆玩吗？我在重庆等你！我教你一句重庆话，'雄起'（方言），意思就是'坚持'，你坚持下去，一定会好起来的！"一个月后，他康复出院时热泪盈眶地说："感谢周主任对我说'雄起'，我感谢重庆医疗队给了我第二次生命……"其实我们也感谢他们，正是他们性命相托的信任，给了我们全力以赴的动力和一往无前的勇气。

　　回到重庆，在武汉的一幕幕画面常常浮现在我的眼前。那是治愈患者走出隔离区后转身给队员的深深鞠躬；那是驻地社区居民听说医疗队将转战时自发唱出的《我和我的祖国》；那是 4 月 8 日武汉解封时队员们的欢呼雀跃……武汉第二故乡的情节已经融入每一个医疗队员的血脉中。

访谈组： 什么样的精神力量支撑您在重大社会公共卫生危机事件发生时，都第一时间冲在前头？

周发春：作为一名急重症医生，在三十余年的职业生涯中，始终坚守临床一线，谨记"敬佑生命、救死扶伤"的医者使命，在急诊和重症两个不分昼夜、永无休憩的战场上恪尽职责，无私奉献。从 2003 年抗击非典到 2008 年汶川地震救援，再到 2017 年 H7N9 救治，在一系列的突发公共卫生事件医疗救援中，我都第一时间踏进"主战场"，冲在"最前线"。2020 年抗击新冠肺炎疫情中，一次次与时间赛跑，与病魔较量，与死神搏斗，让我深刻体会到每一个生命都值得被珍惜！每一个奇迹都源于不抛弃不放弃！

不忘初心，牢记使命，春华秋实，寒暑易节，始终以"敬佑生命、救死扶伤、甘于奉献、大爱无疆"书写我们共产党人奉献精神的华章。

访谈组：医生的职责让您对救死扶伤有了哪些不一样的认识？

周发春：在我救治的病人中有一位让我印象非常深刻。2008 年汶川地震发生时，转来重庆救治的灾区伤员中有一位北川中学 17 岁学生，他的伤情是来渝伤员中最严重的，全国和市级专家救治组多次会诊讨论，甚至有专家评估是"九死一生"的情况。但我们没有放弃，他在我们病房住了 42 天，戴了 36 天的呼吸机，做了近 30 次的血液净化治疗，最后救治成功，康复出院。2018 年 4 月，我收到同事发来的微信链接，CCTV7 频道播放了一个侦察兵在水下用 40 秒时间找到钥匙打开铁笼通道逃生的视频。视频主角就是 2008 年我们抢救的从震区转来的男孩，我看后心情难以平静，任凭眼泪流淌。当初全力以赴挽救的男孩 10 年后成长为一名优秀的侦察兵，不仅康复完美，更是拥有了非常灿烂的人生，对我来说，当一名医生值得！

访谈组：您对现在的年轻医学生和医生们有什么要求和期许？

周发春：医者仁心！时代造就英雄，每当灾难降临，总会有一个行业、一群人，披荆斩棘，顶天立地，诠释着什么是"中国精神"！投身抗疫是医务工作者的使命担当。我们医疗队在抗击新冠肺炎疫情中实施患者严重度分级分区，队员专业科学互补，集中医护力量救治急危重症，比如建立临时ICU，应用先进专业技术（如ECMO等）全力救治，争分夺秒救援，全力以赴救人，科学专业施治，这是一代代重医人的使命传承！

当代青年大学生要谨记习近平总书记对新时代中国青年的6个要求，树立远大理想，热爱伟大祖国，担负时代责任，勇于砥砺奋斗，练就过硬本领，锤炼品德修为，为中华民族的繁荣昌盛而不懈努力。医学生应当从强基础点滴做起，练就过硬的基本功。

医务工作者应弘扬"生命至上、举国同心、舍生忘死、尊重科学、命运与共"的伟大抗"疫"精神，扎实做好医疗教学和科研工作，为更好地护佑人民健康奉献拼搏。

重庆师范大学经济与管理学院党委访谈实录

抓好党建主责主业，促进事业蓬勃发展

党委简介

重庆师范大学经济与管理学院党委成立于2006年。现有党员243人，其中教师党员77人，占教师总数的75.49%；拥有博士学位党员44人，占教师党员总数的57.14%；具有副高以上职称的教师党员41人，占教师党员总数的53.25%；学生党员166人，占学生总数的10%，其中研究生党员58人，本科生党员108人。依托学科、专业设置13个党支部，其中教师党支部7个、学生党支部6个。专任教师党支部书记均为"双带头人"，选任优秀辅导员担任学生党支部书记。配备组织员1名。学院党委是重庆市教育系统"先进党组织"、重庆市党建工作"标杆学院"，连续3次获评学校"先进党组织"，学院党委书记连续4年述职考评获"好"。1个教工支部入选重庆市党建工作"样板支部"，2个教工支部入选学校"样板支部"，1位教工支部书记入选学校"双带头人"工作室，1个学生支部获评学校"先进党组织"。

访 谈 组｜重庆师范大学党委组织部、党委宣传部
访谈地点｜重庆师范大学经济与管理学院党委党建活动室（求是楼420室）
访谈对象｜重庆师范大学经济与管理学院党委

访谈组： 作为模范党组织，学院党委在提高党建工作质量方面发挥了哪些带头作用？

学院党委： 学院党委坚持以"党建引领促发展"的理念，形成"党建凝聚人心，和谐促进发展"的共识，着力构建完善党建工作体制机制，提高党建工作质量。

一是构建"45535"党建工作机制。学院党委切实履行把方向、管大局、促发展、保落实4大职能，依靠学院班子、支部书记、教代会工会、全体党员和全院师生5大力量，通过政治统领、思想领航、组织力提升、党员形象提升、

改革创新等5大核心工程，发挥学院党委政治核心作用、党支部战斗堡垒作用、党员先锋模范作用等3大作用，实现班子好、党员队伍好、工作机制好、工作业绩好、群众反映好5大目标。这个机制强化了职能，凝聚了力量，形成了抓手，切实做到了"五个到位"。

二是创建党员教育"五学机制、五导方法"。学院党委理论学习中心组按照"自学、导学、研学、践学、督学"为一体的"五学"机制开展理论学习，强化政治素养。中心组成员轮流导学，采用"导背景、导结构、导内容、导重点、导思想"的"五导"方法增强研讨性，提升理论学习的深度和广度。每次学习后，将学习内容、时间、形式、成果等公示于党务公开栏。通过中心组先学先行，示范引导学院各支部党内组织生活经常、认真、严肃。

三是构建"1552"党员联动机制。实施"立德树人、同向同行"师生党员协同发展工程，教师支部对接学生支部，教师支部书记对接学生支部书记，教师支委对接学生支委，教师党员作为本科生导师对接学生党员，学生党员对接学生寝室5个对接，利用党员发展、专题党课、党建沙龙、日常帮扶和民主评议5个抓手，达到促进对学生党员全程全方位培养教育、促进教师党员和学生党员先锋模范作用的发挥2个促进作用。比如：专业教师党支部与学生党支部对入党积极分子进行联合培养，加强了在组织发展的谈话、教育、考察等环节的工作，真正做到帮助学生在思想上入党。

四是长期坚持"五必谈"谈心谈话工作法。学院党委书记、党委委员、支部书记要与五类重点人员谈心谈话，包括：组织培养和发展的对象、新进教职工党员、出国进修访学党员、有思想情绪的党员、工作上出现失误的党员。对前三类党员谈话交流的内容主要是表达关心和提出要求，对后两类党员主要是疏通情绪，指出问题，积极引导。在谈话交流的方式上注重"四个结合"，即线上线下相结合、正式与非正式相结合、批评与表扬相结合、提要求与做指导相结合。学院党委制定《共产党员谈心谈话制度》等制度性文件，印制《谈心谈话工作记录本》，确保"五必谈"工作的推进。

访谈组： 学院党委在落实立德树人任务方面有哪些举措？

学院党委： 学院党委遵循思想政治教育规律、教书育人规律和学生成长规律，把学生思想政治教育与学生专业学习、职业发展相结合，完善了一体化的立德树人育人体系，形成了"三全育人"大思政格局。

一是打造了以"经管类人才素质模型"为基点的人才培养体系。学院从课程设置、专业培训、实习实训等方面构建了体系完备、机制健全、参与面广的培育体系，在此基础上进一步强化"以专业兴趣小组、专业社团和创业基地为平台，以学业竞赛促提升，以重要赛事求突破"的第二课堂能力素质培养。学院党委倡导建立了证券投资、财务实务等12个专业兴趣小组和经济建模与应用协会等5个协会，并发动专业教师参与指导学生，做到"一赛一训，有赛必训"，学生参加各类竞赛已成常态化，呈现出百花齐放的态势。2020年，学生获得各类学业竞赛200余项，其中省部级以上100余项。我院"原众演绎"项目获第十二届"挑战杯"中国大学生创业计划竞赛全国决赛铜奖。

二是打造了"少管多理，以文化人、塑造名生"育人模式。首先是依托"青马工程"，结合"五四"、"七一"等纪念日，在学生中大力开展"爱国荣校"、十九大精神、"不忘初心、牢记使命"等主题教育，推荐入党积极分子参加党校培训。其次打造了"以寝室为基点的大学生自我管理体系"，编制了《经济与管理学院学生素质成长手册》，建立和完善了涵盖学院、班级、寝室、学生"四位一体"的大学生自我管理体系，有效提升了学生自我管理、自主学习和协同学习的意识和能力，有力助推了学生发展。

三是打造了就业创业大讲堂、班级建设规划大赛和寝室建设规划大赛等一大批富含经管特色、深受广大师生喜爱的精品活动。

访谈组： 学院党委是如何将党建与科研工作、学科建设有机结合，实现同步推进的？

学院党委： 学院党委坚持和强化对科研工作、学科建设的领导，通过找准党建工作与科学研究的结合点，做到同谋划、同部署、同落实、同考核，努力克服"两张皮"现象，形成了"双轮互动"的良好局面。

一是紧紧围绕国家战略，积极服务于脱贫攻坚、乡村振兴。基于大量党员教师长期参与脱贫攻坚研究工作的现状，学院进一步整合了教师研究优势和兴趣，确定了"山地经济学"这个大的特色方向。以学校与城口县对口扶贫为契机，通过"统筹城乡社会经济协调发展系统分析与仿真""农村社会发展与农村经济管理研究中心""区域经济研究所"等研究中心，以及"十二五""十三五"市级重点学科应用经济学的学科平台，充分发挥专业智库作用，凸显学科特色。近三年来，学院教师党支部把组织生活开到田间地头，把科学研究做在脱贫攻坚第一线。他们深入秦巴山地、武陵山区，为城口东河村小学捐赠物品，为当地产业发展献言建策。尤其是我院经济学系冯俭光教授在城口县东河村担任驻村第一书记期间，通过实地考察调研，撰写了10多个产业发展报告，促进了当地产业发展，取得了良好的社会效果。

二是紧紧围绕国家战略，积极服务于成渝地区双城经济圈建设。学院党委充分利用重庆发展研究院、成渝地区双城经济圈产业发展研究中心、智慧能源管理与应用研究中心等省市级、校级平台，发挥人才和学科优势，为经济社会发展科学决策提供智力支持，一系列优秀咨政成果，有力促进了区域经济社会发展。例如：我院马文斌教授撰写的《加快应急产业体系构建推动疫后经济全面复苏》、周鹏飞教授撰写的《2019境内外园区研究报告》分别被中央统战部、商务部投资促进司采纳。

访谈组： 据了解，学院内流行着一种榜样的力量叫作"经管力量"，这究竟是一种怎样的力量？

学院党委： "经管力量"首先是学院党委每年都举行的表彰大会的名称。为深化榜样的示范引领工作，院党委对在教育教学、专业指导、专业竞赛、数学竞赛、文体活动、社会实践等领域有突出表现的老师和学生同台进行表彰。其次，学院党委还隆重举行"凝聚榜样力量，传延经管风貌"系列宣讲会，通过先进集体说示范、学生党员说引领、学生干部说担当、三好学生说学习、文明学生说事迹等方式向全院学生弘扬经管风貌，讲好经管故事，帮助学生在实践中明方向、知差距、净心灵、升境界，进一步增强全院学生的责任感和使命感。

经管力量表彰大会和系列宣讲会所倡导和传递的正能量，体现的是一种团结和谐的力量，催人奋进的力量，谋求创新发展的力量。"经管力量"已经融入经管人的血脉，成为经管学院励精图治、创新发展的文化底色。近年来，学院教师每年教学和师德师风学生评价等级优秀占比超80%，学生获得各类竞赛奖励700余项，获得市级以上奖励300余人次。

访谈组： 学院党委在培养名师、名生方面有怎样的成效？

学院党委： 学院冯俭光教授是近年党员教师中的明星。他主动请缨到重庆市深度贫困村东河村担任脱贫攻坚驻村第一书记。这位"三高"（即学历高、职称高、

年龄高）第一书记上任伊始，便在一周内走遍了全村8个村民小组、17平方千米的土地，对494户1727名村民建立了完整的脱贫档案。冯教授充分发挥研究专长，结合东河村实际，撰写呈交了18份脱贫项目发展论证报告、5份村镇产业发展规划书、56项科研课题条目，先后被城口县扶贫办、农委等部门吸收采纳。他大胆探索特色产业脱贫新模式，积极带领东河村村民发展天麻种植、中蜂养殖等。同时他还提出了进城务工与返乡创业"两条腿走路"的新思路，并因地制宜开展技能培训，引导了多名青年返乡创业。学院党委围绕冯教授的先进事迹制作了题目为"脱贫攻坚，第一书记在行动——冯佺光教授的三农情怀"的微党课，在师生中反响热烈。

近年来，学院在扶贫攻坚、三支一扶、创新创业、携笔从戎的舞台中，不断涌现出优秀的经管学子。例如：藏族学生旺姆获全国大学生就业创业优秀人物，张雪获重庆市"最美巴渝感动重庆"年度人物，刘明夕获重庆市高校年度十大"双创"明星，熊亮获重庆市"三支一扶"典型人物，郎克清获"最美基层高校毕业生"等，并被新华社、《人民日报》、人民网、中新网等国家、市级等主流媒体争相报道。此外，新冠肺炎疫情期间，我院广大师生积极投身抗疫防控的各类志愿者服务，197名师生党员为疫情捐款，学院微信公众号中对我院师生党员中黄雅婷等34名抗疫优秀志愿者进行了专题报道，尽显初心使命和责任担当。

访谈组：学院党委通过抓党建引领和促进事业发展取得了哪些成果？

学院党委：一是专业建设成效显著。经济学专业成功申报教育部高等学校"一流专业"建设项目，工商管理专业成功申报重庆市"一流专业"建设项目，财务管理专业获批市级转型专业。学院教师在教学竞赛、市级教研教改项目、市校级教学成果奖、校级一流课程，校级课程思政类一流课程方面均有斩获。二是服务创新能力明显提升。2018 年成功获批应用经济学市级研究生导师团队、MBA 市级研究生联合培养基地。"应用经济学"2019 年获评市属高校"十三五"重点学科建设，在中期、期中检查均获"优秀"等级。管理科学与工程已成为重庆市向国家推荐的拟增博士授权点。三是师资力量稳步改进。学院加大引进高层次人才和青年博士力度，近五年共引进博士 18 名，聘请了 8 位海外教授作为特聘教授。学科带头人董景荣教授获批"重庆市首席专家工作室"，胡兵教授被评为"重庆市哲学社会科学领军人才"和学术技术带头人，王亚飞教授被评为"巴渝学者青年学者"，邹艳教授被评为"重庆市学术技术带头人后备人选"。四是人才培养质量稳步提升。学院学风优良，研究生报考率逐年攀升。近 400 人次在大学生暑期社会实践中获校级以上表彰。研究生招生规模和一志愿录取率实现逐年增长，获得市级优秀硕士论文 2 篇、市级研究生优质课程 2 门、市级研究生教研教改项目 2 项、市级研究生优秀教材 1 部，8 名硕士生考取南京大学、浙江大学等高校博士研究生。

重庆邮电大学王汝言同志访谈实录

以生为本、因材施教，引导学生成为最好的自己

人物简介

王汝言，男，1968年12月出生，汉族，中共党员，重庆邮电大学教授、博士生导师，现任重庆邮电大学通信与信息工程学院执行院长、重庆市高校先进网络与智能互联技术重点实验室主任；全国优秀教师，国家"万人计划"教学名师，首批"全国高校黄大年式教师团队"负责人，重庆高校创新团队负责人，重庆市学术技术带头人，重庆市教书育人楷模、"重庆青年五四奖章"获得者。获重庆市科技进步奖3项（其中一等奖2项），重庆市自然科学奖1项，国家级教学成果奖2项，重庆市教学成果奖6项。

访 谈 组｜市委教育工委专职副书记覃正杰
市教委宣传思想政治教育处党支部
访谈地点｜重庆邮电大学移动通信技术与网络实验中心
（国家级实验教学示范中心）
访谈对象｜王汝言

访谈组： "共产党员"的身份对您而言意味着什么？

王汝言： 我在1998年12月正式加入中国共产党，现在党龄足有20余年。党员身份意味着对自己应有更高要求，要做到吃苦在前、集体利益高于个人利益。作为一名党员老师，我时刻牢记着立德树人的根本任务，时刻践行着为党育人、为国育才的重要使命，努力成为学生最亲近的老师。

访谈组： 在您看来，什么样的老师才是好老师？

王汝言： 对我而言，当老师很快乐，因为老师每天面对的是一群富有朝气和活力的年轻人。教师作为人类灵魂的工程师，不仅要有如海的学养，更要有如山的德行，唯有如此，才能在授业解惑中启人以大智，引人以大道，育人以大德。作为好老师，其首要任务是立德树人，要模范践行传道授业之责，也要成为启迪心智、塑造灵魂的"大先生"，成为政治强、情怀深、思维新、视野广、自律严、人格正的学生成长引路人，努力做到以生为本、因材施教，引导学生成为最好的自己。

访谈组： 作为国家级教学名师，您对高校人才培养有怎样的思考？党员教师应该如何发挥作用？

王汝言： 众所周知，信息通信行业发展迭代速度迅猛，这就必须不断去更新人才培养观念，才能跟上社会发展步伐。重庆邮电大学七十载办学历史，始终以振兴民族通信事业为己任，培养了十几万专业人才，他们很多都成为行业领域的中坚力量。对今后学生的培养，我想一定要紧密联系社会需求和社会发展，否则，培养出来的学生走上工作岗位之后就很可能与社会脱节。正是基于这点，人才培养方案的制定首先要了解社会需求，了解学生在哪些岗位就业，这些岗位对人才有什么需求。有了这个过程，再制定人才培养目标、制定课程体系，之后在整个人才培养过程中去落实，去提高培养质量，并且定期通过学生反馈和社会反馈来修改完善，从而达到螺旋式上升。

我们重庆邮电大学的人才培养目标就是要培养具有扎实的专业知识、持续的发展能力、执着的行业情怀的高素质创新型人才。作为党员教师，我们要紧紧围绕学校人才培养目标，坚守教学第一线，孜孜以求，不断探索教育改革之路，持续深耕，将学术优势转化为"双一流"建设的发展动力，要用实际行动谱写新时代党员爱岗敬业、无私奉献的奋进之歌，让"平凡之我"汇聚成不平凡的中国力量。

访谈组： 您刚刚谈到，信息通信行业发生着日新月异的变化。在您看来，5G时代的到来，对我们的生活有哪些重大改变呢？5G时代已经到来，那未来6G又会是怎样的呢？在6G研究方面，学校有哪些具体行动呢？

王汝言： 信息通信技术日新月异，就拿移动通信技术来说，每10年更新一代、目前5G已广泛商用，据最新数据显示，截至2020年年底，重庆已建立4.9万个5G基站，中心城区已实现全覆盖。在规模组网后，5G给我们生活带来了很多改变。从5G特性的三大应用场景分析来看：一是大带宽，老百姓最大的感受就是下载速率快了；二是低延时和高可靠性，老百姓将能体验到车联网、智能驾驶带来的新变化；三是低功耗、大连接，也就是我们经常说到的物联网，在环境检测、城市治理等领域都有很多具体应用。当然，成熟的5G应用还有一定的过程，但是我相信，在今后的发展中，包括智慧教育、智慧旅游、智慧医疗等领域都会给老百姓带来实实在在的福利和便利。

通常来说，信息通信行业的迭代较快，前一代技术还在商业应用过程之时，下一代技术的研究就已经着手进行了。5G之后，6G将会带来什么？其实6G技术主要就是地面无线通信和空中卫星通信、水下无线通信的结合，是实现空天地海一体化的通信技术，将实现任何人、任何地、任何时候都无障碍沟通与交流，无缺陷覆盖与连接，将为我们的生活带来更多便利。换句话说，从1G到5G，更多偏向人群比较聚集的陆地通信连接，这些信号在某些荒无人烟的地方就可能覆盖有限，而今后的6G，则可以做到无缝连接。

作为中国数字通信发祥地的重庆邮电大学，在无线移动通信领域具有较深厚的研究基础，是我国 TD-SCDMA 制式的 3G 国际标准制定的重要参与者。2019 年 3 月美国《财富》杂志报道世界上对无线通信领域贡献领先的五所高校，其中就有我们重邮。在 5G 技术还未大规模商用时，我们就把研究目光瞄向了 6G 领域，学校在低轨卫星、宽带物联网、卫星高密度组网等方面都有前期的基础研究，依托这些研究基础，我们与两江新区建立了空间通信研究院。接下来，我们还将积极与重庆市政府引进的东方红卫星移动通信有限公司联合建立实验室，开展技术攻关，努力在科技强国中贡献重邮智慧。

访谈组： 结合您从事的研究领域，可以更加具体谈谈您取得的科研成果吗？

王汝言： 我们学校是以信息通信为特色和优势的高校，我们的科研主要是围绕信息通信领域的应用基础研究。近五年，我和我带领的团队承担国家自然科学基金、重点研发计划、工信部工业互联网创新发展工程项目等各类重大、重点和一般项目 40 余项；发表论文 300 余篇，其中 SCI 二区以上 100 余篇，《通信学报》《电子与信息学报》等国内权威期刊 50 余篇；发表于 *IEEE Communications Magazine*、*IEEE Internet of Things Journal*、*IEEE Transactions on Multimedia* 等国际顶级期刊的 12 篇高水平学术论文入选 ESI 高被引论文，获得 2018 IEEE MMTC 最佳期刊论文奖及 2016 IEEE WASA、2019 IEEE Greencom、2020 IEEE MSN 最佳会议论文奖；获得发明专利授权 60 余件；出版学术著作 6 部；形成行业标准 3 项。

同时，我们团队在理论研究基础上积极开展产学研合作，与国家电网北京智芯微电子公司、深圳 ViVo 公司、重庆信息通信研究院、中国能源建设集团广东设计院、东方红卫星移动通信有限公司、重庆电力公司等企事业单位建立了深入的合作关系。相关科研成果已实际应用于电力物联网、中低压载波、低时延高可靠通信、泛在无线网络等方面，取得了良好的社会效益和经济效益。

访谈组： 科研创新是一个漫长艰苦的过程，基础科研出成果更是难上加难，是什么样的力量支撑着您几十年如一日的坚守耕耘呢？

王汝言： 首先作为高校教师，首要任务是教书育人，但如果一个老师没有科研的积累，那育人就是无源之水，所以科研是我们高校老师的必修课。其次，通信与信息领域是国与国之间的博弈，更是国家的重大战略需求，也是国家大力推动的重点科研领域，更是新一轮科技革命和产业变革中必须直面的重大挑战。在我看来，高校教师肩负科技创新重任，这就要求我们一定要有"坐冷板凳"精神，能够长期坚持做寂寞清苦的工作，要在工作中保持饱满的精神和积极的态度，进而真正把工作做实、做好。这方面有很多科学家是我们的榜样，比如袁隆平、屠呦呦等，他们都是经过数年的"沉寂"，才"厚积薄发"，这便是"坐冷板凳"的魅力。"坐冷板凳"不仅需要放下对名利的追逐甚至是关注，还需要超脱的心态、开阔的胸襟和沉稳的定力。可能很多人对"坐冷板凳"存在误解，片面地认为"坐冷板凳"就意味着无前景的"沉寂"，是做不成事情的，只会浪费了年华，甚至是虚耗人生，得不偿失。可事实却是恰恰相反，"坐冷板凳"就是为了做成事，只不过做事的过程比较艰难，有许多苦楚，但磨炼的是自身的看家本领、真功夫，成长的是自己，奉献的是整个社会。这也是有价值的"沉寂"，彰显的是"先苦后甜"的人生哲学。这样的年华，这样的人生，不仅不是浪费，反而是一种"升华"，能够一路走过来，便是真的"赚到"了。

访谈组： 您是首批全国高校黄大年式教师团队负责人，也是科研团队负责人，您对团队青年教师最大的影响是什么呢？

王汝言： 作为团队负责人，既要带领团队发展，更要引导团队青年教师的成长。做科研工作，来不得半点虚假，30多年来，我也是这么坚持的。如果一定要说对团队老师有怎样的影响，我想应该就是：踏踏实实做事，老老实实做人，任何时候都没有便道和捷径可走。我们的团队文化归纳为"团结协作，共同进步"。在团队里，我对团队成员提出了具体要求，大家也都努力朝着这个方向在做。具体来说，就是坚持终身学习，提升个人水平；立足团队，力求取长补短；关注行业，积累教学案例；做好科研，提供教学资源；因材施教，注重学生成长。

同时，注重关心年轻教师的成长，有计划地选派青年教师出国进修，参加重要学术和教学研讨会，指导和帮助团队教师提高教学能力和科研水平。逐个规划团队每个老师的发展路径，帮助他们发现自身长处，发挥自身特长，利用团队优势实现更好的成长，让他们有归属感，有成就感。

访谈组： 您在学生科技创新能力培养方面成绩斐然，指导学生获得国家级奖励200余项，您是如何带领团队在学生科技创新中发挥党员先锋模范作用的？

王汝言： 我们团队超过80%是党员。在学生科技创新中我们党员教师带头做学生的"四个引路人"，即做学生锤炼品格的引路人，做学生学习知识的引路人，做学生创新思维的引路人，做学生奉献祖国的引路人。在学生科技创新能力培养方面，我们主要有三点经验可供参考。

一是积极培养学生创新意识和参加科技创新的兴趣。创新能力的培养除了需要学生具有扎实的理论基础之外，还需要培养学生的创新素养。要根据信息通信技术发展趋势，不断分析和整合创新基础教育模块，重构课程体系，采用启发式、讨论式教学，结合科技创新比赛，培养学生的创新思维，训练学生运用创新方法和使用创新工具，从而培养学生的创新意识和参加科创活动的兴趣。

二是充分发挥科研团队的平台作用。科研团队承担了大量科研项目，可以吸收更多的学生参与项目研究，促进学生创新意识到创新实践的转化，提升学生发现问题和解决问题的能力，培养学生持之以恒的钻研精神。

三是注重学生科技指导团队的建设。无论是"互联网+""电子设计竞赛"，还是"挑战杯"，不同赛事对学生的能力锻炼侧重点有所不同，这就需要不同领域、不同知识背景的老师组成指导团队，发挥各自优势，取长补短，共同指导。作为一名党员教师，要坚持以生为本、因材施教，带头做好学生的"四个引路人"，引导学生成为最好的自己！

重庆邮电大学网络空间安全与信息法学院知识产权系党支部访谈实录

将思政工作贯穿教育教学全过程，夯实教书育人战斗堡垒作用

党支部简介

重庆邮电大学网络空间安全与信息法学院知识产权系党支部成立于2015年，支部书记郭亮，现有支部党员12人，拥有博士学位教师占比83%。支部曾获批第二批"全国党建工作样板支部"培育创建单位，获"重庆市教育系统先进党组织""重庆邮电大学优秀党支部"。支部党员多次在年度考核中被评为市级优秀，多人获国家社科基金项目、重庆市社科重点项目，被聘为国家、重庆市相关法律、法规起草工作专家组成员，获重庆市人民政府优秀社科奖、重庆市科技进步奖、中国法学会法学家论坛优秀论文奖等奖项多次。近五年，支部党员向政府部门提交的13项咨政决策报告均获采纳批复。

访 谈 组 | 重庆邮电大学党委组织部、党委宣传部
访谈地点 | 重庆邮电大学网络空间安全与信息法学院党团活动室
访谈对象 | 重庆邮电大学网络空间安全与信息法学院知识产权系党支部

访谈组： 请简要介绍一下知识产权系党支部的基本情况。

郭亮： 重庆邮电大学网络空间安全与信息法学院知识产权系党支部成立于2015年，设支部书记1人，组织委员、宣传委员各1人；现有支部党员12人，其中教授2人、副教授3人、讲师7人，拥有博士学位教师占比83%。这些年，通过大家的齐心协力，支部成功申报第二批"全国党建工作样板支部"培育创建单位，获评"重庆市教育系统先进党组织""重庆邮电大学优秀党支部"等荣誉。

访谈组：知识产权系党支部在发展中有没有遇到困难？是怎样克服的？

郭亮：知识产权系党支部在成立之初遇到的最大困难在于如何在党建与业务工作中找准着力点。为此，党支部积极探索构建"主题党日+"的党建工作模式，确保规定动作一丝不差、关键环节一步不漏。坚持把规范和创新支部主题党日活动作为推动党建学习教育常态化制度化的重要抓手，支部注重发挥"关键少数"的示范带动作用。同时，强化党支部书记的主体责任，充分发挥党支部书记的"领头雁"作用。党支部书记通过创新培训形式、畅通联系渠道、强化监督管理、狠抓制度建设，推动支部各项工作落细落实。

访谈组：党支部如何培养党员教师？

郭亮：支部以"政治强、业务精"为标准，实施教师党支部书记"双带头人"培育工程，大力推进教师党支部建设。

首先开展教师党支部书记集中轮训，加强理论学习、党性锻炼和思想武装。在教师聘用、晋职晋级、评奖评优时党支部充分把关，不断强化教师党支部在政治把关、师德师风建设方面的作用。其次，注重发挥教师党支部书记和党员骨干在教学科研工作中的先锋模范作用，使其成为广大教师的"主心骨"。再次，党支部实施青年导师制，为年轻教师和新进教师配备导师，从思想上、业务上、教学上进行"传帮带"，加强政治引导，带领青年教师参加课题研究、社会调研，积极推选年轻教师参与学校、市内外各类教育教学大赛。

访谈组：支部是如何发挥党员教师的示范引领作用？

郭亮：党支部积极贯彻"三全育人"理念，积极落实立德树人根本任务，推进课程思政教育教学改革，组织发动全体教师认真挖掘专业课程中的思政元素，将专业课程教学与思想政治教育有机融合，做到润物无声、同频共振。党员教师把"传道"和"授业"相结合，争做学生学习知识的引路人，注重学生学术兴趣和志向培养。主要举措包括以下几方面。

第一，建好平台阵地。学院党委打造的党建文化宣传展板随处可见，为师生营造了浓厚的学习工作氛围。同时，党支部充分发挥支部"双带头人"的"领头雁"作用，在提高支部党员教师综合素质上下功夫，努力构建高水平双师队伍建设的长效机制。

第二，做好教学改革表率。党支部以"党建+业务"为引领，传承学校踏实、创新的人才质量观，积极开展问题导向教学法、项目教学法改革，让教师党员加强学习锻炼，在对比中取长补短，不断提升课堂教学能力。

第三，强化实践育人理念。党支部注重挖掘新媒体资源，运用新媒体平台，促进学生成长成才；要求党员教师深入学生课堂、宿舍、食堂等场所，与学生零距离接触、面对面交流，掌握学生思想动态，培养入党积极分子，全方位引领学生成长成才。

访谈组： 在信息多元化时代，党员教师如何上好专业课程？

郭亮： 在新发展阶段，我国面临的国内外形势已发生深刻变化，高校教育教学要适应新形势的变化，需要不断挖掘课程中的思政元素，增强课程对青年大学生的吸引力、感召力、凝聚力和影响力。

为此，党支部大力推进教师培训、课程建设、课程思政改革，着力打造富含思政基因、贴近学生实际的立体化课程思政体系。支部聚焦在学理深度上做文章，强化"三位一体"协同效果；在教学资源上做文章，推动课程的教学理论与实践间的贯通。

同时，为适应当代大学生喜欢从手机移动端获取信息这一实际，支部在传统课堂教学与课外活动间注重延伸，开辟了网络思政"第三课堂"，打通了"线下"与"线上"教学通道。此外，在相应的时间节点，我们与本科生党支部共建，采用"快闪"等青年大学生喜闻乐见的活动形式，拉近师生距离。

访谈组： 截至目前支部取得了哪些主要成绩？

郭亮： 知识产权系党支部成员多次在年度考核中被评为市级优秀，获国家社科基金项目、重庆市社科重点项目，在国家、重庆市相关法律、法规的起草工作中被聘为专家组成员，获重庆市人民政府优秀社科奖、重庆市科技进步奖、中国法学会法学家论坛优秀论文奖等奖项，荣获"十大师德标兵""十佳青年教师""最受研究生喜爱的导师""课堂教学优秀奖""优秀教师"等称号。支部党员还在国家级、省部级辅导员素质能力大赛中取得优异成绩，曾获重庆市"辅导员年度人物"、重庆市优秀团干部，连续多年被评为学校优秀党务工作者、优秀共产党员。支部曾获批第二批"全国党建工作样板支部"培育创建单位，获评"重庆市教育系统先进党组织""重庆邮电大学优秀党支部"。近五年，支部成员向政府部门提交 13 项咨政决策报告，获采纳批复。

访谈组： 教师党员在筑牢基层党支部战斗堡垒方面有何作为？

郭亮： 支部在学校和学院两级党委的领导下，以习近平新时代中国特色社会主义思想为引领，突出"三个坚持"，着力打造"党建＋业务"主题党日，通过发挥基层党组织的战斗堡垒作用和广大党员的先锋模范带头作用，切实做到围绕中心抓党建、抓好党建促发展。

坚持把强化学习作为夯实战斗堡垒作用的基础。一是深化理论学习。党支部重视党员的教育培养，通过规范组织生活，强化"三会一课"制度，规范主题党日，不断推进"不忘初心、牢记使命"主题教育成果转化，鼓励教师党员争做"四有"好老师。二是提升实践学习成效。支部通过丰富多彩的实践学习活动，提升党建服务社会成效。党支部与公安部第一研究所、360 公司、重庆市第四中级人民法院、重庆市公安局、重庆市渝中区人民法院、重庆市知识产权信息中心等单位建立产学研合作关系。三是充实新媒体新技术学习能力。网络空间安全与信息法学院系重庆邮电大学唯一的学科交叉学院，支部党员坚持"法学＋信息技术＋知识产权行业运用"的交叉办学特色，依托"法学"这个重庆市"十三五"重点学科，研发了全国第一个电子数据取证系统、第一个数字版权云端服务平台、第一个电子文书送达系统，且均获专利授权；于 2007 年建成国内首家数字模拟法庭、2010 年建成国内法学院首家电子证据实验室，先后有重庆市委常委、司法部副部长、国家版权局政策法规司司长等到访；2019 年，中国科技法学会和中国法学会网络与信息法学会两个国家级学会先后批准设立重庆研究基地；承办的中国科技法学会全国学术年会以及编撰的《网络空间治理前沿》连续出版物等在全国学术界产生良好影响。

坚持把引领师生作为发挥战斗堡垒作用的重点。一是坚定理想信念，坚固政治引领。支部党员结合专业特色和工作实际，以个人带动群体的领学方式，发挥政治引领作用。二是凝聚发展共识，坚持价值引领。支部以项目建设为契机，以"爱岗敬业、教书育人"为标准，以"上好每一节课、教好每一位学生"为要求，以"课程思政"为抓手，以党员教师带动普通教师的方法，坚守人民教师的价值引领。在党员教师中开展"课程思政讲课比赛"，鼓励大家在"课程思政"上下功夫,鼓励教师带领学生开展"读经典",参加课外科技竞赛,产出高水平学术成果。三是强化师德师风建设,坚守道德引领。支部党员自觉将师德师风建设放在首位,增强教书育人的责任担当,争做学生成长发展的引路人。

坚持把"主题党日+"作为发挥战斗堡垒作用的平台。一是打造"主题党日+",发挥组织育人浸润作用。为支部发展量身打造"主题党日+"系列活动。支部注重向优秀看齐,与"全国抗击新冠肺炎疫情先进集体"获得者重庆市知识产权局公共服务处党支部、强大知识产权集团党支部开展支部共建,组织育人浸润作用初显。二是打造"主题党日+业务能力",凝练课程育人感化作用。支部将基层党建与业务建设相结合,发挥知识产权学科特色,以"打造金课、淘汰水课"和"课程思政"为切入点,围绕如何理解"新文科"建设及"课程思政如何贯穿于知识产权教育""打造金课是教师的本分"等主题,开展了系列"主题党日+业务能力"活动。通过开展"主题党日+教研活动""主

题党日+微竞赛"系列活动,夯实"信仰启航""先锋示范"和"卓越领航"三大工程,课程育人作用初显。二是打造"主题党日+专业节点",在每年"4·26世界知识产权日""12·4国家宪法日"开展法律公益宣传咨询活动。

访谈组：今年是中国共产党百年华诞,党史学习教育同专业课程教学如何有机结合？

郭亮：党支部注重将党史学习教育同专业课教学有机结合,将百年党史融入课程教学,通过挖掘党史人物的法治精神来引导青年大学生认真学习党史。将党史学习教育融入课程教学,这既是广大思政课教师的职责使命,也是深化课程教学改革创新的必然要求。支部以"明理""增信""崇德""力行"作为检验教学成效的标准,贯穿逻辑演绎、推理论证和教育引导全过程。同时,针对不同学生的认知特点做好教学设计,善用各类社会资源为课程赋能,推动理论课堂与社会实践课堂同频共振。

支部也将牢牢把握课堂育人这一主阵地,切实抓好专业课程和课程思政的协同建设,使思想政治工作融入学校教育教学全过程,推动形成全员全方位全过程育人的大格局。知识产权系党支部将继续砥砺前行,通过突出"三个坚持",着力打造"党建+业务"主题党日,促进党员的先锋模范作用在教学、科研中的作用逐步显现,党组织的凝聚力、战斗力、号召力不断增强,确保党支部在教育实践、社会服务实践中焕发出更加蓬勃的生机和活力。

重庆交通大学傅红同志访谈实录

教书不分上下,上课不分上下,育人不分上下班

人物简介

傅红,女,汉族,1963年1月出生,中共党员,重庆交通大学马克思主义学院教授。从事思想政治理论课教育教学35年,不忘立德树人初心,牢记教书育人使命,不遗余力地把心中的教育理想用脚踏实地的实践还原为理想教育。先后获得重庆市"师德先进个人"、重庆五一巾帼标兵、重庆市优秀共产党员、重庆市敬业奉献模范、重庆市"最美教师"、重庆市教书育人楷模、全国优秀教师等荣誉、感动重庆"十佳教师"提名奖,连续三届荣获学校最受学生欢迎的"十佳教师"称号。

访 谈 组｜重庆交通大学党委组织部
访谈地点｜重庆交通大学马克思主义学院办公室
访谈对象｜傅红

访谈组： 党员这个身份在您职业生涯中起到了什么作用？

傅红： 我是在1984年9月读大学时入党的。30多年过去了，入党宣誓的情景历历在目。那个庄严的仪式，既是对党的承诺，也是对自己的承诺，不应该也不能随着时间而改变，一直激励、督促和提醒着我。我经常对学生说：凡希望、期待你们做的，我一定先做好，否则我没资格、更没底气要求你们。

访谈组： 听说起初您并不喜欢教师这个职业，是什么时候喜欢上这个职业的呢？为何有这样的转变？

傅红： 初当教师，我的专业处境有些尴尬。喜欢上老师这个职业，转折来自一个学生无意中的"伤害"。那是一天下午打篮球，一个学生发现我投篮命中率相当高，于是问我："您是体育老师吗？"听了我的否定回答，他又问："您是上什么课的？""我是政治课老师。"我脱口而出。听完我的回答，他惊奇地打量着我，过了好一阵冒出几个字"不会吧？"，我说："什么叫不会吧，我就是！"没想到他更吃惊，又愣了一会儿，说："我看您不像。"当天晚上我躺在床上，下午那一幕浮现脑海，被一个问题困扰：为什么他说我不像政治老师呢？难道政治老师在他心里有固定的长相和模式？为什么我投篮准确率高就不像政治老师？难道政治老师不配做好这些……我被他的话深深刺痛，那天我暗暗发誓：我一定要让学生像尊重专业课老师一样尊重我！我一定要以自己的努力改变他们对政治课老师的偏见。

访谈组： 很多学生都听说您有过一段10年带领学生风雨无阻地登山的经历，能说说这件事吗？

傅红： 这是一段终生难忘的经历，也是我生命中的一段"传奇"，现在想来我自己都有些不相信。如果不是膝盖出问题，估计现在我仍然会每周带学生登山。

如果你是一个真正爱学生的老师，就一定能听见学生发自肺腑的声音，他们需要有人倾听、希望有人理解、渴望与人交流。正在上课的学生，上过课的学生，别的老师的学生，甚至别的学校的学生，类似的"求助"信息太多，把能用的时间用上还是无法满足学生需求，于是我陷入焦虑中。没想到解决问题的办法是不经意间跳出的一个念头，"为什么不能和学生一起登山，边走边聊呢？"，就是这个念头成就了一段历时10年的经历。

那是2006年，我将这个想法在上课时告诉我的学生，消息迅速扩散，于是有了一群人的行走。接下来的10年，周末两天清晨，我带着一群学生风雨无阻地走在这条路上，学生一届又一届，换了一拨又一拨，老师从开始的我一个人，变成了两个人、三个人。参加者超过5000人次，行程超过3000公里。

边走边聊，主题不断变化，话题无所不包。时间一长，熟悉加深，彼此信任，大家愿意把自己碰到的纠结、不快，甚至痛苦诉说出来。一个人的话题，带出了几个人的经历分享，你一言、我一语，平等真挚的交流，一吐为快加上彼此鼓励和安慰，大家找到了理解、找到了信任、找到了相互关心。

我从自己的经历中深刻体会到"坚毅力"这种品格对个人的成长、对高质量生活不可或缺的作用。之所以固执地把出发时间定为早晨六点半，多是出于培养意志力的考量，有意提高门槛，增加难度，真正能来而且能长期坚持下来的人，一定会以他们自己可见的方式看到明显的进步和收获。

从一个人的坚持，变成一群人的执着。登山成员陈洋说："登山陪伴我走过人生第一个低谷，它让我实现了骑单车去西藏的想法，我人生的轨迹上面有了很多不一样的颜色。"2017年国家留学基金委公派留学博士、在瑞典皇家理工与吕勒奥理工学习的谢谦诚留言："还记得每周六早晨6点半起程去爬山，夏日时天才蒙蒙亮，冬日还是漆黑的，室友都在熟睡，我就悄悄起床了。这样的经历让我变得勤奋和自律，更重要的是在没有爬山的日子里，我更加慎独了。毕业后，读书就成了爬山的延续，这慢慢变成了一种情怀。"

访谈组： 在您的日志中曾经记录过一个网瘾学生"逆袭"的故事，您能说说这段经历吗？

傅红： 认识他是在2017年3月，在他上大学半年后，我是他所在专业3个班的思想道德修养与法律基础授课教师。在我职业生涯中，至今为止，与他的交流创造几个之最：耗时最多、难度最大、不间断交流时间最长、效果超出预料。

他是一只"撞到我枪口上的鸟"，旷课被点名，课堂上又语出惊人："老师，我有点讨厌你！"他毫不掩饰地说。"别的老师都不管我，唯独你把我从寝室抓到教室，还约定不能旷课，现在玩游戏就有恐惧感，害得我无法专心游戏，生怕接到电话。"之后，更不靠谱的事情发生，当着近100人的面，他向坐在教室里的一个女生大声表白，引来哄堂大笑，我被他的敢作敢为惊呆了。

事后，我告诉他：照他目前的样子，没有女生会接受他的表白，一个沉迷游戏连主业都忘记的人，不可能给人带来安全感。随着我与他交流次数的增加，信任逐步建立。很多时候交流都在1小时以上，他谈到自己是"小学时的好学生，初中高中曾经的辉煌……"他彻底敞开了自己，让我走进他的生命。我用心倾听，适时回应。在交流中，我也常常能读到他对我的理解和鼓励：

"老师，我由衷地敬佩您。我要向您学习，以后做一个对别人有帮助的人。"

"老师，谢谢您，您感染了我，我会改过自新，把还有很远的路继续走下去，并去帮助他人。您的付出不会只停滞在一代人，因为社会需要您这样的好老师。"

后来他还是感觉自己与学校的专业不适合，选择退学。复读的一年，每次月考后都向我汇报。经过努力，终于如愿以偿考入北京交通大学。报到后，我读到他给我的留言："特赠傅红老师一联，时间和贫穷限制了我的想象和才学，希望老师您不嫌弃：傅赤子归正，红星火燎原。'红星火燎原'意在形容老师您的思想关怀，照亮了万千学子的成才之路，犹如星火燎原之势感染了他们重回正轨，追光逐梦。"

访谈组： 在您的空间中看到一个学生留言："有时候真的不单只想完成作业，最盼望的还是看到傅老师写的评语。"许多学生都提起过您给他们布置的作业。什么样的作业需要您写评语？

傅红： 这两周我正在评阅本学期第一次线下作业，15个自然班，学生460人。要为每一个学生的作业写评语，需要投入的时间和精力可想而知。为了让学生能及时看到我的反馈，凌晨4点起床改作业是常态。

从"命题作文"到自由书写，从"单项选择"到"多项选择"，再到"三不"作业——题目不限、文体不限、字数不限，把选择权交给学生，要求只有一个：真实——写内心所思、所想、所忧、所虑、所期、所盼，包括成长的经历、从来没有告诉过别人的秘密、连父母都没有告知的痛苦经历、颓废的过程和心灵挣扎的呐喊、最开心的事情、面对现实的无奈……作业变成精神相遇、心灵沟通、情感交流的载体，作业成为走进生命的路径。有些文字，读了就无法忘记。只有那些真正走进学生内心的老师才能听见学生的呐喊：

"大学是人生观、世界观、价值观的养成阶段，如果一直处于这样的'放养'状态，谁来引导我们呢？如果我们的老师只把重心放在写论文、评职称上，学生怎么办？"

"我们是一群迷路的人，我们渴望和老师多接触、多交流。我们知道，我们要自己寻找自己的人生道路，但我们更希望这条路上有老师的相伴和指导。"

……

越是认真读学生的作业，就越是内疚，越是感到愧对他们。当老师多年，面对学生发自心灵的呼唤，仍然心潮起伏，无法平静，很多时候甚至难以入眠，实在没有办法让自己漠视。

评阅学生的作业虽然辛苦、劳累，但同时也是一个开心、享受的过程。这样可以分享彼此的喜怒哀乐，共同体验人与人之间真诚的心灵交流的乐趣。作业成为师生交流的平台，成为共同的精神大餐，更成为走进生命的入口，铺就出一条我与学生之间从陌生到熟悉之路。怎么对学生成长有益就怎么做，它是我的分内事，我乐此不疲、心甘情愿。

访谈组：我从您现在的学生那里得知，每天清晨5点左右都能读到您推送的信息，从未中断。您为何坚持做此事呢？

傅红：这件事得从2010年冬天说起。我发现多数学生早上起床很难，于是决定用飞信每天早上6点半准时发信息，用一段励志的话激励他们，当时在学生中引起较大反响。

三年前让学生月初定目标计划，月末自评。没想到自评的结果多数人不及格，最高分也不过70分。我恍然大悟：原来他们写的和做的彼此分离，用简单一句话为自己开脱："坚持不下去"。我该如何是好？慎重思考后，我决定"重操旧业"，每天清晨推送温馨提示，用实际行动告诉学生什么叫言行一致，什么叫坚持。碰到的障碍是极大影响了睡眠，一向睡眠很好的我，半夜醒来几次，但我没有放弃，直到教学结束，连续60多天从未中断。

2020年疫情期间，从2月24日开学第一天起，每天清晨5点半向我授课的400多名学生推送"温馨提示",连续105天从未中断。

现在,我仍然坚持5点起床推送信息,每天都有100多条学生留言,温馨提示成为一个师生交流的平台。只要有利于学生成长的事情,我都愿意尝试,并尽心竭力做好。

访谈组: 有人说,当老师时间长了就会出现"职业倦怠"。但您在学生眼中一直都是一个生命力旺盛、对工作充满激情的人,是什么让您保持这份激情?

傅红: 激情来自热爱。我爱从事的职业,我爱学生,我爱生活,我爱生命,爱给我源源不断的活力。

首先,作为党员教师,必须保持高度的责任感,对工作充满热情。要当好一个思想政治理论课教师,上好思想政治理论课,挑战确实非常大,即使努力都难以做好,我不敢有丝毫懈怠。其次,被学生的生命活力感染。我的教学对象是一群不到20岁的青春少年,他们蓬勃的生命力一直在影响着我。再次,运动让人保持活力。我是一个运动爱好者,膝盖未受损前,篮球、跑步、羽毛球、登山等运动项目都喜爱。现在,因为无法从事比较剧烈的运动,我选择游泳,坚持冬泳已经十多年。最后,我觉得美好带给人活力。我喜欢旅行,它是我寻找自己的方式,也是我最喜欢的"充电"方式。每次旅行,尤其是长途旅行,都会遇见一些美好的人、美好的事,还能欣赏到美好的景色。

我喜欢讲台,喜欢以那种独特的方式与学生一起探索生命,感受生命,点亮生命。如果还要我选择,我仍然选择教书育人。

落实立德树人 做课程思政的践行者

重庆交通大学向中富同志访谈实录

人物简介

向中富，男，汉族，1960年1月出生，中共党员，重庆交通大学土木工程学院教授、博士生导师。重庆市桥梁学术技术带头人，重庆市安全生产专家组副组长，中国公路学会桥梁与结构工程分会常务理事，重庆市桥梁协会副会长兼桥梁文化专业委员会主任，高等学校交通运输与工程教材建设委员会桥梁工程分委会副主任。出版专著、教材、手册15部，主持或参与制定国家行业及地方标准10余项，获得国家科技进步二等奖及省部级科技进步一、二、三等奖等14项，曾先后荣获交通运输部"吴福—振华交通教育优秀教师"、重庆市先进工作者、交通行业"十一五"优秀科技工作先进个人、2019—2020年度全国十大桥梁人物等荣誉称号。

访 谈 组 | 重庆交通大学党委组织部
访谈地点 | 重庆交通大学山区桥梁及隧道工程国家重点实验室
访谈对象 | 向中富

访谈组：当年您是怎么走上教师岗位的？

向中富：当年毕业时我本来填报的志愿是设计、研究单位，区域包括西藏，但学校安排留校，作为一名共产党员，服从分配（当时是分配制）是最起码的要求。再者，我们是国家培养的，当时正值改革开放初期，急需交通建设人才，我没有理由不为国家建设需要的大量人才培养出一分力，所以就留下来了，并一直在教师岗位上工作近40年。

访谈组：请问您是如何在教师岗位上履职的？

向中富：作为一名工科毕业生，当教师可谓半路出家。所以，必须练好教师基本功，理解教育教学的真谛，明确教师的职责。

第一，我从辅导教师做起，通过听课向其他老师学习授课方法、技能，特别是学习他们兢兢业业的精神。

第二，我理解教师是人类灵魂的工程师的内涵，传道、授业、解惑是教师的基本职责。要教好学生，必须要爱学生。老师与学生是师生关系，朋友关系，要既能够包容学生的不是，也能以身作则影响和引导学生，形成教师乐于教、学生乐于学的教学关系。再就是耐心对待学生提问，不厌其烦地解答学生遇到的难题；主动与学生谈心、交朋友，全力帮助学习困难学生完成学业。例如，来自新疆的一位同学由于基础差，学习较为困难。我从大二开始持续关心、指导其学习，这名学生最终顺利毕业。

第三，我懂得教师向学生传授知识技能和解答问题疑问有如一碗水与一桶水的关系，也就是要想给学生一碗水，教师就需要有一桶水，同时要有学生能够接受的教授方式方法。所以，在初期为了上好一节课，要多花近十节课的时间备课，并提前做讲授演练。

第四，工程专业课老师在教学时仅限于课堂内是远远不够的，讲课必须紧密结合实际，否则对学生没有吸引力，授课就没有生命力。我一直坚持理论教学与生产实际相结合，科学研究与社会服务相结合，储存科研营养，积累工程经验，反哺工程教学。

第五，我始终认为培养合格的爱党爱国的"人"与培养"才"必须同步，也就是要既教书又育人。除了在桥梁工程课堂教学中恰到好处地融入思政、国情等教育外，还充分利用毕业设计和研究生指导这种师徒式教学机会，关心学生的思想情况，解答他们的不解之惑。

访谈组： 您在教学改革方面做了哪些努力？

向中富： 我认为工程专业的教育教学内容、方法等并非一成不变，需要随着社会的不断进步、技术的不断发展以及学生的状态变化不断改进、改革。

从20世纪90年代起，我就特别关注毕业设计的实效性，组织编写了内部教材《桥梁工程毕业设计指南》（现已成为统编教材），并积极推动毕业设计与生产实际及科研结合，因此获得了四川省教学成果奖。

在本科教学改革方面，我充分利用学校丰富的科研与社会技术服务资源，提出"科研五进本科教学"，并形成了"科研五进本科教学模式"：科研成果进教材、科研信息进课堂、科研仪器进本科实验室、科研选题进毕业设计（论文）、学生进科研课题组。

有人曾开玩笑地说我们"有知识、无文化"，为此，我积极推动桥梁文化建设，在学校推动设立了茅以升班。一方面为实施英才教育，培养卓越人才搭建平台；另一方面为培养具有远大抱负和人生理想的人才营造文化氛围，取得良好效果。我们建成了重庆市精品视频课程"桥梁文化概论"，产生了较好影响。目前，正在开展"桥梁工程与文化"校级金课建设。

教书育人要落到实处并非易事。我们在"专业实践、思政教育、创新创业"三位一体推进，专业与思政教育同向同行以及德智体美劳"五育并举"方面开展实践，产生了很好的课程思政教学效果及社会影响。我从2009年开始，推动建立了公益小桥学生团队，组织老师指导学生主持、参与为偏远山区学生、民众出行建设公益小桥20余座，形成了"小桥大爱 社会实践"课程。依托公益小桥工程建造，基于融入社会、认识社会，在课程中积极融入课程思政教育元素，"小桥大爱 社会实践"课程被评为重庆市一流课程。

访谈组： 当年，您在大学就入党了，您追求进步的动力是什么？

向中富： 我是1982年在大学期间入的党，从小在农村就从父辈党员们的身上看到党员的奉献精神——吃苦在前，享受在后。当时我作为班干部，也为同学们做了很多服务工作，但感觉与优秀党员还有一定差距，就想通过党员身份更严格要求自己，更好地发挥党员的模范带头作用。事实上，入党对我来说是人生中最正确的决定。党员是一种荣誉，更是一种责任，教师党员首先应该带头做好教学科研，为人才培养做出应有的努力。我在教学、科研以及院长工作中，时刻没有忘记自己是一名中共党员，努力做好教学科研以及公益小桥建造。

访谈组： 您认为教师党员如何在学生思想政治教育中发挥作用？

向中富： 无论是不是党员，作为教师都应该既教书又育人。我作为党员，更需要在教学中既传授知识，又宣传党的方针政策，特别是在课堂教学、毕业设计、课外活动等方面，通过列举我国改革开放以来取得的伟大成就、在新冠肺炎疫情防控斗争中取得的重大成果等鲜活案例，解答学生疑惑，并与学生交流讨论，让学生充分认识到中国共产党为什么"能"、马克思主义为什么"行"、中国特色社会主义为什么"好"，立志成为德智体美劳全面发展的社会主义建设者和接班人。

访谈组： 您组建这个公益桥团队的初衷是什么呢？未来，在公益桥这方面您有什么计划或打算吗？

向中富： 重庆交通大学秉承"明德行远、交通天下"的校训和"空谈误国，实干兴邦"的理念，着力培养具有"铺路石"精神的高素质应用型人才。要实现培养目标，解决好教学与社会、工程脱节的问题非常重要，我们组建公益桥小团队的初衷就是借助为偏远地区学生与民众出行建设公益小桥（调研、可行性研究、设计、施工）的社会实践课程，打破学科藩篱与专业壁垒，搭建学生社会实践平台，让学生通过先接触工程，然后学习理论，再实践的模式，走进社会、认识社会，走进工程、学习工程，树立公益意识、劳动意识与家国情怀，提升专业及动手能力、创新意识与美学素养，培育交流、协作与奉献精神，践行社会主义核心价值观，以聪明才智贡献国家，以开拓进取服务社会。

我们计划每年实施 1~2 个小桥建设项目，为更多的学生直接参与或间接参与社会实践创造更好的条件，希望学生积极参与公益小桥建设以及相关民生改善项目，为我国的乡村振兴贡献力量。

访谈组： 您在推动桥梁文化建设方面做了哪些努力？

向中富： 作为一名桥梁工程专业教师，我深深体会到桥梁工程是支撑国家经济社会发展所需交通基础设施的关键。桥梁工程涉及技术、安全等，也离不开文化引领。我推动成立了重庆市桥梁协会桥梁文化专业委员会并担任主任，在校内开展"桥梁文化概论""桥梁工程与文化"等选修课程建设，在重庆市科技馆、重庆市求精中学、重庆市沙坪坝区二塘小学开展桥梁文化讲座。在新中国成立 70 周年之际，得到重庆市出版专项资金资助，主编出版了《天堑变通途——中国桥梁 70 年》。

访谈组： 您参与的科技工作主要体现在哪些方面？

向中富： 在桥梁设计理论研究方面：针对上承式拱桥横向稳定计算提出的实用计算式被《桥梁工程》教材引用；较早参与钢管混凝土拱桥研究与实践，作为钢管混凝土拱桥建造成套技术的参与者，获得 2009 年国家科技进步二等奖；负责完成了特大跨径石拱桥理论分析模型试验研究，成果直接应用于世界最大跨径石拱桥——146 米丹河大桥建设，出版的《特大跨径石拱桥研究与实践》入选全国百部原创技术图书，为巩固中国的世界石拱桥大国地位起到了作用；主研完成的混凝土斜拉桥稳定性研究成果为斜拉桥设计规范修订提供了参考。

在桥梁施工及控制技术研究方面：在国内较早开展桥梁施工控制技术研究与实践，2001 年出版国内首部桥梁施工控制专著《桥梁施工控制技术》，在普及桥梁施工控制知识，培养桥梁工程人才，指导桥梁工程施工控制实施方面起到了重要作用。负责世界最大跨径拱桥——主跨 552 米的重庆朝天门长江大桥，获得重庆市科技进步一等奖，出版了《特大跨钢桁拱桥建造技术》，为我国钢结构桥梁发展起到了推动作用。负责控制建成世界最大跨径梁桥——主跨 330 米重庆长江大桥复线桥，出版《特大跨连续刚构桥研究与实践》，为推动 300 米左右连续刚构桥建设起到重要作用。参与编制的《公路桥梁施工监控技术规范》正在审批中。

在预应力张拉测控技术研究方面：参与研发了预应力精细化施工测控技术体系，编制了重庆、云南等地方标准，部分成果被行业规范采纳，出版《桥梁预应力及索力张拉测控技术》，促进了预应力精细化施工进步，推动了设计理念与标准的创新。

在桥梁评估加固与防护方面：作为起草人之一，参与制定了国内首部《公路桥梁加固设计规范》，推动了我国桥梁加固规范化发展。参与制定了《城市桥梁检测与评定技术规范》。

在科技咨询方面：作为重庆市应急管理专家组副组长、交通及建筑行业专家，每年为桥梁设计、施工、养护提供多项技术咨询服务，开展技术讲座。

访谈组： 请谈谈您成为全国十大桥梁人物的感想？

向中富： "一名党员就是一面旗帜"，我觉得党员要在工作中起到标杆作用，发挥先锋模范带头作用。一直以来，我对自己高标准、严要求，不辜负党的培养，不辜负热爱的教育事业。我能成为2019—2020年度全国十大桥梁人物，更是学校支持和同事们帮助的结果，这个荣誉更应该是学校的，属于大家的。有人说我大桥小桥两不误。的确，我参与建造的世界最大跨径拱桥——重庆朝天门长江大桥、世界最大跨径梁桥——重庆长江大桥复线桥等很重要，但我们不能仅给开车的人修大桥，还应该给需要走路的村民、学生修小桥。所以我们从10多年前就开始组织在校大学生借助无止桥基金会、茅以升基金会等筹集的资金为偏远地区修建公益小桥，至今我校已主持、参与建造20余座小桥。我非常看重修建公益小桥的原因还在于它为在校大学生提供了一个非常好的理论与实际结合的平台，更为国家脱贫攻坚贡献了交大力量。

重庆工商大学杨维东同志访谈实录

建一流智库、带一流团队、出一流成果、育一流人才

人物简介

杨维东，男，1973年10月出生，布依族，中共党员，博士，教授，重庆工商大学马克思主义学院党委副书记、院长，重庆市高校网络舆情与思想动态研究咨政中心执行主任。享受国务院政府特殊津贴专家，教育部"高校网络教育名师培育支持计划"人选，首届重庆英才·名家名师（哲学社会科学领域）。先后被评为中宣部舆情信息工作优秀个人、重庆市教育系统优秀党务工作者、重庆市教育系统优秀共产党员、重庆市高校优秀思想政治教育工作者、重庆市教育系统法制宣传教育工作先进个人等。

访 谈 组 | 重庆工商大学党委组织部
访谈地点 | 重庆市高校网络舆情与思想动态研究咨政中心专家室
访谈对象 | 杨维东

访谈组： 杨院长，您好！感谢您接受我们的访谈！有人说，是舆情中心（重庆市高校网络舆情与思想动态研究咨政中心，简称"舆情中心"）成就了您。也有人说，是您推动了舆情中心更好的发展。对此，您是如何看的？

杨维东： 市委教育工委、市教委为认真贯彻落实习近平总书记关于加强智库建设的重要批示，根据教育部《中国特色新型高校智库建设推进计划》的通知精神，于2014年11月13日成立舆情中心，中心是市委教育工委首批支持建设的四个高校党建智库之一。

中心成立以来，得到市委教育工委、市教委的大力支持，宣教处直接参与中心的建设与具体工作。市委宣传部、市委网信办也从业务工作的角度给予大力支持。

作为中心的建设单位，重庆工商大学党委、行政高度重视中心的发展和建设，党委书记任中心主任，校长任中心建设委员会主任，9个处室负责人作为建设单位成员，按实体化独立运行的方式支持中心工作。上级部门的关心关爱和学校的重视与支持是舆情中心建设取得初步成效的关键，在大家的共同努力下，中心在2016—2020年连续五年被中宣部表彰为舆情信息工作优秀单位，2018—2020年连续三年被教育部思想政治工作司表彰为高校网络舆情工作机制优秀单位。我为能成为中心的其中一员，协助中心主任带领大家攻坚克难、完成相关任务深感荣幸，是舆情中心给大家的发展搭建了很好的平台。

访谈组： 在抗击新冠肺炎疫情中，舆情中心作为高校的重要咨政平台，有何作为？

杨维东：疫情暴发之初，中心成员结合自身优势，针对网上有关疫情防控的舆情热点、民众关注焦点，主动发声，科学引导，努力为疫情防控工作营造良好舆论环境。疫情防控以来，中心成员在没有硝烟的战场连续奋斗100多天，60余件研究成果被上级有关部门采用，并在重要期刊上发表了《重大疫情应对中社会理性的生成机制》等理论文章，为疫情防控的舆论引导工作贡献了积极力量。

访谈组：一流的智库离不开一流的团队，你们是如何打造团队的？

杨维东：坚定不移地坚持党的领导，中心主任由学校党委书记担任，秉持科学的精神安排部署中心的重大事项、重大选题、重大任务，并亲自带领团队攻坚克难，做出了很好的表率，增强了团队的凝聚力、向心力。学校校长作为中心建设委员会主任，率先垂范，使中心的核心骨干形成了一个配合密切、能打硬仗的团队。我时刻提醒自己，作为他们的助手，要做好表率，上行下效、上率下行，所以团队成员人人都把工作当成事业来做。面对高难度、高强度的任务，共同攻坚克难，坚持"5+2""白+黑"，无节假日、无周末，经常通宵达旦地加班努力，时刻以临战的姿态面对各项工作，以确保高质量完成常规任务、重点任务和应急任务。

访谈组：团队的向心力或可以称为某种精神，您赞同吗？

杨维东：中心团队除了7名专职工作人员外，还有一支相对稳定的研究人员队伍，来自学校不同的学院、不同的学科，对应着舆情中心不同的研究方向。团队的每一位人员都在工作中把热情转化为激情。一个团队的成功势必依靠一个强大的精神内核来提供动力。这种精神动力应该就是习近平总书记指出的"有梦想，有机会，有奋斗，一切美好的东西都能够创造出来"。这种精神动力自上而下被体现着。身在岗位，心怀热忱是团队最宝贵的精神！我们面对的，不仅仅是一个工作，一次任务，而是一份所热爱且愿意为之奉献的事业。

访谈组：第七届重庆市发展研究奖只有5项一等奖，你们团队就中了2项，能介绍一下你们的研究成果及影响吗？

杨维东：作为研究咨政中心，中心要求成员要有深厚的理论功底和宽广的知识视野，在科学研究上精益求精。凝聚团队的智慧，中心于2015年第一次申报国家社科基金项目就成功获批。目前中心相继获批主持了11项国家社科基金项目、60余项省部级项目。在课题支撑下，先后在《人民日报》理论版、《光明日报》理论版、《经济日报》理论版以及《马克思主义研究》《教育研究》《国际新闻界》《现代传播》等高水平报刊上发表学术论文近百篇，在人民出版社、中国社会科学出版社出版专著20余部。到目前为止，为各有关单位提交咨政成果达24000余项，被采用3000余项，不少成果获得省部级及以上领导批示应用。中宣部委托国家统计局开展的全国社会心态调查连续6次邀请中心专家参与，重庆市委宣传部也邀请中心专家参与指导全面建成小康社会"百城千县万村"大调研等活动的开展，中心为服务经济社会发展做出了力所能及的贡献。

访谈组：团队骨干成员在工作中有什么进步？

杨维东：舆情中心在筹建和建设的过程中，每个骨干人员都按高标准严格要求自己并取得了显著的进步。比如，一名核心成员获评国家"万人计划"哲学社会科学领军人才、中宣部"四个一批"人才；一名核心成员成为教育部高等学校教学指导委员会委员；一名核心成员成为中宣部舆情核心专家；一名核心成员连续获批两个国家社科基金项目；一名刚引进的博士毕业生在第一年就获批教育部课题，第二年获批国家社科课题并获评副高职称，第三年获评"巴渝学者"；中心里的讲师或只具有硕士学位的普通年轻工作人员，也有成功获批主持国家社科基金项目和教育部项目的。一个又一个年轻人成长为骨干，并成为业界专家，这就是团队建设成效的最好体现。为打造一流团队，我们仍需要一如既往地努力。

访谈组：您参加工作20余年来，主业是做党务工作，但科研成果也非常突出，有什么经验吗？

杨维东：对于高校行政人员来说，事务性工作特别多，加班加点是常事，要想做科研，时间还得一点一点地挤，这也是行政人员相对产出成果不多的原因。我在做党务工作时还能兼顾科研，主要是我找到了科研和党务工作的结合点。

2012年，我获批主持的第一个市级课题就是党建与思想政治教育工作类别。我将课题研究与改进工作、提高效率结合起来，并挤出大量的休息时间，找资料、广调研、悟真理。幸运的是，课题研究报告经市教委推荐后，得到市委、市政府相关领导的肯定性批示并要求做深化研究，市教委还对课题追加了研究经费。受到鼓舞后，我又继续申报重庆市哲学社科规划课题、重庆市科委科技攻关计划项目、国家社科基金项目。

从最初的"一个课题"，延伸出了16个课题、23篇文章、36个研究报告，还获得了13项省部级奖励。找到党务工作和科研的结合点，就能更深入地通过科研促进党务工作，通过党务工作找到科研更多的结合点。

访谈组： 短短不到7年的时间，您就从副教授成长为教授、重庆英才·名家名师、教育部"高校网络教育名师培育计划支持人选"、享受国务院政府特殊津贴专家，您一定有不少心得和经验，有什么"诀窍"可以分享给青年教师，特别是青年科研工作者的？

杨维东： 做科研是一个漫长且枯燥的过程，没有什么"诀窍"，但我相信只要对科研抱有极大的热情，对自己抱有极大的信心，秉着专心、用心、耐心的研究态度，做到学习、思考、实践、交流，终将会取得成功。如果要说方法，我觉得科研工作者要做到以下三个方面：一是要提升快速学习能力，在拿到一个研究方向的时候，能迅速找到关键的学习资料，并快速掌握；二是要注重培养发现问题的能力，善于跳出习惯性思维的圈子，要经常用好奇的眼光来审视那些自以为耳熟能详的老问题；三是要培养创新思维，坚持问题导向，寻找新思路，解决新矛盾，打开新局面，这对科学研究特别重要；四是要充分发挥党员的先锋模范作用，攻坚克难，冲锋在前。

访谈组： 你如何理解"立德树人"这一教育的根本任务呢？

杨维东："立德树人"，就是教育不仅要传授知识、培养能力，还要把社会主义核心价值观融入其中，引导学生树立正确的世界观、人生观、价值观。我一直坚信"梅花香自苦寒来""天道酬勤"，所以我对学生的要求首先是学会做人、学会学习。立德树人，也体现在对学生的具体关爱中。我的研究生导师常说，"每个学生都是一颗明亮的星星，要努力做一个擦亮星星的人"。我把这句话当成了座右铭，在我眼中，所有的学生都是最优秀的。比如我当班主任的时候，班上有一个贫困学生，学习基础差，性格内向，有点自卑，一学期三门功课不及格。为了让他走出自卑的阴影，我常鼓励他与陌生人多交流。为了扩大他的知识面，又鼓励他去应聘校报记者，不厌其烦地指导他修改稿件。当他的一篇篇文章见刊之后，他的自信心也逐渐增强，学习成绩也有了提高，还当上了班干部、获得了综合奖学金，毕业时以优异的成绩考上了公务员。

访谈组：我们知道有很多学生到舆情中心来锻炼，中心对这些同学是如何要求的呢？

杨维东：中心的人才培养目标就是要培养一批政治上可靠、工作上专业、精神上富足的高素质综合型的一流人才。

"政治上可靠"，要求学生用习近平新时代中国特色社会主义思想武装头脑，引导他们把信念融入工作实践，把自己的人生追求融入党的伟大事业。在中心锻炼后，同学们的政治站位更高，视野更广，思想愈发成熟。

"工作上专业"，要求学生对信息有高敏锐度，对文字有高钻研度，对任务有高完成度。中心培养的学生能够高强度地忘我工作、高质量快速高效地完成任务，工作成果也得到了业界、学界的认可。

"精神上富足"，在锻炼过程中更注重激发学生的报国情怀、奋斗精神与创造活力，同时大力弘扬劳模精神、劳动精神，引导他们树立辛勤劳动、诚实劳动、创造性劳动的理念。

访谈组：到舆情中心锻炼的学生是否得到了成长？

杨维东：中心为学生提供了场景式教学场所，为他们的全面发展提供了平台，在中心锻炼过的学生在校期间大多荣获了国家奖学金、一等奖学金等。核心团队中有硕士研究生先后考取了中共中央党校、中国传媒大学、武汉大学、西南大学等高校的博士研究生；还有学生考上了公务员，服务于人民群众；也有部分学生进入企事业单位，继续从事与宣传舆情相关的工作。舆情中心先后培训、指导研究生、本科生 2000 余名，许多同学毕业后已经成为宣传、网信、高校、社科院等单位的骨干人才。

访谈组：作为重庆工商大学马克思主义学院党委副书记、院长，您下一步打算如何开创工作新局面？

杨维东：结合学校的"十四五"规划，学院将着力从以下几个方面加大建设力度。

一是建设一流思政课程。党的十九大后，我校率先开设了"习近平新时代中国特色社会主义思想"课程，构建了覆盖本科、硕士和博士三个阶段的教学体系，整合了校内外优秀师资共同打造这门课程，成为国内开设本门课程时间最早的高校之一。2020 年，学校"思想政治理论课综合实践"获评首批国家级一流本科课程。学院将继续以习近平总书记对思政课建设提出的"八个相统一"为根本遵循，提升思政课教学质量，推动思政课程与课程思政协同育人，不断增强当代大学生对思政课的认同感、获得感。

二是壮大教学名师团队。学院培育了教育部和重庆市优秀教学科研团队，有 1 人入选教育部"全国高校优秀中青年思想政治理论课教师择优资助计划"，有 3 人在重庆市高校思想政治理论课教师教学技能大赛中获得一等奖，有 1 人在成渝双城高校最受学生喜爱老师短视频挑战赛中获"最佳口才奖"。但从总体来看，思政课教师在教学、科研以及社会服务等方面的意识和能力还有较大的提升空间。学院将严格按照习近平总书记关于思政课教师"六要"标准，不断提升思政课教师在校内外的影响力。

三是发展特色研究方向。我校马克思主义理论学科起步较早，是重庆市"十二五""十三五"重点学科。学院从思想政治教育方向开始招生，目前已经扩展到马克思理论一级学科的四个二级方向。正在积极筹划新增"党的建设"方向，整合学科力量重点围绕中国共产党百年历史开展深入研究。学院将继续推进学院、学科与平台的深度融合，充分发挥舆情中心、重庆中国特色社会主义理论研究中心等省级科研平台在学科建设中的作用，主动对接中央和地方社会经济发展需求，积极打造高水平学术研究成果和高质量咨政服务成果。

四是提升人才培养质量。学院承担着全校思政课的教学任务，从这个角度来讲，全校的学生都是我们的学生，学院要继续发挥思政课在立德树人中的关键作用；同时将立足时代需要，创新研究生培养模式，以政治建设统领人才培养工作，切实用习近平新时代中国特色社会主义思想铸魂育人，培养政治立场坚定、理论基础扎实、口头笔头兼备、组织协调能力较强的综合性人才。

『党建+教育』『思政+艺术』工作模式的示范

四川美术学院付继红同志访谈实录

人物简介

付继红，男，1974年6月出生，汉族，中共党员，大学文学学士，副教授，现任四川美术学院造型艺术学院党总支副书记。近年来，所在党组织多次获评重庆市和学校先进基层党组织称号，其个人作品获重庆市"五个一工程"奖，重庆市教学成果奖二等奖、重庆市文学艺术界联合会一等奖、二等奖等荣誉。

访谈组 | 市教委组织干部处党支部
访谈地点 | 四川美术学院版画系"付继红双带头人"工作室
访谈对象 | 付继红

访谈组： 请简要介绍一下您的学科专业背景和研究方向。

付继红： 本科和研究生阶段，我都是在四川美术学院版画系就读，经历了7年扎实的专业训练。版画是学校历史悠久的专业，版画系已有60多年的办学历史，它植根于四川版画的传统，贴近重庆本土文化的发展，紧跟中国当代艺术的潮流，服务西南经济文化建设，经过多年的发展与沉淀，在教书育人方面取得骄人成就，在国内同类院校中处于高水准行列，涌现出一批代表性的艺术家与典型性的作品，体现出鲜明的特色和学术传统，形成了中国美术史上以"四川黑白木刻"为标志的地方画派。我的教学和研究方向主要是木刻版画。

访谈组： 请谈谈您求学期间的兴趣爱好，以及这些兴趣爱好对从事工作的影响。

付继红： 我在求学期间很喜欢四处行走，游历祖国山川，特别关注各地的民间传统艺术。在对这些民间民族艺术的探访中，我深切感受到民间民族艺术的魅力，自觉认为要担负起艺术传承与创新的责任，特别是要立足学校所在地重庆，推动艺术赓续创新。早期我被重庆梁平年画深深吸引，它丰富的表现手法、独特的艺术语言和特有的乡土艺术魅力，完美地展现了扎根西部的中国传统民间艺术的精髓。在被它吸引、进而借鉴的过程中，我也渐渐找到了自己在艺术教学与艺术创作中的努力方向。

访谈组： 请您谈谈党员身份对您成长历程的影响。

付继红： 我在读本科的时候就已经入党了，已经有21年党龄。中共党员对我而言绝不是符号，而是一种荣誉和责任，时刻提醒我与普通专业教师是有区别的。经常性的党组织生活，让我有意或无意地在教学与创作中会更加关注党的理论方针政策、党的号召与要求，会在工作中把这些东西融入进去，将其作为课堂教学中要强化突出的内容讲授、传递给学生，并作为创作中想要表达展现的主题，从而使我的工作方式与前辈们关注社会、关注人民、紧跟党走的传统教学模式相契合。我和同事们一道进行了"主题学习 + 主题创作 + 主题实践"三位一体的，党的理论传播方式探索与实践创新。可以说，正是党员这个身份使我不断地成长，从一名普通教师到现在成为重庆市"双带头人"（"党建带头人"和"学术带头人"）。

访谈组： 什么是"主题学习 + 主题创作 + 主题实践"？

付继红： "主题学习 + 主题创作 + 主题实践"是我们学院在总结办学经验中提炼出来的，对抓党的建设和师生思想政治工作一种特别有效。比如这些年，就是紧紧围绕"习近平新时代中国特色社会主义思想"这个主题，开展学习、创作与实践。

"主题学习"，就是抓党建及思想政治工作中的关键与核心——"习近平新时代中国特色社会主义思想"，深入学习领会，确保学懂。我们的学习不是简单地读文件，而是作为教学与创作的前置程序。比如，事先告知师生，我们的下一堂课或者下一个创作任务是以党的某个理论或者某个纪念日作为主题，请大家查阅资料，在课堂上或者实验室共同讨论对某一个理论、某一个纪念日的认识与体会，共同探讨可以进行创作与表现的几种手法。这个学习和讨论的过程就是我们的主题学习过程，完全就是在不知不觉中就把党的理论、党的历史等领会进去了。我们的党支部活动室往往就成了我们的实验室。

"主题创作"，就是将党的创新理论、重大战略、发展成就等抽象的文字，用具体的艺术语言、高超的艺术技艺转化出来，使文字转变为图像，或以图文并茂的艺术表现形式把抽象文字呈现出来。比如，我们将党的十九大报告中的"十四条基本方略"用 14 幅黑白木刻版画的方式呈现出来；将"习近平总书记对重庆的殷殷嘱托"用 60 幅黑白木刻版画的方式呈现出来；将"将"字用 38 幅彩色木刻版画方式呈现出来；将"2019 年习近平总书记参加重庆代表团审议时的重要讲话精神"以丝网版画和木刻版画两种艺术表达形式相结合的方式，通过 30 多幅彩色版画的方式呈现出来；同时我们还创作了"行千里·致广大——版画绘重庆"的彩色木刻版画，以 40 多幅版画作品，将重庆的新面貌、新形象展现给大家。

"主题实践"，就是立足重庆，面向西南，覆盖（西藏）边疆，从农村到城市、从中小学到高校，我们通过将创作的版画作品进行主题艺术作品巡展的方式，去展现、宣传和推广党的创新理论，以喜闻乐见的方式使党的理论、党的思想、党的主张飞入寻常百姓家。利用暑期社会实践的机会，我们带领党员教师和部分学生到重庆18个深度贫困乡镇，到四川凉山布拖县进行写生和创作活动。同时，把宣传新时代党的精准扶贫战略、乡村振兴战略的作品送到农村去展示。开展"公益宣传"——与重庆市精神文明办、重庆日报社等单位合作，与重庆市重要的文化窗口机构联系，把作品上传媒体，构建传播习近平新时代中国特色社会主义思想的立体媒介。开展"网络传播"——将作品发布到"学习强国"平台以及相关的微信公众号，通过制作成屏保系统、建设VR展馆等形式，推动党的创新理论进入移动终端，覆盖网络阵地。

目前，新理念新思想新战略的相关主题作品已被列入重庆市委宣传部学习宣传"习近平新时代中国特色社会主义思想"作品进行全市巡展。《版绘习近平新时代中国特色社会主义思想》成果被"不忘初心、牢记使命"主题教育中央巡回指导组收藏，重庆市委主题教育领导小组办公室将其作为礼物赠送给西藏自治区，作为西藏在广大党员和牧区中开展主题教育的"形象教材"。此外，《十九大主题木刻版画巡展》获得国家艺术基金展演项目资助，《镌刻宏伟蓝图，铸就伟大梦想——党的十九大精神黑白木刻版画宣传集》获重庆市委宣传部、重庆市文联文艺创作项目资助。

访谈组： 请您谈谈主题创作时遇到的困难，以及您是如何解决的。

付继红： 遇到的最大困难是对党的创新理论如何精准解读，这是开展主题创作的根本前提与重要基础，否则主题创作就容易偏向、误读，就不能达到应有的学习宣传效果。而这种解读能力也正好是我们艺术类师生的短板，毕竟专业不同，理论水平有限。党的创新理论是马克思主义理论在当代中国的具体化、时代化，需要下大力气才能学懂、弄通。本人作为一名艺术类专业课教师，在对党的创新理论的融会贯通方面还比较欠缺，所以必须求助于相关专业人士。

在这方面，学校党委给予了高度的重视与支持。学校党委书记多次来我们实验室参加创作主题理论研讨，解读和诠释党的创新理论。另外，学校还请学校马克思主义学院的教师协同参与，组成理论解读小组，参与主题创作过程，发挥他们的理论优势，进行党的理论的通俗化、大众化解读，帮助我们领会思想内涵、精神内核。作品初稿形成后，也会请这些老师们再次审稿，从思想性上来把关。当然，版画系师生自觉进行党的创新理论学习也是重要的一环，他们也花了不少功夫以其他方式自学，做到"知其然"，还"知其所以然"。我们也一直鼓励师生学习时事政治、关心国家政策，还经常性组织师生进社区、进农村、进厂房、进车间，了解广大人民的工作状态和精神面貌，从而获得艺术创作的的第一手资料和体验，加深对理论的认识、对实践的感悟，为创作夯实情感基础。

访谈组： 请您谈谈在当下的高校，尤其是美术类高校的高层次人才、优秀青年教师、海外留学归国教师中发展党员的认识。

付继红： 加大力度在高层次人才、优秀青年教师、海外留学归国教师中发展党员，是扩大党的群众基础，注入新鲜血液，增强党的战斗力的重要保障，也是给这些群体展示才华、服务人民提供更大平台和更多机会的方式。作为一名专业教师，我的体会是：一要关心他们。要尊重人才，关心他们的工作、学习、生活，切实解决其中的实际困难，从情感上拉近距离，增加他们向党组织靠拢的热情。二要发现他们。主动出击，组织他们参加一些公益活动，结合个别谈心、召开恳谈会等形式，在他们中间及早发现和掌握一批培养苗子。三要引导他们。向他们宣传党的理论方针政策，鼓励他们在教育教学上冒尖，在思想政治上不断成长进步。充分发挥高层次人才中老党员的传帮带作用，既做好中青年骨干教师教学、科研的引路人，又能关心其政治上的发展进步。四要培育他们。邀请他们参与党的理论知识培训，使他们对党的基本理论、基本路线、基本方略有比较深入的了解，参与党内的一些实践活动，增进对党的理解和认同。五要接纳他们。坚持以党员标准，对高层次人才、优秀青年教师、海外归国人才成熟一人，发展一人。对暂时不符合条件的，也要继续培养教育，不抛弃、不放弃，日久见人心，日久见真情。

访谈组： 请谈谈您对教师党支部书记"双带头人"的认识。

付继红： "双带头人"就意味着在教学科研方面能带头，在党的建设引领方面也能带头，按照这个标准，我感觉自己还是很有差距的。只是，既然组织信任，把我安排在这里，说明组织对我有期待，我自己也珍惜这个称号，珍惜这个平台。

　　作为专业教师来当党支部书记，让我有极大的压力，同时也是动力，想在专业上有作为、有成果，不然，面对一群专业能力远远强于自己的同事，自己就会底气不足。因此，我就更加努力地在专业领域探索，不断向前辈们、同事们、专家大师们请教学习，在教学和科研方面主动承担更多任务，而且精益求精。此外，支部书记要有很强的团队意识，要注意团结、引领其他党员和群众，我们这里主要是引领和影响学生。要团结，首先要在同为专业教师的同事们之间建立和谐的人际关系，在这一点上，我很感激我们版画系的前辈们，他们树立了很好的榜样，师徒相传的模式也形成了亲如一家的传统。在这样的环境中相互支持和配合就成常态了。同时，言传身教，对学生以及周围党员、群众的影响和引领作用就自然达成了。

访谈组： 请结合工作实际，谈谈您对基层党支部工作的认识。

付继红： 对于"双带头人"的教师党支部书记工作，我最深刻的认识就是"融合"二字，决不能将专业工作和党支部工作搞成两张皮，否则就没有效果，或者效果有限。我们的主题创作之所以推得动、有成效，就是有效"融合"的结果。而且，我们不只是主题创作这种融合，在日常教学中也大力推进课程思政建设，这也是一种融合。在服务社会中关注国家大政方针，契合地区发展，也是一种融合。

四川美术学院设计学院党总支访谈实录

高质量党建引领高质量发展

党总支简介

四川美术学院设计学院党总支成立于 2007 年 3 月,现有师生党员 143 人,下设 5 个党支部,陈勇任党总支书记。设计学院党总支是四川美术学院新时代高校党建标杆院系、重庆市新时代高校党建标杆院系创建单位、四川美术学院先进基层党组织。设计学院获得了全国工人先锋号、重庆市工人先锋号、重庆市教育系统先进集体,以及国庆 70 周年群众游行地方彩车"匠心奖"、国庆 70 周年重庆晋京游行展演先进集体等荣誉,设计的扶贫工作案例入选"第三届中国优秀扶贫案例报告会产业扶贫优秀案例"(全国高校唯一)。多名党员分别获得全国五一劳动奖章、重庆市精神文明建设"五个一工程"奖,以及首届重庆市中青年德艺双馨文艺工作者、重庆市教育系统优秀共产党员等荣誉称号。

访 谈 组 | 四川美术学院党委组织部、党委宣传部
访谈地点 | 四川美术学院设计学院会议室
访谈对象 | 四川美术学院设计学院党总支

访谈组: 请介绍一下设计学院党总支在高质量党建引领高质量发展中取得了哪些成果。

陈勇(四川美术学院设计学院党总支书记): 党总支始终坚持党建主责主业,努力提升党建质量。党总支和第三党支部分别入选了重庆市新时代高校党建标杆院系、样板支部创建单位,被评为四川美术学院先进基层党组织、四川美术学院新时代高校党建标杆院系和样板支部。设计学院也获得了全国工人先锋号、重庆市工人先锋号、重庆市教育系统先进集体、国庆 70 周年群众游行地方彩

车"匠心奖"、国庆70周年重庆晋京游行展演先进集体等荣誉。多名党员分别获得全国五一劳动奖章、重庆市精神文明建设"五个一工程"奖，以及首届重庆市中青年德艺双馨文艺工作者、重庆市教育系统优秀共产党员、四川美术学院优秀共产党员、优秀党务工作者等荣誉称号。

同时，通过党建引领，推动了学科建设、专业建设、人才培养等中心工作高质量发展。设计学科在全国第四轮学科评估中获评B+，全部7个专业中有5个专业获评国家级一流本科专业。师生的社会责任感不断增强，服务经济社会发展的能力不断提高，"绿色设计"引领潮流，老教授王立端先后获得绿色设计国际贡献奖、光华龙腾"中国设计贡献奖"、第十六届光华龙腾奖抗击疫情特别奖。助力脱贫攻坚，设计扶贫工作案例入选"第三届中国优秀扶贫案例报告会产业扶贫优秀案例"（全国高校唯一）。立德树人效果突出，人才培养质量不断提高：1名学生获批了国家艺术基金资助项目，开学校学生获批国家级项目的先河；5名学生的美术作品入选第十三届全国美展；2名学生在全国大学生工业设计大赛中获得金奖和银奖；1名学生在中国"互联网+"大学生创新创业大赛中获铜奖；1个学生团队取得了第十二届"挑战杯"中国大学生创业计划竞赛铜奖。

访谈组： 请详细谈谈设计学院党总支在提升党建质量方面的具体做法。

陈勇： 基础不牢，地动山摇。设计学院党总支坚持从实际出发，找准薄弱环节，从加强基础性工作入手逐步提升党建质量。一是坚持"活"起来。党总支打破了教师党支部和学生党支部分设的模式，按照专业相近的原则设置了党员师生混合党支部，优化了支部设置，党支部的活力得到了增强。二是坚持"严"起来。党总支建立了基层党支部工作月评制度，每月召开党建工作会，监督检查各支部工作开展情况，并将各支部党建工作纳入二级绩效考核，优化了体制机制。三是"美"起来。党总支统筹资源，组织师生自主设计，新建了近300平方米的党建活动室和党总支多功能会议厅，优化了党建环境。同时，党总支大力加强了党建队伍建设，配齐配强党总支委员和各支部委员，设置专职组织员和党务秘书岗位，把辅导员安排到各个支部担任组织委员，组织党务工作者参加各级各类业务培训和技能竞赛，将支部书记和支部委员讲党课制度化，并且通过设立党建项目的方式鼓励党务工作者开展研究，提升能力。

访谈组： 请谈谈设计学院党总支设置师生混合型党支部的优势。

陈勇： 党总支设置师生混合型党支部的初衷是希望将教师党员的形象树立起来，通过教师党员带动学生党员，加快学生党员的成长，同时也推动学生党员对教师党员的监督。通过近两年的实践来看，优势比较明显。一方面，师生混合党支部的设置为教师和学生的平等交流与协作提供了一个很好的渠道，增进了师生之间的了解，形成了浓厚的党内民主氛围，有利于发扬党内批评与自我批评的优良作风，比如在组织生活会上，学生党员就敢于以党内同志的身份对教师党员提出批评和建议。另一方面，强化了教师党员的示范带动作用，增强了学生党员的主体意识，调动了党员尤其是学生党员的积极性、主动性和创造性。同时，这种设置更有利于丰富党支部的党建资源，增强党支部的凝聚力、战斗力、组织力、执行力。

访谈组： 请谈谈设计学院党总支是如何发挥引领作用的。

陈勇： 党总支发挥引领作用主要体现在三个方面。一是提升党组织的领导力。坚持民主集中制，严格执行"三重一大"制度，落实重大事项决策的党总支委员会会议和党政联席会议制度，发挥党组织在重大事项决策中的主导作用，把好政治关。

二是凸显党组织重要性。坚决防止党建和业务工作"两张皮"，党总支会议都要求学院领导班子非党员成员和各系主任参加。同时，会议议题涉及人才培养、学科建设、专业建设、课程建设等工作。

三是彰显党组织和党员的先进性。面对急难险重任务，党组织和党员冲在前面，发挥攻坚克难的作用。比如，面对国庆 70 周年群众游行地方彩车设计的重大任务，学院成立了临时党支部，党员发挥骨干作用，圆满完成"魅力重庆"彩车的设计和制作工作；再比如，面对突发疫情，2020 年大年初二，党总支迅速组织了以党员为骨干的 100 多名师生，在全国艺术院校中率先开展了疫情防控主题创作，仅用 3 天时间就完成疫情防控主题宣传作品 100 多幅，作品得到了广泛应用，产生了极大的社会影响，为疫情防控贡献了力量。

访谈组： 请重点介绍一下设计学院党总支在党建和思想政治工作方面的创新做法。

陈勇： 设计学院党总支依托学科优势和专业优势，深化"思政＋艺术"探索，在党建和思想政治工作方面进行了创新。一是创新政治理论学习方式。完善政治理论学习制度，将政治理论学习与专业相结合，采用主题创作、专家讲解等方式，提高师生政治理论学习的兴趣和动力，实现由"要我学"到"我要学"的转变。

二是大力推进"思政＋艺术"课程思政改革。形成了融合思政教育方式、思政教育资源、思政教育师资的"思政＋艺术"的课程思政改革模式。比如，挖掘"绿色设计与可持续发展""设计与社会创新"等课程中的思政元素，在其中融入绿色与创新发展理念，强调课程指向设计服务民生、设计彰显文化自信，让艺术课程充满思想性。党总支还划拨了专项经费30余万元开展课程思政建设，由点及面，实现思政课程全覆盖，"设计与社会创新"课程被评为国家级一流本科课程。

三是实施"主题学习＋主题创作＋主题实践"的育人模式。首先是开展主题理论学习，通过"线上＋线下"与"集中＋自主"相结合的方式开展主题理论学习，邀请专家举办学习习近平新时代中国特色社会主义思想、习近平总书记关于文艺和扶贫工作重要论述等讲座10余场。其次是开展主题设计创作，以"四史"教育为切入点，发扬"以人民为中心"的优良传统开展主题设计。组织师生围绕十九大精神、"不忘初心、牢记使命"主题教育、庆祝中华人民共和国成立70周年、疫情防控、建党100周年开展主题创作。作品《学习习近平总书记"不忘初心、牢记使命"重要论述宣传画》和《不忘初心、牢记使

命——精神的感召、模样的力量》等被"学习强国"平台采用，与其他主创作品以汉藏双语的形式结集成册面向西藏印制20余万册。创作的《我和我的祖国》和《国庆矩阵》两个华为手机主题，下载量超过20万。多件作品被《人民日报》、《重庆日报》、新华社、人民网、中国新闻网、华龙网、重庆卫视等多家媒体报道，得到市委主要领导的高度肯定。与市扶贫办合作开展《习近平总书记关于扶贫工作重要论述绘本》和《"画"说重庆脱贫攻坚故事》主题创作。其中，"决战脱贫攻坚"主题创作团队获评重庆市优秀团队。最后是开展主题实践，利用"红岩联线"等资源，通过"重走长征路"等主题实践活动，开展爱国主义教育；坚持"三贴近"，带领学生深入乡村、社区、工厂采风调研，践行社会主义核心价值观；开展战"疫"战贫助力行动，进行疫情防控宣传和精神扶贫宣传设计实践，助力"山水城市""美丽乡村"建设。为了促进学生德智体美劳全面发展，面向全院学生开设劳动课程，常态化开展劳动志愿活动。

访谈组： 请谈谈采用主题创作的形式开展党建和思想政治工作的初衷。

陈勇： 主要是为了解决艺术院校师生思想政治理论学习兴趣不高、实效性不强的实际问题。常言道"兴趣是最好的老师"，将思想政治工作与师生的专业相结合可以增强吸引力，激发师生的学习兴趣，让师生切实体会到学习思想政治理论的现实意义，以及对专业学习、成长成才的帮助。连接学与用的关键环节就是实践，主题创作就是一种实践方式，既是学的过程，又是用的过程。我们坚持学做结合，边学边做，边做边学，有目的地学，有目的地做，让思想政治理论内化于心，外化于行。同时，主题创作的作品也能取得很好的社会效益，师生就有成就感和获得感，反过来也能激发他们的学习热情和创作动力。

访谈组： 请谈谈在开展主题创作中遇到过哪些困难，又是如何解决的。

陈勇： 主题创作中存在困难是肯定的，因为主题创作不仅要求创作者具有相当的专业水平，还要具有较高的政治理论水平，只有这样才能创作出思想性、艺术性和观赏性相统一的作品来。艺术院校师生政治理论素养上的不足，势必会影响对主题的理解和把握，从而导致作品不能准确、全面地反映主题。为了解决这一问题，我们平时也注重师生的政治理论学习，提高他们的理论修养；同时，还聘请了相关的专家教授对他们进行指导，帮助他们准确、深刻地理解和把握主题，提高创作质量。

访谈组： 请谈谈开展党史学习教育的设想。

陈勇： 党史学习教育既要落实学校党委的统一部署，又要发挥主题创作的优势，体现出特色。一是认真学习党史著作，读原著、学原文、悟原理。二是开展专题学习交流活动。以支部为单位每月开展不少于一次的党史理论学习活动，采用线下集中学习与线上学习相结合的方式，集中学习利用教职工政治理论学习、支部"三会一课"、主题党日的时间学习和交流。线上学习利用"学习强国"、重庆干部网络学院、"红岩魂"微信公众号等平台来开展。同时，开展以党史为重点的"四史"知识普及问答活动和党史知识竞赛。三是党员领导干部讲党课。总支书记、总支委员、各支部书记、支部委员围绕以党史为重点的"四史"讲党课。四是开展专题宣讲。结合设计学院实际情况，请相关专家来学院进行党史宣讲。五是开展用艺术讲党史系列活动。联合马克思主义学院，结合毕业设计，开展建党100周年主题创作，各系结合专业进行主题创作，完成一批高质量的作品，并积极参加各级组织举办的建党100周年主题创作展。

重庆理工大学计算机科学与工程学院教工第二党支部访谈实录

立德树人，红芯闪耀

党支部简介

重庆理工大学计算机科学与工程学院教工第二党支部成立于2009年，现任支部书记卢玲，支部现有党员13名，高级职称教师8名，博士5名，"双师双能"型教师8名，有海外中长期访学经历教师6名。支部曾获得首批"全国党建工作样板支部""重庆市教育系统先进基层党组织""重庆理工大学先进基层党组织"等荣誉称号。支部党员曾获得"全国高校辅导员年度人物提名奖""重庆市教学名师""重庆市教书育人楷模""重庆市最美教师""重庆市最美高校辅导员""重庆市优秀教师"等多项荣誉称号，1人入选重庆市"百人计划"教授，1人入选校级"青年英才"，多人次获校级"优秀教师"，累计获得国家级、省部级、校级以上荣誉50余项，教工党员政治素质过硬，专业能力强，支部的战斗堡垒作用突出。

访 谈 组 | 重庆理工大学党委组织部、党委宣传部
访谈地点 | 重庆理工大学第一实验楼B301党员活动室
访谈对象 | 重庆理工大学计算机科学与工程学院教工第二党支部

访谈组： 塞书记，咱们教工第二党支部是首批"全国党建工作样板支部"，这个荣誉非常不容易，您能简单介绍一下我们在党支部建设方面有什么样的好做法和好经验吗？

塞福阔（计算机科学与工程学院党委书记）： 我们在学校党委的正确领导下，按照新时代党的建设总要求，紧紧把握新时代高校党建"双创"工作重点任务，在支部建设中做了一些兼具创新性和实效性的工作。一是创新性地开展了"三个存在感"专题教育。第一是党员意识的存在感，

强调党员要时刻用党员标准要求自己；第二是党员形象的存在感，要求党员在实践中树立形象，发挥先锋模范作用；第三是党组织的存在感，充分发挥党组织的战斗堡垒作用，党员能从组织中找到归宿和依靠，群众能从组织中找到主心骨。二是构建了"五位一体"党建工作新模式。强调以思想建党为起点，抓好党的创新理论武装和思想价值引领工作，围绕党员的思想素质提升，形成了制度保障体系、组织建设体系、教育培养体系、作用发挥体系、督导评价体系的"五位一体"党建工作体系。

访谈组： 您能说一说"五位一体"党建工作体系具体包括哪些方面吗？又是怎么落实到行动当中的呢？

蹇福阔： 我们始终围绕人的思想素质提升这个核心来设计强化党建工作的路径。一是在制度保障体系方面，完善和规范各种规章制度，对于中央以及上级部门关于基层党建的会议精神、文件要求，第一时间做出贯彻部署，有效强化了党支部的政治功能。二是在组织建设体系方面，利用线上线下学习交流阵地，精心布置了专门的党员学习室，打造新媒体学习平台"红芯闪耀"微信公众号，通过党员微信群开展网上的学习交流，营造共同进步的良好学习氛围，增强了组织的凝聚力。三是在教育培养体系方面，不断丰富党员教育形式，赴红色教育基地开展主题党日活动，开展"党课接力"活动，让人人都能发声，学习也从被动的参与变为主动的思考，有效增强了理论学习的生动性和实效性。四是在作用发挥体系方面，将党员的教育与志愿服务活动相结合，将党员的理论课堂与实践课堂相结合，组织开展了"党员义工"志愿服务活动，让党员的先进性和示范性在服务社会中得以体现，让党员的正能量去感染每一个人。结合每位教师党员的实际，设立了教学名师、师德师风、科技标兵、服务师生等"党员示范岗"，全方位、全时段地挂牌服务师生。五是在督导评价体系方面，除了常规开展党支部书记年终述职、民主评议党员外，还增加了党员"晒成绩单"，要求每名党员在支部展示自己的"年底成绩单"，包括学习清单和作用发挥实绩清单，反思自己一年工作的得与失。"五位一体"党建工作体系的实施，给党支部和支部党员带来新变化：思想进一步统一、认识进一步深化、责任进一步落实、举措进一步具体、行动进一步自觉、效果进一步显现。

访谈组：听了您的介绍，能不能请我们"党员示范岗"中的代表，来谈谈他们的感受呢？

黄贤英（支部党员）：我是一名从教20余年的老教师，在我看来，教育不仅仅只是知识的传授，更是对学生情感、态度、价值观的熏陶濡染。我主要做了如下工作：一是让课堂常讲常新，二是让自己常学常思，三是让团队共同进步，四是让课程发挥育人功能。我坚持将课程思政教育贯穿教学全过程，以知识传授为基础，以经典案例为核心，充分挖掘课程的思政教育资源，把握各种机会，利用往届学生的成长案例、身边的真实事例以及自己的人生感悟，把这些鲜活例子融入课堂，引导学生勇于面对困难、迎难而上，珍惜学习机会，正确地把握好人生方向。我在2015年被评为"重庆市教学名师"，在2016年被评为"重庆市教书育人楷模"，我毕业很久的学生看到了学校新闻，纷纷向我表示祝贺，我告诉他们："其实学生的成长才是我的最高荣誉。"

刘小洋（支部党员）：在我看来，教师肩负着教学和科研两项任务，就是要培养好社会主义建设者和接班人。科研需要迎难而上、积极进取，我先后主持或参与了多项省部级课题，并在国内外期刊或国际会议上发表多篇论文。我将党建与计算机专业结合，用全新的视角来丰富党建研究，承担了2项党建课题研究工作和1项课程思政示范课程的教学工作。我承担了巴南区新冠病毒科技攻关项目，负责设计开发新冠病毒系统仿真软件。我承担了重庆市青少年创新人才培养雏鹰计划项目，邀请中学生参加创新实验室和培养基地参观活动，培养青少年的创新精神和动手能力。此外，我还组织学生赴重庆市綦江区乡村学校进行教育扶贫，向中小学生进行科普知识宣讲，能利用好自己的专业参与社会服务活动，很有意义。

访谈组： 今天，我们也很高兴请到了你们所在专业的学生，想听听他们眼中的教师党员们是什么样的。

李一凡（计算机科学与工程学院计科系学生）： 作为一名大四学生，在这四年中我真切地感受到了计科系老师对学生的真心付出。比如卢玲老师，她作为系主任，不光要管理整个专业的教学事务，还要督促实验室同学的学习，有很多时候，她都因为太关心我们学生了，而顾不上自己和孩子。曹琼老师对我们学生也是尽心尽力，在疫情期间，由于线上教学会受到网速、设备的影响，有一天中午没能按时下课。曹老师就让我们下课去吃饭，但她却顾不上吃饭，抓紧时间把还没来得及讲授的知识点录制成视频，发给了我们。曹老师不仅教给了我们专业知识，更重要的是在做人做事方面给我们树立了榜样。受这些方面的影响，我更加勤奋刻苦，最终以优异的成绩如愿考上了中国科学技术大学的研究生。

访谈组： 卢书记，您作为党支部书记，一直带领支部积极践行着"以一流党建引领一流事业发展"的工作目标，能给我们分享一下您具体做了哪些工作吗？

卢玲（支部书记）： 我们将推动党建工作与学校、学院建设目标融合，与教学科研中心工作融合，与学生成长成才融合，以党建促进学生成长成才，以党建引领事业发展。一是在教书育人过程中，支部党员始终做到率先垂范。我们坚守"立德树人"的教育初心，实现了课程思政"三个全覆盖"。由党支部书记牵头，党员率先行动，实现了专业教师参与课程思政全覆盖，课程改革全覆盖，学生受益全覆盖。支部5名党员教师主动担任学生理论社团"习近平新时代中国特色社会主义思想讲习社"的指导教师，不仅指导学生提升宣讲水平，自己也亲身参与主题宣讲，力争成为党的"宣传员"。我们与学习困难学生"一对一"结对帮扶，做到"精准扶学"。我们经常利用自己的休息时间，为学生提供专业实践能力培训，指导他们参加各类学科竞赛，2020年，我们指导的学生刘野在全球"安全AI挑战者计划"第四期竞赛中获得冠军，被《人民日报》、人民网、新华网等主流媒体专题报道。二是在助力学科建设过程中，支部党员始终做到勇挑重担。面对第五轮学科评估、国家级一流本科专业申报、国家级一流本科课程申报、工程教育专业认证等极具挑战性工作，支部党员都主动投身其中，为相关数据采集、教学资料整理、申报材料撰写努力工作，最终我们取得了获评国家级一流本科专业、国家级一流本科课程的好成绩。支部涌现出"重庆市教学名师""重庆市优秀教师""重庆市最美高校辅导员"等一批先进典型，顺利通过首批全国党建工作样板支部验收。

访谈组： 卢书记，您觉得怎样才能成为一名合格的"双带头人"呢？您又是怎样发挥作用的呢？

卢玲： 成为一名合格的"双带头人"教师党支部书记，这条道路没有终点，我永远在成长的道路上。我觉得至少要做好三点：一是必须时刻牢记共产党员的初心使命，站好三尺讲台，甘心奉献，教书育人，为国家培养全面发展的社会主义建设者和接班人。二是必须时刻牢记作为一名高校教师的岗位职责，努力提高自身专业能力、学术素养，在各项教学科研工作中勇挑重担、能挑重担。三是必须关爱学生，关心同志，在严于律己的同时，以足够的勇气示范担当，坚持个人利益服从国家和集体利益，将个人的成长融入集体的成长和我国高等教育事业的发展中去。例如，在疫情防控特殊时期，我带领支部党员教师严格按照"停课不停教、停课不停学"的要求，认真完成线上教学活动，圆满完成了所有课程的所有教学任务。不仅如此，在我的倡导下，每名教师党员还积极投身于学生的心理疏导工作中,并为所有学生送上充满温暖的寄语,鼓励他们要坚定抗疫信心。我们支部党员与学生一起编排录制的师生"战疫"手语舞《不放弃》,登上了"学习强国"平台,播放量达到了近百万次。

选择当老师,就是选择了对学生的爱与责任,我们要把这种爱与责任体现到平凡、普通、细微的教育教学之中,利用各种渠道把温暖与爱传递给学生。

以拳拳报国之心 走科技创新之路

重庆文理学院李璐同志访谈实录

人物简介

李璐，男，1982年11月出生，汉族，中共党员，博士研究生，教授，重庆文理学院材料科学与工程学院（新材料技术研究院）院长，科技部国家国际科技合作基地主任，教育部微纳米光电材料与器件省部共建协同创新中心专职副主任，担任国防科技创新快速响应小组（重庆）特聘专家和4个国际期刊的编委。2015年，受学院创始人涂铭旌院士"大爱无疆，科教报国"精神感召，毅然放弃百万年薪携全家从美国加州大学洛杉矶分校回国，踏上创新创业奋斗路。回国后获得重庆市科技进步一等奖，重庆市"百人计划"、重庆市科技创新领军人才，重庆市杰出青年基金、重庆市首届创新争先奖和重庆市教书育人楷模等荣誉。

访 谈 组 | 重庆文理学院党委组织部
访谈地点 | 重庆文理学院微纳米光电材料与器件国际科技合作基地
访谈对象 | 李璐

访谈组： 2015年为什么放弃高薪带着全家人回国？

李璐： 这个问题很多人问过，我还记得刚刚从美国回来的时候就有人在问，你为什么会回来，尤其是当我到公安局上户口的时候，民警像看稀奇一样地看我们一家人，嘴里一直嘀咕，见过从中国移民出去的，还没见过这么年轻从国外回来的。我的回答是重庆有包容性，有烟火气，有人情味，再加上好的创新创业条件和我们学校给予的无微不至的关怀。一个在外的中国学子，一个在外游荡的灵魂，回到自己的祖国、自己的家乡，还需要什么理由呢？要说到回国初心，其实跟我这五年在美国学习工作的经历有些关系。当我在美国的实验室工作的时候，带团队参加全球消费电子展，看着国内的一些制造厂商忍辱负重，赔着笑脸都想增加下一年国外原材料的进口配额，让他们投资几千亿的先进生产线，以便继续安全生产；当我们实验室的美国人、日本人、韩国人努力做出一副同情的表情，但又掩饰不住得意的时候，我作为实验室经理，心里真的不好受。同时我作为一名中共党员，理应不忘初心，牢记使命，学有所成后回到国家最需要的地方，回到祖国的广阔天地，用自己的实际行动践行当初的入党誓词。

访谈组： 您这样的优秀人才回国后选择一定不少吧？为什么最终选择文理学院？

李璐： 选择文理学院可以说是缘分使然。2014年，一个电话让我和重庆文理学院、和中国材料界的泰斗涂铭旌院士建立起了联系。涂院士以80岁高龄在重庆文理学院建立了新材料技术研究院，以"大爱无疆、科教报国"的精神开始他的第三次创业。他希望我加入团队，为科教事业、创新创业出份力。正是这种精神更加坚定了我学成回国报效祖国的决心。同时作为一名中共党员，我时刻提醒自己不要忘记党的教育培养。"大爱无疆，科教报国"这几个字就像火种一样点燃了我，燃烧了我，因此我来到了重庆，来到了文理学院，愿意在这片热土发光发热。

访谈组：您攻关的柔性电子材料，能否用通俗的语言解释一下，这项技术的厉害之处在哪里？

李璐：长期以来，透明导电材料核心技术严重依靠国外进口，受制于人。习近平总书记指出，党员要发扬"三牛精神"。作为科研工作者，服务国家创新驱动发展，使命光荣，责任重大。因此，我们团队就定了一个目标，就是瞄准关键核心特别是"卡脖子"问题，加快技术攻关，打破国外技术垄断，实现新一代透明导电材料的国产化。我们这个技术最厉害的地方，其实就是在我们现有的柔性显示技术上加了触控的功能，而且是可以通过国产自主知识产权来掌握触控功能所需要的这种核心原材料。我们自主研发了纳米银线关键材料和设备成套关键技术，提升了敏感薄膜的抗紫外线辐照、耐对折性与高温高湿性能。将纳米银线作为新一代柔性触摸屏的制作材料，更加符合智能制造的理念，采用卷对卷的印刷制备，不仅可以降低成本，而且速度和产能都更大，效率也更高。

访谈组：这项技术和国际上同类产品比有什么核心竞争力？

李璐：关键核心技术是国之重器，不能受制于人。我们突破了柔性纳米银线透明导电薄膜卷对卷精密涂布技术瓶颈，研制出具有透光率高、导电好、成本低等优势的新一代导电薄膜柔性触摸屏，实现了新一代透明导电材料的国产化，并在京东方科技集团股份有限公司柔性显示生产线上成功应用，解决了同类产品依靠国外进口的难题。总体来说，就是突破了从材料到器件，再到设备和成套工艺的进步，我们突破的核心性能是紫外光下的稳定性。

访谈组：这项技术可以和咱们普通人生活中的哪些方面产生联系？

李璐：2020年，习近平总书记主持召开科学家座谈会时强调，科技创新是推动高质量发展的需要，是实现人民高质量生活的需要。我们柔性显示技术现在主要就是应用到大家的手机、平板电脑，甚至未来的折叠笔记本电脑这种消费电子的领域。它完全颠覆了我们之前对显示屏的认知，这种柔性屏厚度只有头发丝的 1/5，可折叠，可弯曲，呈半透明状。未来三到五年，这种可以卷成一支钢笔插在口袋里的手机可能就将走入我们的生活。目前，华为对柔性屏的折叠次数要求为 20 万次，而我们团队的技术已经远远超过这个标准，折叠次数达到了 50 万次。另外，大尺寸柔性触控关键技术的开发与系统集成，对我国国产大尺寸柔性触摸显示相关产品会产生积极的影响，可用于 4 寸到 120 寸柔性触控产品的生产技术与制造工艺上，应用在智能手机、平板电脑、曲面一体触控电脑、智能教育系统等智能终端上。

访谈组： 科研中的难关是什么？是如何克服的？

李璐： 难关在于自主研发的原材料在新型显示生产线上工艺不匹配、集成度低。于是我们通过与俄罗斯托木斯克理工大学、电子科技大学、重庆莱宝科技、京东方的协同攻关，开发了与柔性银纳米线敏感膜匹配的高精度激光无损直写线路的微蚀技术，研发了与液晶和柔性显示阵列化匹配的生产工艺和集成技术。同时，开发了基材表面预修饰、精密狭缝涂布与微凹涂布相结合的新技术，设计并研发了适用于纳米银线透明导电薄膜规模化制备的卷对卷精密涂布系统，实现了柔性大尺寸纳米银线透明导电薄膜在企业的应用。

访谈组： 目前你们科研创新的阶段性成果是什么，对国家和行业产业的影响有多大？

李璐： 我们现在实现了大尺寸柔性触摸屏技术在京东方高世代液晶及柔性显示量产线上的应用，解决了我国新型显示量产线上部分原材料依赖进口和优化集成技术提升成品率的重大应用需求，促进京东方成为苹果和华为的一级供货商，全球市场份额从 8% 提升为 37%，成为全球第一，为重庆京东方新增产值 100.85 亿，上缴税收 2.96 亿元。相关技术获得工信部智能制造创新创业大赛全国总决赛第一名和重庆市科技进步奖一等奖 1 项，行业协会奖 3 项；多个型号的产品批量出口到美国电话电报公司等，并且接受中国航天科工集团相关院所的技术委托，实现了该技术在国防领域的应用。

  与重庆再升科技联合研发的超细玻璃纤维复合材料，成功获得中国民航局的认证和国际航空工业体系认证，已获准在 C919 大飞机和中国航天科工集团的航天器中应用。新冠肺炎疫情期间，领导重庆市新冠肺炎疫情应急科技攻关专项项目，为重庆再升科技开发 N95 医用防护口罩用高效过滤材料，累计生产超过 2000 万片，有效缓解了重庆市医用防护口罩短缺的局面，被重庆援鄂医疗队选为标准防护产品，并为武汉雷神山医院捐赠空气过滤系统和空气净化器，多个型号的产品出口到美国、欧洲等，为重庆再升科技新增产值 31.4 亿元，上缴税收 2.74 亿元。

访谈组： 在这个领域，现在咱们有了自主研发的技术，最大的意义在哪里？

李璐： 习近平总书记指出，创新是引领发展的第一动力，保护知识产权就是保护创新。知识产权保护工作关系国家治理体系和治理能力现代化，关系高质量发展，关系人民生活幸福，关系国家对外开放大局，关系国家安全。我们有了自主研发技术的意义不仅仅在于做到了创新，还在于打破了国外垄断，解决了我国在该技术领域长期受制于人的"卡脖子"问题，实现了柔性触控关键技术知识产权自主化，从金属浆料到设备设计，再到终端产品工艺等多个环节获得了 2 项国际专利和 35 项国家发明专利，原料、设备、工艺等多个方面领先于世界。当这些具有自主知识产权的技术在企业实现应用，进行大规模量产，就能推动企业提升在国内外的核心竞争力，走上创新型高质量发展道路。而我们通过与企业的联合攻关，也就实现了基础研究到实际应用的成果转化应用。

访谈组： 现实中，很多高校的科研项目要真正实现从研发到最终生产，这个渠道并没有打通。您觉得打通这个渠道的关键是什么？

李璐： 打通从研发到最终生产这个渠道的关键就在于协同机制的建立和真正发挥作用。从技术转移孵化角度来说，我们正在探索构建"政产学研商民"多元协同创新模式，以推动产学研深度融合。在主动加强与政府、企业、投资机构等的合作基础上，完善联动机制，建立起长期、稳定、互惠、共赢的协作关系。在政府的引导下，以产业龙头企业牵头，学校以基础实体平台作为支撑，借助科研院所的人才优势和科研条件，吸引和融入投资机构的商业模式建设，构建协同创新机制，打破创新主体间的壁垒，实现人才、资本、信息、技术的优势互补，从而促进创新要素的深度融合，激发科技创新活力，服务关键核心技术创新需求。

访谈组：您每周还要花时间给本科生上课，基础教育对科技事业的发展特别重要吗？

李璐：习近平总书记在参加全国政协十三届四次会议医药卫生界、教育界委员联组会时强调，"要从党和国家事业发展全局的高度，坚守为党育人、为国育才"，指明了新时代建设教育强国必须牢牢把握的前进方向。我觉得加强对创新人才的教育培养，尤其是对学生创新意识、创新能力、工程能力的培养对科技事业的发展非常重要。在我看来，做好科学研究、成果转化，也是为了更好地培养新时代工程人才，以奠定基础、储备力量，通过科研反哺教学，为国家培养更多具有国际视野和创新精神的人才。在教学中我不断结合产业现状，更新教材内容，充分结合教学内容与学科前沿，及时更新专业知识，保证教学时效性与探索性，效果良好。此外，我认为通过推进产教融合，创新推动课程和教学体系改革对培养学生"工程实践能力、工程设计能力、工程创新能力、工程管理能力"很重要。所以我会利用国际级省部级平台、协同合作项目、重大需求研发、学术交流等机会，组织学生"走进实验室、走进团队、走进平台、走进学科、走进企业"，激发学生的学术志趣和内在动力，提升学生科研能力、创新能力、协作能力和工程实践能力、设计研发能力。

未来我们将按照习近平总书记提出的"四个面向"战略方向，围绕重庆"十四五"科学创新发展的新领域、新方向，瞄准高端制造与电子信息产业对新材料技术发展的需求，充分发挥党员的先锋模范作用，主动作为，勇于担当，把科学追求融入建设社会主义现代化国家的伟大事业中去。

"三驻"贫困乡村 抓实产业发展——不让一个贫困村民掉队的"第一书记"

——长江师范学院杨伟同志访谈实录

人物简介

杨伟，男，1976年9月出生，汉族，中共党员，硕士学位，讲师，长江师范学院学生工作部（处）副部（处）长，2019年3月19日被选派到重庆市涪陵区百胜镇隆兴村担任第一书记兼扶贫驻村工作队队长，曾获评重庆市辅导员年度人物、重庆市优秀辅导员、重庆市优秀团干部、重庆市资助工作先进典型、重庆市就业工作先进个人、重庆市脱贫攻坚个人嘉奖等荣誉称号。

访 谈 组 ｜ 长江师范学院党委宣传部新闻中心
访谈地点 ｜ 重庆市涪陵区百胜镇隆兴村办公室
访谈对象 ｜ 杨伟

访谈组： 您到达隆兴村的第一天，对隆兴村有着怎样的感觉？

杨伟： 到隆兴村之前，我从各种渠道收集材料、了解情况，开始思考如何开展乡村建设、帮助村民致富。到村第一天，我跟村社干部开了见面会，与村里的群众做了交流。第一天的感觉，总结起来就是三句话：一是村子贫困面广，扶贫任务重；二是村民有盼望，村干部有期待；三是扶贫工作有基础，工作队有信心，我也树立了"脱贫致富"的决心。

访谈组： 担任驻村第一书记，您和扶贫驻村工作队开展的首要工作是什么？为什么会选择做这些事情？

杨伟： 第一是鼓足干劲，扶贫工作最吃劲的时候，靠的是一种拼劲，我们工作队统一了思想，坚决做到"三驻"，"吃在村、住在村、干在村"，将时间和精力全部投入到驻村扶贫工作中，增加村社脱贫的信心和勇气。第二是摸清情况，我们对全村 1151 户进行了全面摸排，制订"一户一策"帮扶计划和全年扶贫工作计划，做到底数清、任务详、工作明。

访谈组： 在驻村扶贫工作中，隆兴村重点实施了哪些基础设施建设项目？给隆兴村带来的改变是什么？

杨伟： 我们花了大力气开展基础设施建设，整治耕地面积 365.4 公顷，极大地方便了榨菜的采收和运输。同时，硬化道路 21.6 公里，做到社社通水泥公路，相对集中点通水泥公路。改造危房 135 户，其中撤除重建 75 户，维修加固 60 户，确保了村民住房安全。卫生厕所提档升级 154 户，三类人员每户均修建有卫生厕所。村民的衣食住行以及村容村貌都发生了很大的改变，大家的生活质量提高了。

访谈组： 在整改提升村容村貌和村民的生活质量中，您和工作队还采取了哪些举措？

杨伟： 首先是注重村级治理能力提升。我们建立健全了村级决策制度，工作队与村支两委每两周召开一次碰头会，村支两委每周一次例会，重要事件都在会议中集体决策；建立健全村社干部工作制度，培养适应信息时代的工作方式方法，提升工作效率；建立健全村民志愿服务制度，成立了志愿服务队，设置公益岗位，共建和谐乡村。另外，深入群众，加强宣传引导，组织召开了院坝会49场，入户宣传更是不计其数，大力宣传勤劳致富先进典型，激发了贫困户内生动力。

访谈组： 在助力隆兴村脱贫致富的过程中，能看到您的一个主要举措就是"聚焦产业发展"，您能介绍一下具体的产业发展项目吗？

杨伟： 隆兴村盛产花椒和榨菜，我们就从这两个"点"着手。针对花椒产业，我们从市场监管局申请专项资金，购买花椒苗，免费发放给贫困户2万余株，协助种植大户建立了花椒烤房5户。通过"支部＋公司＋农户"模式，与重庆焯棱农业发展有限公司联合推广花椒种植，建立"种、管、销"合作机制，共种植花椒730余亩。针对榨菜种植，我们组织贫困户参加榨菜种植技术培训，前后动员64人次参加，提升种植效果。通过"合作社＋农户"的模式，政府投资入股，组建四个榨菜种植合作社，增加农民种植榨菜的积极性，提高种植收益。2020年，隆兴村发展榨菜种植面积3000余亩，收入达630余万元。2021年榨菜价格在去年的基础上有了大幅度上涨，单价翻了一番，预计全村榨菜收入上千万元。

访谈组： 您鼓励不同的村民分别发展种植业、畜牧业、养殖业，这是如何考量的？在发展扶贫经济项目中，您有怎样的经验总结？

杨伟： 农业经济周期长、见效慢、市场波动大，农民承担风险的能力很低，一个项目投入少则一年，多则几年才能见到效益，因此我在选择项目时考量的重点是一定要"稳"。我们在充分调研的基础上，选择小规模试点，扶持部分能承受风险、有闯劲的年轻农户先行试点，走出路子、见到效益后再广泛发动农户加入，组建合作社，大规模发展。例如，鼓励有年轻劳动力、有风险意识和销售经验的家庭发展养殖业，在保证工作队带货销售的情况下，为贫困户户均发放 20 只鸡苗，尝试培养小规模养殖业，为以后建立合作社和形成规模化养殖业打下基础。

访谈组： 在两年多的工作中，您也紧跟潮流开展了"带货"扶贫，为村民带去了可观的收入。在"带货"过程中，您觉得哪些数字和画面，最能展现"带货"的效果？

杨伟： 刚开始在村里工作，我就发现隆兴村地处后山，地理位置偏僻，加之没有稳定货源，电商扶贫很难开展，心里挺着急。于是，我试着把村里的农产品发到微信朋友圈，不少同事好友纷纷表示想要购买。从那时起，我们就开始了"带货"之路。每周进村就有一批大订单，周末返家总是风雨无阻地帮助农户去销售产品。两年以来，为村民销售鲜花生 500 余斤、红肉蜜柚 1000 余斤，土鸡、土鸭、土鹅 1000 余只，土鸡蛋、鸭蛋不计其数，带来销售收入 12 万余元。最能展现效果的，就是疫情期间，短短两周就为贫困户易利兴、易利洪等村民售卖土鸡 100 多只，为村民带来 9000 余元的收入。

访谈组： 在去年的疫情防控工作中，您在 2 月初就自发回到了隆兴村开展防控工作，你们主要做了哪些防疫工作，面临哪些困难？

杨伟： 疫情就是命令，防控就是责任。我们第一时间投入工作，召开紧急工作会，落实疫情防控工作。首先是加大宣传力度，从学校借来手提话筒，与村干部一起沿路宣传，劝说群众居家隔离。其次是开展防疫卡点防控工作，对过往车辆行人进行体温检查、排查、上报。同时，关心、关爱居家隔离人员，实行网格式排查，为群众登记并配送春耕农用物质，了解疫情中的生活情况和实际困难，看望贫困户并为他们代销农副产品。防疫初期物资短缺，买不到口罩、消毒水等，多亏学校的相关部门、同事朋友、镇上的驻村领导和驻村组长，多部门通过各种渠道为我们解决难题。此外还有及时为返岗农民工开具健康证明，提供就业岗位等。

困难主要是两个方面：一是群众防控意识一开始相对薄弱，防疫宣传困难较大，我们就与村社干部挨家挨户地做工作，发放宣传资料，增强群众的防控意识；二是特殊情况的防控工作难做，比如村里有几户疫情期间有丧事，我们深入开展思想工作，最后丧事简办，最大限度做好了疫情防控。

访谈组：您积极在隆兴村开展党组织主题党日活动，把"党建力量"运用到扶贫工作中，请问具体开展了哪些党建工作呢？

杨伟：首先加强党的政治理论教育。开展了庆祝新中国成立70周年等纪念活动和"不忘初心、牢记使命"主题教育，还建立起村支部微信学习群，多次组织党员志愿活动，进行环境卫生整治和为贫困户种植芥菜。

再是发挥党支部战斗堡垒作用。驻村工作队带动村支部改变工作作风，加强工作指导，培养村级后备干部。以落实"党员联系群众、群众评价党员"工作制度为契机，安排党员就近联系贫困户，采取入户走访、召开院坝会、座谈会等形式加强对建卡贫困户和群众宣讲政策，提高政策知晓率。

最重要的是发挥党员的先锋模范作用。多次与长江师范学院学生工作部、党委组织部、党委宣传部、传媒学院等7个党支部联合开展主题党日活动，发挥专家教授的专业优势，为隆兴村发展献计献策，启迪思维，取得了良好效果。

访谈组：为了给隆兴村培养基层后备力量，您做了哪些思考和举措？

杨伟：首先是抓好班子团结。我与村干部多次推心置腹地谈话交流，化解了他们原有的矛盾。同时，坚持民主集中制，依法决策、科学决策，维护好班子的团结稳定。

第二是培养基层干部。对村社干部进行工作培训，提升业务水平；同时，培养回村的大学生和创业的致富带头人作为后备干部，带领村民振兴乡村。

第三是建立工作机制。严格落实两会制度，落实重大事项民主决策。规范按照工作排班，到岗到位等工作要求，对工作效果不好的提出整改要求。

最后，抓好乡风文明。协助村支两委开展法制宣传，修订村规民约；协助村社干部专项布置开展扫黑除恶专项工作，组织开展村民法制教育，促进乡村治理体系建设。

访谈组：如果要为隆兴村描绘一张发展图，您最希望这个乡村未来会怎样发展？

杨伟： 有党的坚强领导，有社会主义的制度优势，有一支可亲可敬的扶贫工作队伍，我想隆兴村的明天一定会越来越好。未来，我们的乡村党组织将更加有力，党支部的战斗堡垒作用、党员的先锋模范作用会得到更加充分的发挥；未来，我们的乡村产业会越做越强，农村的经济活起来，村民的钱包鼓起来，大家的日子富起来；未来，将会有越来越多的年轻人回村创业，助力乡村振兴，实现个人发展；未来，我们的乡村将越来越美，基础设施会有更大改善，民风更加淳朴，乡村文明焕发新气象，成为充满希望的地方，令人向往的地方。

访谈组： 获得重庆市教委颁发的脱贫攻坚个人嘉奖后，您有哪些感悟？

杨伟： 这个成绩的背后，有太多人的辛苦付出和大力支持。我最大的感悟就是，驻村第一书记，不是一个人在战斗。

我的背后，是父老乡亲的信任理解。刚入户走访时，我的工作不被村民理解和认同。我真心实意地为他们办实事、办好事，日子久了，质朴的乡亲们也用行动回应我。他们老远见到我就高兴地打招呼，到家走访热情地给我搬凳子，办公室里不时会有他们悄悄送来的蔬菜。家访老人时，七旬奶奶心疼地拉着手问我，"头发怎么白了这么多"。村民从不理解、不相信，到替我们做工作、想办法，特别是村里的老党员、老干部给予了我们很多的支持与帮助。

我的背后，是许多领导同事的关心支持。驻村以来，长江师范学院党委领导班子和职能部门多次到村慰问关怀、指导工作、组织帮扶，还为我们办理了人身意外伤害保险，发放了工作经费。驻村的同事们一起在深夜加班加点，一起在走访路上吃面包、喝凉水，积极开展工作交流，都是充满温暖和力量的美好回忆。学校同事们是购买扶贫产品的积极支持者，经常把贫困户的农产品抢购一空。

我的背后，是打赢脱贫攻坚战的庄严承诺。坚决打赢脱贫攻坚战，是我们党向人民做出的庄严承诺。从党中央最高指挥部到基层最后一公里，习近平总书记带领着省市县乡村五级书记，层层落实责任，切实精准抓扶贫。一次次深入考察、一场场专题座谈、一项项重大部署，从顶层设计谋篇布局，到瞄准问题精准扶贫，到明察暗访真督严查，处处展现了共产党人打赢脱贫攻坚战的决心和行动！脱贫摘帽也不是终点，而是新生活、新奋斗的起点，在党中央的坚强领导下，在全党全国全社会的共同努力下，我们一定会把农村建成安居乐业的美丽家园。

全心全意为民 脱贫致富奔小康

重庆科技学院何亮同志访谈实录

人物简介

何亮，男，1979年11月出生，汉族，中共党员，硕士，讲师，重庆科技学院体育部副部长，重庆市巫溪县田坝镇岩湾村扶贫驻村第一书记。曾获重庆市优秀辅导员、重庆市教委脱贫攻坚专项个人嘉奖沙坪坝区创建国家卫生区"先进个人"、重庆科技学院工会工作"先进个人"、沙坪坝区创全国文明城市提名城区"通报表扬个人"、重庆科技学院"优秀共产党员"、田坝镇脱贫攻坚驻村工作"优秀第一书记"、田坝镇脱贫攻坚驻村扶贫工作年度考核"第一名"等荣誉。

访谈组｜重庆科技学院党委组织部、党委宣传部
访谈地点｜重庆科技学院众创空间
访谈对象｜何亮

访谈组： 面对家里刚上幼儿园和小学一年级的孩子们，您是如何克服实际困难，毅然决定前往重庆最边远的巫溪县田坝镇岩湾村扶贫的？

何亮： 是一名共产党员的初心和使命鼓舞我砥砺前行，毫不犹豫地投入脱贫攻坚一线战场。脱贫攻坚是近年来从中央到地方的一项重中之重的工作，是我们党向人民、向历史做出的庄严承诺。2019年3月，脱贫攻坚进入决战决胜关键阶段，进入不惑之年的我，能在有生之年投入这场战斗一线，确是我人生一大幸事。当时，虽然两岁的小儿子刚上幼儿园学前班，大儿子刚上小学一年级，面临着缺少人手接送上下学和生活照顾的困难。但是，我是一名中共党员，当祖国需要我的时候，本能反应就是应该克服个人困难，这就是我作为一名共产党员，面对脱贫攻坚战的初心与使命。

访谈组： 听说您所驻的村是重庆市深度贫困村，作为一名毫无农村工作经验的党员同志，当时刚到农村去，而且吃住干长期在村，有信心搞好农村的扶贫工作吗？

何亮： 还记得临走时，学校党委一位领导拍拍我的肩膀说：基层是最锻炼人的地方，不懂并不害怕，肯学才是重点！你家里有什么困难尽管给我们说，大家一起解决，手头的工作移交出来就不用再分心挂念。重庆科技学院就是你坚强的后盾，你在前面冲锋陷阵，我们全力支持做好保障！我心头一热，咬咬牙点头说道：领导您放心，我一定搞出个名堂来，绝不给学校丢脸！同时，电话那头爸爸以老党员的身份说："扶贫不是耍耍干部，而是要扎扎实实地做点事情！"正是领导的"不懂不害怕，肯学是重点"，有学校做我的坚强后盾，以及老党员父亲的郑重提醒，还有什么可怕呢！我带着学习的态度，来到了这个深度贫困村，心里想

的是别人能干好的事，我也一定行。要想岁月静好，就必须有人负重前行！于是在到达驻村前，我就已经充满了不达脱贫销号目标绝不返城的必胜信心。

访谈组： 您在村提出的脱贫攻坚"12315"工作思路，都有哪些具体内容，如今实施成效如何？

何亮： "1"，围绕"必须脱贫"这个中心；"2"，搞好两项建设，即"智志双扶"的软指标建设、村社户产业路硬指标建设；"3"，创建了三个平台，即农业专业合作社三个、联系社会赞助的20万元用于建设村口农产品销售中心、运用物联网技术建设互联网+经销平台和安装了可供5万人同时观看的在线直播设备；"1"，形成了一个百姓认可的岩湾村小规模、（多产业、利经销、全覆盖）大集群产业发展模式；"5"，建起了短、中、长期的粮食酒厂、肉牛、山羊、中药材、农产品销售集散中心等五类产业。目前，均已有效实施。

访谈组： 您提出的"宏观微观10化"10个工作抓手都有哪些具体内容，如今实施成效如何？

何亮： 通过两年的努力，现在已经完成了"宏观微观10化"10个工作抓手的规划任务。第一，实现了宏观上5化：一是抓牢了党建长效化；二是做到了智志双扶扎实化，给一个目标给一个方向，实现了智志双扶；三是践行了产业发展精细化；四是农副销售电商化，借助科技学院的科技力量建立了电商平台，得到了建工集团赞助的20万元用于专款建设农产品集散销售中心；五是实现了精准脱贫全员化。第二，实现了微观上5化：一是推进了专项民生改进化，全村基本上实现了无烟灶厨房改造（小投入解决大问题）；二是兑现了劳务输出保障化；三是实现了土货身份包装化；四是安装了直播设备，实现消费放心可靠化；五是实现了水利工程惠民化，彻底根治基础灌溉与民生用水紧缺难题。

访谈组： 您提出的产业发展"个十百千万"五年规划，都有哪些内容，如今实施成效如何，对未来乡村振兴有帮助吗？

何亮： 稳步推进了"个十百千万"产业模式、实现立足长远可持续发展，对乡村振兴的持续发展奠定了较好的发展基础。一是落实了一个农产品集散销售点的建设资金。在村口（红池坝大峡谷接壤处）建设一个综合销售服务集散点。二是落实了 300 亩桃树苗，可实现十里桃花玫瑰花景观路的规划。三是推进了自主育苗 10000 株百片黄柏林的苗木。四是疫情后及时复工复产，新修建了千亩药材基地的产业路 3.2 千米，争取了东西部协作资金 30 万元用作药材基地的开荒垦地。五是推动了万余平方米特种香猪养殖项目配套酒厂产业链的有效实施。

访谈组： 您作为重庆科技学院的专任教师，通过运用新型的科技理念来帮助村里的老百姓发展产业，都运用了哪些方式，如今效果如何？

何亮： 作为重庆科技学院专任教师，我为驻村创建了"3"个平台。一是创建优质的农业专业合作社 3 个。我请教了学校冶金和机械专业的教授，在他们的帮助下，我研发设计安装了悬空轨道调运装发酵食材和自翻锅出甑酒糟。让原本三人以上的酿酒工人的活儿，一个人就可以完成，而且省时增效，得到了邻近乡镇粮食酒厂的纷纷效仿。二是建设村口农产品销售集散地。通过积极争取，2020 年得到重庆市建工集团帮扶的 50 万元，其中 20 万元用于建设村口农产品销售中心。三是运用物联网技术建设互联网 + 经销平台，在学校众创空间研发团队的大力帮助下，我自己出资实践探索建成了岩湾村消费扶贫网和安装了可供 5 万人同时观看的在线直播设备。

访谈组： 您建设的岩湾村消费扶贫网、在线直播农产品设备以及开展的农产品带货直播效果怎么样？

何亮： 在学校众创空间的帮助下建成的在线直播农产品设备，运行效果良好。它可以供 5 万人 365 天 24 小时，同时在线观看想要购买的农产品的每一个生产细节，让消费者买得放心，让贫困村的农产品有人买。同时，我十分注重帮助老百姓，进行农产品直播带货活动，我记得有一次直播了不到十分钟，就让我用租借的货车拉了 3 吨带货农产品从村里出发，送货到学校家属区老师们的手中，现在回想起来还是很有意义的。

访谈组： 您的扶贫工作在《重庆晨报》《重庆日报》、上游新闻，包括巫溪微党建等新闻媒体上都有过报道，都是些什么内容，你的感想是什么？

何亮： 驻村两年以来，在村支两委和全体村民的共同努力下，岩湾村的脱贫攻坚、疫情防控及党建方面工作，被市级新闻媒体层面报道过3次、被巫溪县新闻媒体报道过6次。自建岩湾村微信公众号并发表各类资料信息100余条。在这里，我想谈一下，巫溪微党建对我的"战'疫'中的第一书记！田坝镇岩湾村何亮——大山深处的迷彩书记"专题报道这件事。2020年正月初三，在全国上下疫情正吃紧的时候，我选择了带上学校为我配送的800个工作人员专用口罩和消杀药品，第一时间赶赴到村，和村干部一起投身疫情防控工作。我组织党员干部和村里的年轻同志们，组建了民兵连，全面保护了老百姓的生命安全。现在想来，能够在党和人民需要的紧急关头挺身而出，是一件十分有意义的事情。

访谈组： 听说你十分关注边远山区贫困人口巩固脱贫工作，并整合资源为农村电商物流成本问题及对策方案向市政协进行了提案，且被采纳。如今情况怎么样，会为老百姓巩固脱贫建立长效机制以及乡村振兴起到帮助作用吗？

何亮： 前面我谈到了我牵头建成的消费扶贫网，结合能实现5万人同时在线观看的农产品直播设备，加上我时而的直播带货行动，让我们的农产品很容易销售出去。然而第一次销售，却因为物流成本太高的原因给了我当头一棒，让我开始了呼吁政策性帮扶农产品销售物流的工作。

于是，我大力呼吁，通过市长信箱投递建议的方式，在市政协何洪涛委员的帮助下，发起了"关于创新机制降低农村贫困地区农产品物流成本巩固脱贫成果的建议"。最终于2021年1月19日成功立案办理。主办单位为市商务委，协办单位为市邮政管理局、市交通局、市政府口岸物流办，市财政局、市扶贫办、市农业农村委等部门参与办理。

我相信能够在市政协大会上以提案的方式立案的项目，一定会得到各级行政部门的高度重视。在不久的某一天，边远山区老百姓的农产品能够卖得出去、在邮寄出村时可以享受政策上的大力帮扶，并以低成本的方式邮寄出去，老百姓的劳动成果才能真正变成现金收入，老百姓才能实现长效稳定地脱贫致富。那时，一定会为老百姓巩固脱贫建立起良好的长效机制，并对乡村振兴起到明显的帮助作用。

怀赤子心、立鸿鹄志、担匹夫责

重庆第二师范学院王晓阳同志访谈实录

人物简介

王晓阳，女，1981年5月生，文学硕士，副教授，省级普通话资格测评员，2003年12月加入中国共产党，重庆第二师范学院学前教育学院艺术教研室支部书记、教研室主任，重庆市"五一"劳动奖章获得者，重庆市"教书育人"楷模，重庆市2014年高校青年教师教学竞赛一等奖获得者，重庆市高校优秀辅导员，重庆市高校党建工作样板支部书记，重庆第二师范学院"双带头人"教师党支部书记工作室负责人。主讲的儿童文学课程被评为重庆第二师范学院首批优秀核心课程和校级精品课程。

访 谈 组 | 重庆第二师范学院党委组织部
访谈地点 | 重庆第二师范学院学前教育学院"双带头人"工作室
访谈对象 | 王晓阳

访谈组： 王老师，您好！作为80后的您，当时为什么会选择教师这个职业？

王晓阳： 说到职业选择，其实原因很简单，就是因为热爱。1981年5月，我出生在重庆一个普通职工家庭，父母工作繁忙，小时候多是跟着在大学里工作的外公外婆一起生活。外公外婆家里有浓浓的阅读氛围，记得童年时，外婆和母亲常常捧着一本书，坐在书房里静静地阅读，将书中的故事绘声绘色地讲给我听。每当她们向我娓娓道来，我都惊讶于她们的变化，或许这就是人们说的"腹有诗书气自华"。这些故事，仿佛在我面前打开了一个新的世界。所以，我从小就想做一个"讲故事"的人，"讲故事"给更多的人听，为更多的人打开那扇"窗户"，这就是我最初对于"教师"这个职业的概念。为此，高考时我毫不犹豫报考了西南师范大学，择了汉语言文学专业，就是希望将来有机会把教育的故事、人生的故事、成长的故事讲给学生听，让更多的人能够在听故事中健康成长成才。

访谈组： 家庭是一个人的启蒙学校，对个人的影响巨大。您的家人中，哪一位对您的影响最大？

王晓阳： 我最难忘、也是对我影响最大的人是我的祖父王一。祖父生前是一位信仰坚定的无产阶级革命战士。他出生在山西太行山下，日本人侵略中国时，年幼的他跟着乡亲们一起躲"扫荡"，耳闻目睹没来得及跑出的父老乡亲们被日本鬼子机枪扫射、绑在柱子上烧死的惨剧，饥寒交迫、困顿耻辱让他下定决心走反抗侵略、保家卫国之路。十多岁时，祖父就加入了共产党领导的八路军，转战太行山，和日本鬼子打游击。随后，他跟着队伍一路南下，作为一名地下党员活跃在情报系统，和国民党反动派展开殊死搏斗，及时为我党递送宝贵情报，最终和战友们在重庆迎来了胜利。新中国成立初期，作为一名隐蔽战线战士，他在国安系统工作，和战友们一起，夙兴夜寐，坚持战斗，通过广泛发动群众，揪出了不少潜藏的特务，维护了刚刚解放的山城重庆的安宁。后来他加入了公安队伍直到退休，于2018年6月去世。

我的祖父有三件遗物：一是当年行军途中用过的一副马鞍，二是一床行军毯，三是他看过并选出来的近三百本图书。我记得以前每年"八一"建军节和国庆节，祖父都要把马鞍和行军毯拿出来，凝视着，抚摸着，喃喃自语。这些遗物，寄托着祖父对我的希望和嘱托。马鞍与行军毯，记载着那些从太行山深处走出来的八路军战士不惧生死、以身报国的壮怀激烈；珍藏多年的图书，则寄托着他对生于新中国的孙女的叮嘱——希望我们能努力学习，以知识报效国家。前者代表着战争年代，一个中国青年的拳拳爱国之心；后者承载着和平年代，一个中国老人的殷殷寄望之情。可以说，正是因为祖父，爱国之情、报国之志、科教兴国、为国育人等词语，在我心中不只是空洞的口号，而是实实在在、根深蒂固的信念。

访谈组： 祖父给您的影响，对您在工作中对学生进行爱国主义教育有哪些具体的帮助？

王晓阳： 我一直认为，爱国，是中国知识分子的人格底色和精神高地。在师范大学学习的时候，我常常想，祖父影响了我一个人，我将来做了老师，要将这份影响传递下去，让千千万万的学子，在人生正当好年华之际，明大义、立鸿志、爱人民、报国家。国家的希望系于青年，而为祖国培养有志有为的青年，是一件多么神圣的工作。正是抱着这样的信念，我加入了中国共产党，将立德树人作为毕生追求的事业。

在专业课堂上，我经常对学生讲道：

2000年前，面对山河飘摇，壮士身死，屈原留下"身既死兮神以灵，魂魄毅兮为鬼雄"的千古名句，一曲《国殇》，几许忠肠！

南宋偏安，"僵卧孤村不自哀，尚思为国戍轮台"的陆游，临终不忘国之统一；

清廷腐败，"苟利国家生死以，岂因祸福避趋之"的林则徐，宁舍锦绣前程，也要维护国家尊严，民族利益；

如今，悲歌远去，硝烟散尽，我们有幸生于和平年代。我常常和学生讨论，和平年代，我们何以爱国？

放弃国外高薪，与初生的共和国一起，从零做起的邓稼先，怀揣赤子心，带领团队迈出我国核武器研究的第一步；

一株济世草，一颗报国心，抱着攻克世界级难题的宏志，屠呦呦以青蒿素摘获诺贝尔生理学或医学奖，打破了西方科学界对中国科学家的偏见；

还有，宋迪泉老师，这个名字或许有几分陌生。但是，正是这位宋迪泉老师，在平凡岗位上坚守教育的初心，努力培养山里孩子学习知识，报效国家，在偏僻的山村小学恪尽职守，一待就是42年。

我们有幸生于和平年代。然而，世界依旧硝烟四起，战争阴云从未散尽。我对学生说，我们能安享太平，不是因为生在这个年代，哪个年代都有战争阴影，而是因为生于如此强大的中国，再也无人敢欺。国强则民安，民安则心齐！习近平总书记说，历史告诉我们，每个人的前途命运都与国家和民族的前途命运紧密相连。强国先强教育，你们作为师范生，未来的教师，责无旁贷。

访谈组： 知识兴国，关键之一是教师队伍的培养。你如何理解"人民教师"这个词？

王晓阳： 我的理解，"人民教师"是扎根于祖国大地、情系中国人民、为中华民族伟大复兴而奉献一己之力的教师，至少有三层含义：一是坚持胸怀两个大局。面对世界百年未有之大变局，改革发展稳定任务艰巨繁重。站在"两个一百年"奋斗目标的历史交汇点上，我们以及我们的学生，将是社会发展、民族复兴、国家强盛的中坚力量，我们必须全面贯彻党的基本理论、基本路线、基本方略，保证我们的教育不偏航、不移位。二是坚持"教育为人民"的职业定位。教育公平事关社会公平的底线，无论我们的学生来自何方、家境如何、基础如何，都要恪守"有教无类"的教育理念和"因人而异"的教育方法，对学生一视同仁，不以偏私有损公平，尊重学生个体差异，力求教育以人为本。三是坚持落实立德树人根本任务。"培养什么人、怎样培养人"始终是教育的永恒主题和根本问题。习近平总书记强调："要把立德树人的成效作为检验学校一切工作的根本标准"，"要把立德树人内化到大学建设和管理各领域、各方面、各环节，做到以树人为核心，以立德为根本"。这是党在新的历史时期对教育根本问题的时代性回答，是站在国家繁荣、民族振兴、教育发展的战略高度做出的新的要求。我们要以此为遵循，在新时代深入落实立德树人根本任务。

文学对人的熏陶，是润物无声的。我非常注重从教学内容中挖掘和强化立德树人元素，为党育人、为国育才。我主讲的"儿童文学"取材着眼于"小"，但简单的故事同样可以包含深刻的哲理和情怀。在我讲过的儿童文学作品中，有表现底层百姓贫苦无依、控诉旧社会黑暗的童话；也有描写保卫祖国，英勇牺牲的英雄的儿童故事；即便是给学前幼儿看的绘本，那些包含着人与人之间的诚信、互助、友爱、希望的作品，仍然是我的优先选择。2014年，我参加重庆市普通高校青年教师教学竞赛，我以儿童文学课程作为参赛项目，获得了重庆市文科一等奖第一名，也因此获得了"五一"劳动奖章。

访谈组：作为艺术教研室支部书记和教研室主任，您是如何发挥"双带头人"作用的？

王晓阳：按照"双带头人"要求，我主要从三个方面努力：

第一，党建专业"两结合""双推动"。"双带头人"要求的初衷，就是将党的建设与专业建设有机结合，发挥基层组织堡垒作用，团结教师队伍在政治素养和专业素养上共同进步。艺术教研室的老师们以年轻人居多，专业背景是美术、音乐、舞蹈等艺术领域，颇有些不拘一格的艺术家"气质"。为了帮助年轻的艺术课教师，从"自由烂漫"的"艺术范儿"到"身正为范"的"党员教师"，我们提出"以美育人，以艺育才"的口号，努力发挥基层组织堡垒作用，艺术教研室支部成功申报"重庆市新时代高校党建工作样本党支部"，通过"德美共育"的艺术工作坊将美育和德育有机结合。例如，绘本阅读与创编工作坊将儿童故事与儿童美术有机结合，通过为幼儿创编生动有趣的绘本故事熏陶人文情怀，培养对文学的热爱；儿童版画工作坊，将幼儿美术与幼儿手工有机结合，在劳动实践中传承发扬中国民间艺术；儿童食育工作坊，将营养学与儿童美术有机结合，通过琳琅满目的美食制作，培养幼儿珍惜粮食、爱惜人力的美好品德。2020年，我们的美育成果获得重庆市高校美育优秀案例大赛一等奖，并推送到教育部参加全国比赛。

第二，课程思政与时俱进。坚持在文学课堂、艺术课堂中贯彻"课程思政"要求，帮助学生思想上坚定信念，专业上明确目标，从而更好地落实立德树人根本任务。在这个过程中，发挥文学艺术的独特优势，以春风化雨、润物无声的方式，以真善美熏陶学生，以教育情怀感染学生，实现全面育人的教育目标。近年来，我与教研室党员教师江雪同志牵手结对子，在政治思想、专业发展、教学能力等方面给予她力所能及的帮助。我们成功申报多项"课程思政"教改项目，参加"课程思政"相关比赛，取得了较好的成绩。

第三，落实党建"双创"工作重点任务。教师党员应该责无旁贷做好模范带头作用，以"四有好老师"标准严格要求，教育引导他们在日常教学科研生活中亮出党员身份、立起先进标尺、树立先锋形象，把师生的心凝聚起来、行动组织起来，把高校党建样板支部建设"七个有力"的要求落到实处；要求教师党员"个个学党史，人人上党课"，将政治学习贯穿到日常工作中，通过课程思政教学改革、工作坊活动、公众号推广、班导师制度等方式，将党建与艺术美育结合起来。支部教师党员指导学生在全国、重庆市各大比赛中斩获了多项重要奖项，刘潇湘同志指导学生获得重庆市第六届大学生艺术展演活动绘画类项目本科甲组两个一等奖；蒋菲菲同志指导学生获得重庆市第六届大学生艺术展演活动舞蹈一等奖；杨武代同志获得重庆市高校美育案例比赛一等奖；我本人被评为2019年重庆市"教书育人"楷模。

访谈组： 作为一名老师，您有什么话想对您的学生说吗？

王晓阳： 我们是一所师范高校，我们很多学生将来也要从事教师职业。选择这个职业，意味着飞黄腾达、荣华富贵从此远矣，意味着"捧着一颗心来，不带半根草去"将成为人生的常态。但这份职业，仍然值得我们毕生努力。正如习近平总书记所言，一个人遇到好老师是人生的幸运，一个学校拥有好老师是学校的光荣，一个民族源源不断涌现出一批又一批好老师则是民族的希望。"好老师"，就让这三个简单直白的字成为我们共同的追求吧。

最后，我用白居易的一首诗与大家共勉："绿野堂开占物华，路人指道令公家。令公桃李满天下，何用堂前更种花。"和平年代，需要更多如你我一样的教师，抱持教书育人的事业理想，践行知识兴国的使命担当，怀赤子心，立鸿鹄志，担匹夫责，共同守护祖国的强大与安宁。

无悔的选择 永恒的奉献

重庆警察学院吴玉红同志
访谈实录

人物简介

吴玉红，女，汉族，1964年4月出生，中共党员，硕士研究生，现任重庆警察学院教授、一级调研员，专业技术二级警监，获评公安部特殊津贴专家、辽宁省百千万人才工程"百人"层次人才、全国首届公安高等教育教学名师、重庆市教书育人楷模、重庆市首届创新争先奖、重庆市"三八"红旗手、重庆市首届十佳女警、全国巾帼文明岗岗长等荣誉称号，荣立个人三等功1次、个人嘉奖2次。

访 谈 组 | 重庆警察学院组织人事处和宣传教育处联合党支部
访谈地点 | 重庆警察学院实验楼 503 吴玉红教授工作室
访谈对象 | 吴玉红

访谈组： 吴教授，您好！您现在是公安禁毒学研究领域的专家。请您谈谈当初为什么选择从事公安教育这个职业？您后悔当初的选择吗？

吴玉红： 大学时期，我心中一直有一个"成为一名优秀教师、做一个福尔摩斯式侦探"的梦想，所以，大学毕业时，我义无反顾地选择了公安院校，两个梦想同时都实现了。但真正从事这个职业，才知道自己肩上的责任是多么的重大，辛苦、付出、委屈、伤病不少，但更多的是培养出公安技术人才的欣慰和成就。

我的经历很简单，1986 年从吉林大学分析化学专业毕业后进入公安系统，先后在中国刑警学院和重庆警察学院工作，35 年来一直战斗在公安教育一线，主要从事法化、禁毒化学技术方面的教学和科研，协助基层公安机关办案，课堂、实验室、案发现场就是我的主战场。

和平年代公安是牺牲最多的队伍，我选择藏蓝色就是"无悔抉择"，只有骄傲，没有后悔，因为这是我的"警察梦"。我也喜欢与青春洋溢的警院学子们朝夕相处，我们一起学习探讨，一起吃饭聊天，一起运动锻炼，看着他们从青涩的大学生成长为一名社会和人民群众安全的守护神，成为重庆公安系统刑事科学技术行业的业务骨干和中坚力量。这就是我选择这个职业的初衷，我还会继续下去，生命不止、战斗不息。

访谈组： 从警从教生涯 35 年的经历，您认为公安院校教师的首要素质是什么，课堂上的要求有哪些？

吴玉红： 公安院校的办学性质和培养目标，决定了学校教师必须把政治素质要求摆在首位、贯穿始终、坚定不移。公安院校教师有正确的政治方向，对党绝对忠诚老实，自身正才能课堂正，才能引导学生树立正确的人生观、价值观，走好从警之路，真正做到"成人、成警、成专"。习近平总书记对公安工作提出的十六字总要求"对党忠诚、服务人民、执法工作、纪律严明"，首要就是要对党忠诚，筑牢忠诚之魂，不断增强"四个意识"，坚定"四个自信"，做到"两个维护"，树立全心全意为人民服务的宗旨意识。重庆警察学院也确立了"忠诚铸魂，务实教育"的办学理念，这也是学校教师的从教准则。

我觉得作为一名公安院校教师，在课堂上要体现出至少三个鲜明特点：一是学者之气、大家风范。学者就要不断学习，就我而言，坚持了30多年的刻苦学习和孜孜钻研，不断地积淀学术底蕴，只要涉及毒物研究国内外的书籍文献，我都想办法找来通读，有些能烂熟于心。要热爱学生，微笑也很重要，我也喜欢笑，我想笑容是对学生的尊重，是和学生沟通交往的桥梁，拉进心与心的距离。二是抓住本质、总结规律。看书学习的目的是提升，我把厚厚的文献、讲义反复研读，提炼精华要点，读薄读透，根据学科和学生的特点，加以课堂设计和内容加工，力求教之有重、教之有效。三是深入浅出、生动形象。课堂教学要以学生"感兴趣、愿意学"为切入点，不照本宣科，生动形象地把枯燥烦琐的毒物知识、化学符号变成课堂上跳跃的音符。

访谈组： 从年轻教师一步一步成长为教学名师，您在教育教学中的心路历程是怎样的？

吴玉红： 可能是我天生就有股不服输的倔劲儿，我一直认为只要勤于思考、认真做事，敢于面对困难挑战，就没有解决不了的问题，人要靠天分，更要勤能补拙。我想要去改变，提高我的教学水平，第一就是勤奋，图书馆和实验室成了我的"爱人"，天天泡在里面，在书海里徜徉，研究教学方法，做各种实验，就是为了增强自己的底气。其二，善于虚心向优秀的人学习请教，我喜欢向具有丰富教学科研经验的老教师、资深教授请教，学习他们是如何搞好教学和科研的，有一位老教授给我讲"做个好人，终身学习，善于思考，敢于创新，就有属于你的特色和未来"，这句话让我终身受益。我遵循着前辈们的足迹，顺应公安改革趋势，不断地思考和学习，不断地摸索课堂教学和开展科学研究，打造自己的特色教学模式。

其实归根到底，公安教育就是要紧贴公安实战开展教育教学，"从公安实践中来，到公安实践中去"，我逐步将理论与实践相结合，在课堂上多举实际案例，把参与积累的丰富实战案例和相对抽象枯燥的理论讲授结合起来，利用好翻转课堂，通过提问激发学生课堂思考，调动学生的课堂参与度，提高学生的辩证思维能力。在课堂上，我常常用问题设计的方式，引起学生的共鸣，在轻松愉悦的课堂氛围中把知识润物无声地传授给学生。这样，学生慢慢变得喜欢听我的课，喜欢和我交流，我感觉在传授知识中收获了满足，也获得了成长，这时才懂得了教学相长的深刻含义。

访谈组：您在教学科研领域取得了很多优异成绩，您印象最深刻的科研成果是什么？

吴玉红：我坚持教学相长，教学科研并重。在中国刑警学院期间，率领团队首次开展了毒品非法制造的原理、工艺和流程等科学研究并开设课程，2008年获得了公安部精品课，为广大学生和民警更好更深入认识毒品地下加工厂提供了理论基础。2011年主编出版了《毒品化学》教材。2012年主持"毒品化学教学改革与实践研究"获公安部教学成果二等奖，2014年主编公安高等教育教学规划系列教材《禁毒化学技术》，并在全国公安院校广泛使用。科研方面，我和青年教师一起，主持国家级、省部级课题20余项；获得公安部科学技术二等奖3项、三等奖1项，重庆公安机关改革创新大赛一等奖1项，重庆市高校十大科技成果奖1项；主持的毒品化学、禁毒学2门课程获省部级精品课；出版学术专著2部，主编公安部规划教材《禁毒化学技术》等6部教材；获专利2项。

我印象最深刻的是，我和我的科研团队通过近20年的实验研究，建立了亲水性材料提取技术，并研制生产了固相萃取柱，解决了目前未知毒品毒物筛查的国际性行业核心技术难题。这项学术成果让办案速度提高12倍，效率提高20%，准确度提升90%，价格降低了90%，广泛使用后，每年就能为公安机关节省上亿元经费。这个技术的阶段成果：2008年获公安部科学技术三等奖，2016年在重庆市公安机关改革创新大赛中获得一等奖，2018年获重庆市高校十大科技成果奖，2017年该产品通过了公安部警用装备列装多项评审，这也是重庆市公安机关首例警用装备列装产品。该技术分别在重庆、浙江、贵州、黑龙江、海南、新疆等20余个省、区市公安基层推广使用，获得各公安机关一致好评，简单、实用、有效，解决了未知毒物毒品筛查检案的难题。

访谈组： 听说在重庆警察学院自有学生评教系统以来，您所授课程学生评价均为优秀等级，所参加的各种教学比赛中从没得过第二名，也是学院最受学生喜爱的教授说课堂教学第一名。您的学生会用什么语言评价您，能给我们说说吗？

吴玉红： 这个有王婆卖瓜的嫌疑（笑）。学生的留言有"丝滑般的知性女中音，带我们徜徉在知识的海洋"；"我非常喜欢听吴老师的课，她讲得深入浅出，逻辑性非常强，引人入胜，是一种精神享受"；"既是良师，又是益友；既有示范，又有引领"。其实过誉了，我也知道"人无完人"，只是听到学生们说听我的课是一种享受，每一堂课都激发起他们探索公安专业知识的热情的时候，我会觉得成就感和幸福感满满，感觉自己的努力付出没有白费。更是激励我、鞭策我不断前进、不断超越的不竭动力所在。

访谈组： 朋友同事眼中的您，又是一个什么形象呢？我曾听说同事称您是"拼命三娘"？

吴玉红： 我平时的生活很简单，单位和家两点一线，从工作开始，网购、旅游、追剧、八卦等女性钟爱的事物似乎都和我天然绝缘，我平时就喜欢看书，业余时间在家里书房中捧起一本书安静地看上很久，也是一种生活的态度，慢慢修炼自己的心性，当然，最爱看的还是和公安业务、教学有关的书籍。偶尔也会劳逸结合，去走走路、锻炼锻炼。我的同事朋友都笑称我是一个"纯粹的人""和时代脱节的人"。

关于"拼命三娘"的称呼，是很久前的一件事。在一次在实验中，为了得到一类药物在人体内代谢情况和中毒时人体含量的准确数据，我把自己当"小白鼠"，口服药物后，进行抽血、取尿样本、处理分析检验，结果由于摄入超量，晕倒在实验室。现在的科研条件好了，我也不鼓励大家像我这样做，当时，麻醉抢劫案比较多，药物进入体内，很快转化为代谢物,而代谢物是什么,我们当时不清楚,所以无法检查出药物原体,不能及时锁定证据破案,因此急需人体实验来确定代谢物属性,取得准确的实验数据,没想得太多。但我觉得和那些为真理而献身的科学家相比,我做的这点牺牲微不足道,因为在获取真知的过程中,就必然存在牺牲和付出。

做教育教学的示范者、改革创新的领军者、青年一代的引路者

——重庆广播电视大学（重庆工商职业学院）曾春同志访谈实录

人物简介

曾春，男，汉族，1974年7月出生，中共党员，大学学历，工程硕士，教授，重庆广播电视大学电子信息工程学院副院长。2018年获得重庆市"中青年骨干教师"称号，2019年被评为重庆市教育系统优秀共产党员，是教学一线优秀典型。指导学生竞赛获国家一等奖3项，二等奖6项，重庆市一等奖7项。2017—2020连续4年年度考核为优秀等次，多次获得"教学质量之星"荣誉称号。

访 谈 组 | 重庆广播电视大学党委组织部
访谈地点 | 重庆广播电视大学电子信息工程学院实训室
访谈对象 | 曾春

访谈组： 是什么促使您离开企业进入校园，做一名教师的呢？

曾春： 选择离开企业进入校园，一是我的教育初心使然，二是契机。我出自教师世家，所以从小就有教师情结和教育向往，一直认为教师是一种崇高神圣的职业。另一个方面，是契机。大学毕业后我进入企业，扎根技术一线12年，积累了丰富的实践经验。而这些宝贵的经验，正是我开启教师工作的重要基础，赋予我重回校园，将所学知识技能回馈社会的力量。2005年，在重庆广播电视大学基础上设立了重庆工商职业学院，当时的师资队伍普遍缺乏企业经验，学校有意识地引进有企业技术背景的人才补充高职教师队伍。我怀着感恩之心进入校园，成为一名光荣的人民教师。任教期间，我一心一意扑在教学一线，想把自己所有的才能都施展在校园这片广阔的热土上。

如今，我任教已有13年之久，完成了从企业技术人员到职业教育教师的蜕变，完成了从研究单纯技术到研究实践职业教育的转变。传道、授业、解惑，可以说，我的人生已和职教事业水乳交融。我将继续以师者初心扎根三尺讲台，做好学生成长成才的引路人，引导他们扣好人生的第一粒"扣子"。

访谈组： 您在给学生上课的过程中，有什么独特的教学方法吗？如何将理论课和实训课更好地结合在一起？请分享一下您的教学经验。

曾春： 通过多年教学积累，我总结出一套自己的方法。实践方面，运用实际经验做好操作演示是能否教会学生的重要环节。对于理论教学，我更倾向于实用、够用原则。

例如"单片机应用技术实训"这门课，课程要求学生学会焊接电路板。这是一个熟能生巧的过程，我的任务便是通过实操经验，罗列出关键点和问题点，尽可能让同学们少走弯路，不走错路。为此，我在讲台上搭起操作台，在台上一遍又一遍地演示方法，帮学生一步一步修复出错的电路板。

同时，我会把企业理念搬上课堂，使学生在实践操作中能够回想起对应理论，降低差错率。在修复过程中，我一边亲手操作、现场演示，一边在黑板上书写操作步骤，拓展延伸行业内部更多的操作手法，使学生能够在较短时间内更快掌握基本操作方法，拥有解决实际问题的能力。在我看来，实践出真知。课程只有在"动手实践"上下功夫，才能既拥有理论思想的深度，又有贴近实际的功效。只有让学生真正喜欢上所学课程，才能实现实践育人入心、入脑、入行。

理论教学方面，我一直坚持实用、够用原则。这是因为高职教育注重培养学生实践动手能力，职业教育首先要做的是对接产业、对接实际。理论是实践的基石，但脱离了实践，便是纸上谈兵、本末倒置。因此，我对理论教学的把握，是让学生能够掌握更为实际的原理，注重从所见所闻入手，引导学生透过现象看本质。

访谈组： 近几年教育系统围绕思政课程和课程思政，做了很多卓有成效的改革。您如何理解课程思政？您授课的过程中又是如何运用的？

曾春： 在我看来，思政元素与专业课程并非相互排斥、互不相容的关系，而是一体融合、相辅相成。具体而言，课程的精髓在于育人，培育的不仅是技能，更多的，还有思想方面的引导。近几年课程思政改革，靶心向内、兼收并蓄，目的是让一线教师更加重视专业课程育人功效，深入思考育人导向。

我会挖掘梳理各门课程的思政元素，充分发挥专业课程育人功效，运用德育学科思维，提炼专业课程中蕴含的文化基因和价值范式，将其转化为社会主义核心价值观具体化、生动化的有效教学载体，在"润物细无声"的知识学习中融入精神层面的指引。

比如每年6月5日，如果适逢上课，我会向同学们讲述重庆大轰炸的来龙去脉。我的学生大部分是重庆人，讲述历史的过程，就是让学生了解过去自己的国家和家乡是怎样的满目疮痍，而如今又是怎样的欣欣向荣。

在课堂上，我常常引入在企业工作的案例作为思政教学元素。比如设计电路板，绘制的过程一旦出错，整个板子就有可能报废。我通过这个例子想告诉学生，99分和100分差别很大。100分意味着成功，99分则意味着失败。只有从小处养成良好的学习工作品性，脚踏实地、耐心细心、精益求精，将工匠精神落实到每一件小事之中，才能真正成为国家所需的高素质技术技能人才、能工巧匠、大国工匠。

还有一点，就是传道者自己首先要明道、信道。育人先育己，只有让自己先"蓄满水""充满电"，才能更好担负起为学生健康成长指导和引路的责任。做老师的，感到最欣慰的一件事，就是学生能够通过我们的细心教学，形成自己的理想信念、价值取向、政治信仰与社会责任，拥有缘事析理、明辨是非的能力。如果一点启发能够使学生终身受益，我想，作为教育教学示范者和青年一代引路者的目标，便达到了。

访谈组： 您带学生都参加过哪些职业技能竞赛？取得了怎样的成绩？当时您都做了哪些工作？有什么经验分享给大家？

曾春： 对高职信息类专业学生来说，有两个较为重要的大型赛事。一是全国职业院校技能大赛，二是全国大学生电子设计竞赛，这两项比赛，特别是后者，因为同时面向本专科，在整个电子行业都具有相当的权威性，含金量极高。

我从2009年开始带学生参加全国比赛，至今为止我带的队伍，荣获国家二等奖以上保送升本的学生有20余人。在我看来，带队参赛的过程，也是我"蓄水充电"和提升个人教育教学能力的过程。

至于经验，我想说，在指导竞赛的过程中，指导教师必须和学生保持同步，掌握学生想什么、学什么、做什么。如果只当"监工"，是难以出成绩的。每一项竞赛都有它的特点，有不同的竞赛方式。指导老师要引导学生做针对性训练，帮助学生获取资源。在比赛前，要提前了解每场比赛的竞赛形式、赛事细节，帮助他们预判比赛内容，编制模拟训练题目。

在培训学生过程中，我特别强调问题意识，告诉学生遇到任何问题都要敢于询问监考老师，宁愿多问，也不能漏问。在平常训练中，我们还会人为地制造障碍，提升同学们发现问题、解决问题的能力。

访谈组： 大数据时代，您对于电子信息类专业的认知是怎样的？学生的培养方向以及学院未来的发展目标是怎样的？

曾春： 对于电子信息类专业来说，专业发展和变化速度快、更新时间短，一两年的时间，许多技术就可能面临更新换代、优胜劣汰。

为了更好培养人才，助力学生在信息化时代拥有自己的核心价值，我们必须从两端进行发力。一是教师能力的提升。学校在每年寒暑假均会安排教师参与各种培训或企业挂职，提升个人能力。二是加强校企合作与产教融合。企业面向的市场是最新的市场，企业对于技术的迭代更新是最敏感的。学校和企业合作，能够拥有更多机会，接触到更前沿的技术。比如，这几年流行的3D打印技术和VR技术，我们早早地将这两门课增加到培养方案里，学生到了大三毕业实习之前，我们都会给大家安排相关知识的拓展学习。

自2008年成立以来，我所在的电子信息工程学院师生规模快速增长，成为学校第一大学院。我们始终坚持为产业服务，做好改革创新的领军者。

"双高"建设方面，学院承担了国家"双高计划"专业群建设重点工作任务，实施了校企协同育人的"双导师制"，企业可根据自身用人需求，全程深度参与人才培养，实现学生从学校到企业的无缝连接。人才培育模式改革方面，学院未来将聚焦市场需求和产业发展特点，厘清校企合作模式深刻内涵，紧紧围绕落实"专业群与产业群对接""专业建设与重庆经济社会发展和产业转型升级相适应"等问题，立足学校高质量发展战略和目标，牢牢肩负起"为党育人，为国育才，为产业服务"的初心与使命。

访谈组：您曾主持了一个和潼南龙滩村有关的科技助农项目，是什么项目？您具体做了什么？最后扶贫效果如何？

曾春：高职院校有两项职能，一是根本职能，培养人才；二是社会服务，服务地方经济发展。在制定"双高"计划任务时，学院就将服务地方经济发展指标具象化了，重点聚焦脱贫攻坚、服务乡村振兴。我所在的支部制定了详细的"三比三达标、三助三促进"特色支部创建计划，牵头联系了学校外派至潼南区古溪镇龙滩村任驻村第一书记的教师，与潼南龙滩村支部结成帮扶对子，利用物联网专业技术优势，帮助贫困村"摘帽"。

在龙滩村，我们建立了三个智慧农业大棚，计划在大棚内栽种草莓，运用物联网技术辅助草莓良好生长，同时释放部分劳动力，助力脱贫攻坚，推动乡村振兴。经过一两个周期的栽培，我们会将采集到的数据放入系统内进行评估，如果评估结果良好，即在有效节约人力成本的基础上，提升大棚内农作物数量、质量，我们就会将这一模式进行大面积推广，进一步助推乡村振兴。

此次项目是四方联动，政府、学校、企业、媒体相互协作、共同完成。合作初衷就是让学生走向社会、服务社会、服务国家发展战略。目标之二，则是社会服务职责的体现。作为"双高"计划建设院校，我们有责任将这一模式推广到更多地方，助推当地农业经济发展，服务脱贫攻坚与乡村振兴。

访谈组：您现在带了几个徒弟？您主要教授他们哪些东西？取得了哪些成绩？对年轻老师有什么建议？

曾春：我带过3个新老师。从基础授课、课程建设、实训室建设到专业建设，"传帮带"的职责使命，使我迫切希望能将自己的教学方法、工作态度、认识价值毫无保留地传授给他们，培育出更多想干事、能干事、干成事的优秀青年教师。

新竹高于旧竹枝，全凭老干为扶持。传帮带，最重要的一点是以身作则、做好示范。在和年轻老师共事的过程中，我会主动承担任务，在自己能力范围内为新老师率先示范，将自己值得分享的经验贡献出来，促进年轻教师进一步成长。除了学问、经验、方法的代代相传之外，传帮带的意义还在于自信心的建立、信念感的培育。作为党员教师，我充分发挥党员模范带头作用，将自己好的教学方法和教学经验传授给新人。职业教育提倡学徒制，一种是老师带学生，一种就是教师带教师。将自己的经验传授给年轻的老师，就是党员教师发挥榜样模范作用最好的体现。

情系乡村振兴，圆梦深山支教

重庆人文科技学院校友杨明同志访谈实录

人物简介

杨明，男，1984年7月，汉族，本科，一级教师，重庆人文科技学院支教学生。曾获第六届萧山区"美德标兵"暨"最美萧山人"、第十三届杭州市道德模范（平民英雄）、贵州希望工程山区优秀青年教师奖、毕节市"均瑶育人奖"优秀教师称号、第六届贵州省道德模范等荣誉称号。

访 谈 组 | 重庆人文科技学院文学和新闻传播学院党总支
访谈地点 | 重庆人文科技学院文学与新闻传播学院党员活动室
访谈对象 | 杨明

访谈组： 杨明老师，您好！您是杭州人，请问是什么样的契机和想法让您到贵州黔西山村做了一名特岗教师呢？您的父母支持您吗？

杨明： 开始我只是想圆自己的支教梦，于2009年在杭州参加了娃哈哈的爱心支教计划活动，到贵州黔西参加支教。到了这边后，和孩子们在一起，才发现这就是我向往的生活，我也变成了长不大的孩子。2010年就报名参加了"西部特岗计划"，来到这里教学，一待10多年就过去了。

一开始我的父母也不放心，问我工作的地方艰苦不艰苦？我只跟他们讲，老师的生活工作环境主要是在宿舍和教室。我告诉父母，实际上在哪里都是一样的，大城市和农村都是这样一种状态，没有什么苦不苦的。渐渐地，我父母就理解了我的想法，支持了我的行动。

我父母非常纯朴，但思想境界却非常高。有很多亲戚朋友问我有多少工资，说给我开双倍、三倍的工资让我回去，就是想着不要让我受苦，回去顺便也可以照顾到自己的父母。由于父母全力支持我，我才能够全身心地投入支教工作。如果父母不放心不支持，那我肯定也会在很多时候，在学生和父母之间进行一个很纠结的选择，由此造成工作上的很多困扰，但是现在我的心结实际上是放开了，因为得到了我父母的理解和全力支持。

我父亲出生于20世纪50年代，他的思想很正，他之前一直都在关注我在学校的发展，关注我的职业，关注我的成长。我记得有一次我们和少先队队员与少先队旗合了个影，我们摆了一个星星火炬的造型，发了一篇推文，我父亲就发了这样一条感慨，这条感慨可能也是很多人都没有想到的。他说："少先队员是向阳花，党是太阳，向阳花永远向着党的方向！"这一段话我觉得特别感动，我把截图发在了朋友圈，我说这就是普通农民的思想觉悟，我觉得这是非常感动非常骄傲的。

访谈组： 这10多年的支教生涯发生了哪些令您印象深刻或者感动的事情？

杨明：感动的事情是很多的，甚至有时候我觉得已经是一种常态了。让我印象深刻的是有一个女生，她以前是那种很内向的人，前不久她加了我微信，说"我读完研究生了，我还是想回到农村里来教书"。其实作为家长，肯定希望孩子们走出去有更大的发展，如果还想再回农村来教书，很多人会产生书是不是白读了、是不是有点屈才的疑问，但她有这样一颗心，我觉得非常好。其实对于孩子来说，埋一颗种子下去真的非常重要。我觉得作为老师，很重要的一点是"情怀"两个字，有情怀的老师绝对会是非常优秀的老师，因为他会懂得去爱学生，他会真心地去爱教育。当时她跟我说这样一段话的时候，我觉得她以后肯定会成为优秀的老师。她想回到农村教书，这件事对我触动很大，作为老师，我真的感到感动和欣慰。或许对于老师来说，平时的一举一动所产生的影响，虽然说可能在短时间内看不到，感受不到，但是在多年以后终究会看到一些成果。

访谈组：我了解到，您对学生很有爱心，经常进行家访，还资助过很多学生，请您介绍一下这方面的情况。

杨明：我觉得家访实际上是一种常态化的事情，我觉得如果缺少了家访，教育就是不完整的，对于学生的了解也是不完整的。我实际上没有家访这个概念，对我来说家访就相当于一种串门。实际上很多孩子是需要了解、需要沟通、需要认同的，什么样的方式最好？不是电话也不是微信，而是面对面地走进去坐一会聊会天，这样可以拉近老师和学生的距离。之前在乡村家访有时候要走两个小时左右，但我仍坚持了家访。这十多年来，我资助过很多学生，包括现在仍在读的学生。我平时都是以家长的身份与他们相处，把他们视为我自己的孩子。像有些学生的家长会都是我来代开的，他们平时的学习情况，我也会积极地与他们的老师沟通。比如有一个孩子今年读高三，是一个苗族的孩子。他之前差一点就选择辍学，是我把他拽到学校里面，然后帮他交了学费及生活费。那个孩子现在挺努力的，今年6月份就要参加高考了，我相信他一定能考出好成绩。他在接受记者采访时说："虽然从来没有教过我，但是他（杨明）在我心目当中永远是最好的老师。"我有时候想起来也是蛮感动的。

访谈组：您和学生的关系这么好，和学生家长的关系一定也很好吧？

杨明： 是的，遇到节日或者快开学的时候，就有很多家长给我打电话，请我到他们家去吃个便饭之类的。他们那边要过跟清明节性质差不多的中元节，就是要和自己家人在一起，农村要烧纸什么的。记得有一年，那天我根本就没有想起来是中元节，但那天有很多乡亲们给我打了电话叫我去他们家，当时心里就有一种说不出的滋味。我觉得他们能在中元节那天喊我去过节，是一件很幸福的事情。他们是真的把我当作了家人来看待，所以我在朋友圈里面感慨地发了句"以后不要再问我贵姓了，以后我都会回答，我复姓'百家'"。这些年我已经离开了那边的村子，但他们还是会给我打电话邀请我去他们家过节。去年因新冠肺炎疫情影响，我未回老家，有很多人打电话邀请我到他们家里面过年。我到了村子里面之后，很多人叫我去吃年夜饭。此外，每逢要开学的那一段时间，有些家长会打来电话说："孩子要报名去读书了，又想你了。"

访谈组： 我看到您双鬓有一些白发，是因为遗传，还是因为工作的辛苦？

杨明： 我头上的白发，都是最近几年长出来的。说实在的，当老师是非常辛苦的，很多人都觉得老师有双休日和两个月寒暑假，其实在我们这里几乎是没有假期的。因为疫情的影响，我已经一年多没有回家了。以前寒暑假我都会回去，但回家的时间都非常短，一般情况下就是过年前几天回去，然后大概正月初十左右就回来，也就是在家里面待10天左右，暑假待的时间会更少一些。平常我们不仅要完成学校安排的一些教学上的工作，还有自己给自己安排的一些工作，在假期里面也会有很多工作，比如除了上课批改作业以外，还会去家访，很多关于学生的问题都需要去交流沟通，等等。在学校我并不是个例，很多老师都跟我一样，同龄的老师，头发也白得很多，80后老师秃顶的情况也有。

访谈组： 很多人都关心您的个人问题，现在是什么状况？

杨明： 我女朋友最近刚刚过来，10年以前她也是来这里支教的，后来她去上海工作，中间这几年很少有联系。之前一直没有找到合适的对象，就是希望找到"三观"一致的。现在新媒体传播速度非常快，也是因为这种机缘巧合，去年的时候又联系上了，一直在慢慢的培养感情当中。

访谈组： 在您心目中，有没有什么特别的偶像？比如"全国最美乡村教师"女校长张桂梅。

杨明： 对。我之前一直在转发像张桂梅老师这类楷模的相关报道。我每次发朋友圈，很多人都会说："杨老师，您也和他们一样的，以同样的形象扎根在我们心中。"像张桂梅校长、陈立群校长等非常非常多的榜样人物，他们每个人都在感动着我，他们的所作所为，我有时候看着看着眼泪都会掉下来。当我们每天在为这些楷模感动的时候，实际上我们也在感动别人。就像我身边的老师很多都这么说："杨老师，有你在，就给了我们一种感动。"这种感动其实就是平时的一些小事情让他们觉得特别暖心。我觉得不需要惊天动地的感动，因为我觉得有时候惊天动地是一种悲怆，这种悲怆我是不希望看到的。我觉得老师实际上也需要爱自己，只有爱自己，才能爱更多的人。每天感动自己，认真去对待自己、对待孩子，这就足够了。

访谈组： 您未来还有哪些人生规划？

杨明： 其实我的想法比较明确，还是想考虑自我的成长。这些年虽然有精神上的收获，但实际上失去的也很多，包括学习与成长。这些年，我在教学能力方面的提升不多，长期在农村，与现代化的东西接触比较少。未来我的想法是做好一个教育的课题，我说的这个课题并不是说就是研究小课题，或者说纸面上申报的那种课题，这个课题的内容是如何更好地关注学生成长，陪伴学生成长，让自己也获得更好成长。人生实际上非常短，10年一转眼就过去了，人生也没有多少个10年，我还是希望完整地带上几届孩子。

访谈组： 您是支教的优秀代表，是在校大学生学习的榜样，对于想去支教的大学生，您有什么好的建议？

杨明： 其实对于大学生来说，我希望他们能够融入基层去。虽说大学生"三下乡"主题活动非常多，但是也有一些地方学校不愿意接受这样的活动，假期是很短的，他们会考虑到很多因素，例如安全因素。所以现在假期支教越来越少，实际上我更希望的就是勇于到基层去，勇于到农村去。如果说人才都往发达城市去了，都奔着高薪去了，那么农村发展怎么办呢？现在"十四五"规划已经启动，乡村振兴靠什么？乡村振兴靠人才。尤其是像一些西部农村出来的孩子，不能被现在的城市生活以及一些浮躁的生活给迷失了方向。我觉得大学生要敢于回到农村，勇于到祖国需要的地方去，乡村振兴需要人才，需要大学生积极作为。

投身教学科研一线，为党育人，为国育才

重庆工程学院李英吉同志访谈实录

人物简介

李英吉，男，朝鲜族，中共党员，韩国大田大学经营学专业博士研究生毕业，副教授，博士生导师。2018年3月入职重庆工程学院，现任管理学院副院长，校级"双带头人"教师党支部工作室书记。2020年被学校评为"优秀共产党员"，负责的党支部被学校评为2020年度"先进党支部"。发表了多篇高水平学术论文，指导师生公开发表论文近20篇。所带领的工商管理教学团队被学校评为2019—2020年度"优秀教学团队"。

访谈组｜重庆工程学院管理学院党总支
访谈地点｜重庆工程学院管理学院党员学习中心
访谈对象｜李英吉

访谈组： 您在国外7年，作为留学归国人员，是如何快速地进入教师支部书记角色的？

李英吉： 我在大二时就加入了中国共产党。自入党以来，全心全意为人民服务的宗旨我始终没有忘记。虽然硕士和博士学习在国外完成，但我经常通过广播电台、电视、网络等媒体认真学习习近平新时代中国特色社会主义思想，不断增强党性。在国外留学期间，我经常参加中国留学生会组织的各种活动，那里有党组织，我们经常在一起过组织生活。

回国后，我加入重庆工程学院，在管理学院教师第一党支部担任书记。刚开始从事党支部书记工作时，有些手忙脚乱，我经常向其他支部书记学习、请教。在他们的关心帮助下和党支部全体成员的大力支持下，我迅速转变角色，不断推进党支部标准化建设，党务工作水平得到快速提升。

访谈组： 听说您为贫困学生捐款1万元，被学生刷屏，您如何看待这个事情？

李英吉： 习近平总书记说过，全面小康路上一个也不能少。作为一名教师党员，必须懂得为党分忧，要把脱贫攻坚作为一项光荣的政治任务来完成。作为教师，要有仁爱之心，捐钱给同学，完全是出自一种本能。我不忍心看到有家庭经济困难学生，因家庭变故而失去奋斗的意志，进而在小康路上被落下。2020年初，我在朋友圈里面看到一个家庭困难学生的父亲生病需要几十万的医疗费用，当时也没有多想，就直接在众筹平台上捐了1万块钱。我想自己能提供的帮助不多，但是至少可以给他一些精神上的支持，让他不要对学校、对社会丧失信心。人有能力的时候就要多去做好事，多去帮助身边的人，这才是一个真正的共产党员。1万块钱的捐款，本身与钱的多少无关，应该是党员初心的体现。我们很多同学都来自农村和偏远地区，他们的家庭经济状况都不怎么好，这也要求我们党员教师，要努力、用心培养出优秀的学生，让他们在未来的职场上有些竞争力，不断成长从而改善生活状态，以后有能力再去帮助更多需要帮助的人。

访谈组：作为"双带头人"教师党支部书记，在促进教师进步、学生成长、脱贫攻坚方面，您带领党支部是怎样做的？

李英吉：学校党委、学院党总支高度重视党建工作。作为"双带头人"教师党支部书记，我虽然感到有压力，但信心十足，决心坚定。作为党支部书记，发挥先锋模范带头作用，是我的职责。我最初的想法是带领年轻老师们全面提升科研能力、拓宽国际视野，让学生成为科研的参与者和学习者，促进师生共同成长。

我组织开展研究方法论讲座和培训，同时为老师们提供相应的国际学术会议资源，帮助老师们有机会进一步拓宽国际学术视野。目前，我们已经成立了党员科研小组，集中选出了几名党员学术骨干在国际学术论坛上发表文章。

在促进学生成长方面，我注重培养学生的科研实践能力。我主讲的"市场调查"这门课程，在研究设计上，考量了课程基础作用，学生通过学习"消费心理学"的内容搭建向往模型，利用"市场调查"课程开展数据收集和统计工作，我要求每一个学生独立完成数据收集工作，这样避免了"搭车"现象，学生也在真正的调研过程中锻炼了能力、积累了经验。

支部党员教师带领的学生团队，在脱贫攻坚中积极贡献力量。王翅、王燕楠老师组建的师生党员团队主要以蜂蜜销售、智能蜂箱研发与利用，对口帮扶巫溪县天元乡。他们的"蜂起云涌，多元助农"项目成功入选重庆市第三期"优创优帮"大学生创业扶持计划30强。邹卒老师带领的团队利用直播帮助巫溪天元乡销售了价值30多万元的农产品，其"你侬沃农"项目获得重庆市2020"青年红色筑梦之旅"的精准扶贫奖。下一步，我们将继续为乡村振兴奉献"重工智慧"。

在工作室服务社会方面，市场营销专业孵化成立了客户满意度研究所，由我牵头一起和6位党员教师、18位本科学生完成了对校企合作企业客服满意度研究报告，为企业提出对策建议。同时，电子商务专业和财务管理专业分别成立了网络营销工作室、新媒体工作室和微企代账工作室，为企业提供专业服务，共有15名教师和40名同学参与工作室项目，通过工作室的项目训练，在提升大学生项目实践能力的同时，产生了20.8万元的经济效益。

访谈组： 谈谈您坚持开展党建工作"五抓五强"的具体内容、开展效果和反响。

李英吉： 这是我牵头组建的"领航"党支部书记工作室围绕"立德铸魂"的一些工作举措。

一是紧抓理论学习、强认识，突出政治引领。工作室坚持落实"三会一课"，深化"不忘初心、牢记使命"主题教育，紧扣时代脉搏和学校发展主题，深入实践"课程思政"。

二是牢抓知行融合、强实践，突出教育引领。组织实施师生党员行业认知行动计划，引导和鼓励师生深入研究和创新实践，紧跟行业脉搏；教师党员带领学生组建"精准扶贫""美丽乡村建设"实践团队，建成一批师生劳动实践基地，开展义务活动，锤炼奉献品质；组织实施师生党员专业提升行动计划，引导和鼓励师生深入合作企业劳动实践，提升专业技能。

三是狠抓业务提高、强本领，突出特色引领。以"党建+"为抓手，引领学院各项工作长足发展。如党建+名师引领，成立顾客满意度研究所，以先进的党建思想和教育理论为指导，组建集党建、科研、培训和专业引领等职能于一体的学习、研究和提升的合作共同体。

四是实抓服务师生、强根基，突出示范引领。以"五个一"为载体，坚持服务师生，每月至少参加1次志愿服务，给学生党员推荐1本好书，为师生员工至少办1件实事、好事，每学期与学生党支部共同开展活动不少于1次，开展牵手"1+1"活动，探索教师支部、学生支部共建的创新举措。

五是稳抓创新发展、强后劲，突出先锋引领。围绕"校企合作、产教融合"，与多个市内外企业共同打造"卓越人才订单班"；鼓励教师党员成立工作室，积极开展项目实践，进一步深化校企合作，实现课程内容与职业标准对接，以保证应用型人才培养的质量。

本支部教师党员主动融入学院党组织开展的"学长（党员）制班主任"工作，指导"学生干部项目制实践培训计划"精品项目立项。我带领教师党员实施"导师计划"，实施"学院、班级（系）、班组（教研组）"三位一体的组织工作体系，推进实践教育主题活动、志愿服务活动，组织开展"左手拉右手""四学四争"主题教育活动，不断提高党支部工作质量和水平。

访谈组： 今年是建党100周年，你们党支部打算如何夯实党建基础、打造党建品牌、推广党建成果？

李英吉： 今年是建党100周年，是国家"十四五"规划开局之年，是我们学校本科教学合格评估冲刺年。党支部要在夯实党建基础上，不断提高政治判断力、政治领悟力、政治执行力。

一是坚持把政治建设放在首位。要牢固树立"四个意识"、坚定"四个自信"、做到"两个维护"，自觉在思想上、政治上、行动上同党中央保持高度一致，切实肩负起新时代赋予人民教师的神圣使命和光荣职责。

二是用习近平新时代中国特色社会主义思想武装头脑。组织支部全体党员在学、思、践、悟上下功夫见实效，增强师生运用马克思主义立场观点方法观察和分析世界的能力，为坚定信仰、有效维护意识形态领域安全奠定科学理论基础。引导广大师生员工做社会主义核心价值观的坚定信仰者、积极传播者和模范践行者，以高度的政治自觉、强烈的责任意识，主动投身学院改革发展。

三是大力夯实党组织建设。加强支部规范化、标准化建设，推动党建与学科平台、师资队伍、人才培养、科学研究和社会服务深度融合，探索在新兴学术组织、科研团队项目、社会实践活动和网络学习生活等方面开展组织活动，落实好"三会一课"制度，提高党组织覆盖面和影响力。

四是全力落实好课程思政，注重学生教育实效。加强对青年学生的指导，强化政治引领，以落实课程思政为契机，关注青年、关心青年、关爱青年。坚持线上线下相结合，发出好声音，传递正能量，唱好主旋律。

在打造品牌和推广成果上，我们将积极与对接的单位联动，把师生党员专业实践与"乡村振兴"相结合，带动地方经济发展，为老百姓谋实惠。同时，将在现有的校企合作的企业中开展党组织共建工作，促进党员发挥先锋模范作用。

访谈组： 您对创新高校党建工作有何建议？

李英吉： 结合我们学校的实际情况和实践经验，我觉得可以通过以下三个方面来开展：

第一，技术创新下的党建，目前国内很多高校都在开展"信息技术+"党建工作模式探索，我们学校是工科院校，在大数据、云计算方面有独特优势，可以利用这些技术来服务党建，为党建工作提供数字化的技术支撑，为党建工作的创新推进赋能。

第二，模式创新下的党建，管理学院在模式创新方面具有一定的经验和优势，与多个企业成立了联合党支部，党组织的组织形态创新，可以助力校企合作、产教融合形成优势。

第三，体制创新下的党建，要加强党对高校的全面领导，民办高校也不例外。作为全市新时代高校党建工作示范高校培育创建中的唯一一所民办学校，我将严格落实全面从严治党主体责任，坚持立德树人的根本任务，不忘为党育人、为国育才的使命。

27年如一日，为培养电力人才奉献光和热

——重庆电力高等专科学校
伍家洁同志访谈实录

人物简介

伍家洁，女，1973年7月出生，汉族，中共党员，重庆电力高等专科学校教授、教务处副处长。27年来，伍家洁忠诚于党和人民的职业教育事业，是教育系统以德施教、以德立身的楷模。先后获得"重庆市教书育人楷模""重庆市高校中青年骨干教师""重庆市名师""重庆电机工程学会优秀女工程师"等称号，以及"全国电力职业教育教学成果特等奖"等殊荣。

访 谈 组 | 重庆电力高等专科学校组织宣传处
访谈地点 | 重庆电力高等专科学校智能变电站实训基地
访谈对象 | 伍家洁

访谈组： 您是何时加入中国共产党的，还记得当时为何要入党吗？

伍家洁： 我是1999年6月24日加入中国共产党的。我从出生那天起便与中国共产党结下了不解之缘，因为我出生在1973年7月1日，那一天是党的生日。大学时我就向党组织递交了入党申请，参加了党课学习，系统接受党的思想并成为入党积极分子，工作后，我的指导教师王老师是一名优秀的共产党员，他的一言一行深深影响着我，让我再次感受到党员的先进性和模范带头作用，所以志愿加入了中国共产党。

访谈组： 作为一名党员，您在工作中是如何发挥先锋模范作用的？

伍家洁： 我也没有刻意做什么，就是有困难，就上！党员始终走在迎战困难的最前面。

2003年的西藏还没有电力类高等院校，为了解决西藏电力企业职工以及中专毕业生的求学需求，重庆电力高等专科学校率先在西藏设立了电气工程及其自动化专业专科函授办学点，这是学校在西藏设立的首届校外班。当时我主动请缨，和领导的安排不谋而合，作为第一批援藏人员组赴西藏执行授课任务。然而进藏之路并不是一帆风顺，为了不耽误教学进度，没有调整适应期，我立即投入教学，白天上课，晚上辅导毕业设计，而西藏学员的理论基础相对薄弱，只能不厌其烦地结合生产现场的实际设备和实际案例进行教学。面对高原反应引起的胸闷、气短、呼吸困难、头晕等各种不适，我晚上根本无法入睡，但凭着共产党员的坚强意志还是挺过来了。

访谈组： 作为一名党员教师，您是如何做到不忘初心，坚守教育岗位这么多年的？

伍家洁：我感到特别骄傲与自豪，这是一份责任与担当。我是94届大学毕业生，学的强电类王牌专业——电力系统及其自动化专业。当时大学生是统一分配工作的，像发电集团、电力公司、电力设计院等都可以选择，但我选择了重庆电力高等专科学校，选择了职教事业，那是因为我热爱教育事业，有爱，一切都可以迎刃而解。

2018年，学校面临转型、改制的艰难时期，徘徊、忧虑情绪在教职工心中蔓延。可为响应国家建设职业教育专业教学资源库的号召，我义无反顾带领团队心无杂念地开始了资源库建设工作。

老师们每提交一个素材，我都要亲自查看、审核才放心，7000多条素材的上线，诠释了发电厂及电力系统专业的底蕴。为构建专业资源共建共享联盟，我们通过中国电力企业联合会等各种途径向相关院校和企业发出邀请，成功组建了22所院校、16个企业、2个出版社、2个行业协会参与的资源库共建共享联盟，为最终资源库的国家级立项奠定了基础。目前我们的发电厂及电力系统国家级专业教学资源库实名注册用户已经有77000多人，库内资源13000条，服务师生、服务产业、服务社会的能力大幅度提升，专业影响力毋庸置疑。

在做资源库建设的第二年，团队建设的资源库第一次入围了国家级备选库，我的身体状况却亮起了红灯，当时医院怀疑是甲状腺恶性肿瘤，要求马上手术。但是，那个时候团队的发展处于关键时期，我又是专业负责人，要带领专业团队入围国家级阵列，我突然觉得自己还不是该手术的时候，并不是自己多伟大，而是工作这么多年来的一种习惯性反应吧，关键是为了建好这个资源库，大家一起努力了4年，不能因为我个人而辜负了每个人的努力。

我们的付出没有白费，4年的努力终于实现了梦想。我们团队开发的资源库被成功立项为国家级发电厂及电力系统专业教学资源库。其实越是身体亮起了红灯，我就越希望能尽自己的努力，多带带年轻教师，看到年轻教师逐个成长为骨干，我就感觉由衷的欣慰。

访谈组：作为一名优秀党员教师，您在哪些方面做到了示范引领？

伍家洁：就是不忘初心，保持对教育教学的热爱、对专业的热爱和对学生的热爱。

对教学的热爱，就是不断跟进现代职业教育改革，大胆进行尝试，勇攀专业建设高峰。发电厂及电力系统专业是我校办学历史最悠久、招生人数最多、社会影响力最大的专业，近70年的专业积淀让我爱得深沉，也倍感肩上的重任。

为做好职业教育，我坚持提升职教理念，从校级讲课比赛、校级教研项目，到参加全国信息化教学大赛，我从未放弃对自己的要求，带领着发电厂及电力系统专业教学团队获得了全国信息化教学大赛二等奖的好成绩，也取得过省部级教学成果特等奖1项、一等奖1项、三等奖1项。我校是国家首批骨干高职院校、重庆市示范性高职院校，本人负责了发电厂及电力系统重点专业建设以及国家级资源库、国家"双高计划"等项目。

对专业的热爱，就是紧跟电力产业发展。电力是国家战略支柱产业，重要性与安全性并行，智能电网、新能源发电、电力物联网等新技术层出不穷，作为专业教师，只能与时俱进，保持专业能力。因此，我特别关注校企合作，并承担了我校国家"双高计划"建设的"提升校企合作水平"项目和重庆市优质校的特色项目"产学研一体化协同创新平台"，让自己和行业的联系一直连绵不断。我们的团队取得了省部级科技成果一等奖1项、二等奖3项，发明专利3项、实用新型专利10项，电力行业校企合作"十佳案例"等荣誉，我个人获"重庆市电机工程学会优秀女工程师"称号。

对学生的热爱，就是和学生交朋友，肯花时间倾听学生的想法，探讨解决问题的方法，获得学生的信任。鼓励学生热爱生活、热爱专业，不因自己的专科文凭而妄自菲薄，热心为在校学生和毕业后学生的职业生涯规划出谋划策。学生中涌现出全国劳模、全国人大代表、全国电力行业技术能手等优秀毕业生，更多的毕业生是普普通通的一线技术骨干，在他们成家之时，收到他们红彤彤的邀请函，我都会无比欣慰与自豪，这是教师的骄傲。2004级的小张同学到秦山核电联营有限公司维修处电气队继电保护班工作后，经常会打电话找我聊聊天，他常说，念书时学到的专业知识和电力安全小常识时刻警示着他，使他在工作中从未出现任何安全事故，多次获得技术能手等称号，并入围秦山核电杰出青年评选。另一位同学小雷曾在回来看望我时说，很感谢我的循循善诱化解了他的心结，让他保持着阳光向上的心态。毕业十年，小雷荣获过国家电网公司输变电工程优质工程奖、国网四川省电力公司优秀团干、南充电力局优秀团干等荣誉称号。也许是因为我的耐心与爱心，学生不仅在校时喜欢和我分享喜悦与悲伤，毕业后在生活、工作中遇到问题时也会经常和我煲电话粥，我以真诚、善良和博爱陪伴着学生，引导着学生。

因为对教学、对专业、对学生的热爱，开心工作的我获得了"重庆市教书育人楷模""重庆市名师"等称号，社会的认可让我坚定了自己的选择、自己的初心。

访谈组： 2020年疫情期间，听说您不仅带领团队教师保证了教学质量，还坚守在校园确保学生的身心健康，能介绍一下吗？

伍家洁： 2020年春，新冠肺炎疫情袭来，为确保"停课不停教，停课不停学"，我带领团队老师们制订了疫情防控期间在线教学组织与管理工作方案，充分利用国家级专业教学资源库的优质资源，积极开展线上教学活动，保证了教学质量。在疫情期间，我们更新了37门课程，以"直播＋线上课程助学"形式推进，网络教学运转顺利，教学运行平稳。2020年5月，在我值班的那天晚上8时许，电力专业19级11班有一名女学生出现了发热症状，我便立即赶到现场，安慰独自在宿舍的发热同学，并宽慰在走廊上的同宿舍同学，用温暖的话语劝慰夜风中一颗颗惊慌失措的心。待发热学生到医院做相关检查后，我就和防疫工作人员一起对宿舍进行消杀，直到各项检查结果证明该生只是普通感冒后才松了一口气。

访谈组： 作为一名优秀的党员教师，您是如何做好传帮带工作的？

伍家洁： 传帮带是必要的。走出大学校园，我进入了高职院校，我的指导老师帮助我实现了从学生到教师的转变，而今，我延续了这份传承。

平时我是一个安静的人，但我觉得自己很幸运地遇到了很好的团队。多年来，我们团队的教学任务都非常繁重，基本每位老师头上都有省部级及以上的项目，每学期教学、培训工作都特别繁忙，工作一个接一个，但大家没有计较个人得失，团队形成了一种齐心协力、蓬勃向上的力量。我们每一位老师，都按照自己的能力与特长，形成了自己人生的职业生涯规划，并向着自己的目标前行。我所在的团队，是重庆市市级教学团队，团队成员有6人获"中华人民共和国注册电气工程师执业资格证书"，这个比例，在国内高职院校中绝无仅有！3名教师主持了3门重庆市精品在线开放课程，获得各类省部级教学能力、教学科研奖项22项。

访谈组： 从教近30年来，您的教育观念有发生过改变吗？您在教育工作中如何将立德树人落到实处？

伍家洁： 职教理念一直在更新。2019年2月，国务院印发了《国家职业教育改革实施方案》，提出职业教育与普通教育是两种不同的教育类型，具有同等重要的地位，强调职业教育改革创新对经济结构调整和产业转型升级的重要推动作用。近年来，能源互联网技术的发展给电力行业带来了重大技术革新，智慧电厂、电力储能、综合能源服务、智能电网、特高压技术及电力物联网等新技术、新业态、新模式蓬勃兴起，电力产业从相对独立的技术发展为多技术交叉融合的新模式。在产业结构不断调整与延伸过程中，电力职业跨界性越来越明显，工作环境复杂多变，原有的单一专业人才定位已不能满足电力行业发展对技术技能型人才的要求。因此，学校所培养的电力人才必须掌握交叉的知识和技能，学校必须了解与时俱进的职场需求，深度产教融合是电力职业教育满足电力发展对人才的需求的客观要求。这些，都是职教理念的提升。

在课程思政的新时代大思政背景下，专业教师必须兼具厚实的文化知识功底，才能将德育元素融入专业课程教学，实现全课程育人。

我们面对的学生是高职高专层次，自控力相对较弱。很多学生进了大学校园后就会放飞自我，忘掉学习，也有学生由于高考失利而灰心丧气。所以用爱为载体，树立学生的自信心，因材施教，进行差异化教学，是我们专业课程思政的第一要务。我们坚持提炼专业课程中蕴含的文化基因和价值范式，将其转化为社会主义核心价值观具体化、生动化的有效教学载体，在"润物细无声"的知识学习中融入理想信念层面的精神指引。

此外，我关注提升思想政治教育的亲和力，在教学设计与实施中，在发电厂及电力系统专业国家级教学资源库里，我们将课程思政作为全面落实立德树人根本任务的主要方面，将思政元素与教学内容融合设计，充分发挥专业课堂的人才培养主阵地、主渠道功能。比如，向学生介绍我为中国骄傲——中国制造1100千伏直流输电工程，建立介绍中国电力发展成就的电力科普馆，介绍电力行业现状并展望前沿技术，让学生知道我国将以"构建国际领先、自主创新、中国特色的坚强智能电网"为目标，从而树立文化自信，培养自主创新精神，进一步建立并增强专业归属感、民族自豪感。

杨柳依依 青青我心 公卫教育 助力抗疫
重庆三峡医药高等专科学校杨柳清同志访谈实录

人物简介

杨柳清，女，1965年8月生，汉族，中共党员，大学本科学历，医学硕士，预防医学教授。先后被评为学校优秀教师、优秀教育工作者、优秀共产党员、优秀党务工作者、示范性高职院校建设先进个人、重庆市优秀教学管理人员；2019年所在党支部被教育部评为"全国高校党建工作样板支部培育创建单位"，2020年"杨柳清双带头人工作室"入选全市高校党建"双创"工作培育单位；主编教材被列入国家"十三五"职业教育规划教材、获评重庆市重点教材；主持课程被评为重庆市高校精品在线开放课程、重庆市高校在线课程建设与应用示范案例、重庆市2021年高校课程思政示范项目；所在团队被评为重庆市高校课程思政教学团队。

访 谈 组｜重庆三峡医药高等专科学校党委办公室
访谈地点｜重庆三峡医药高等专科学校公共卫生与管理学院直属党支部工作室
访谈对象｜杨柳清

访谈组： 杨书记您好，您是1988年毕业于重庆医科大学的，当时临床医学非常"吃香"，很多非临床医学专业的人都想方设法进入医院当临床医生。您为何会到相对偏远的万州卫生学校任教呢？

杨柳清： 一方面因为万州是我的家乡，回家乡工作是我为家乡建设应尽的责任；另一方面，我到单位报到的第一天，学校领导就对我说目前学校很缺公共卫生教师，希望我能改做公共卫生教学。就这样服从学校工作安排，我从临床医学专业改行，全心投入公共卫生这个学科领域。

访谈组： 万事开头难，挑战可想而知，是什么让您执着于"公卫"，精耕于"公卫"？

杨柳清： 是"公卫"情结。医学是为人类健康服务的，公共卫生是以最少的投入得到人类健康的最大收益，因此是国家经济、安全、稳定的重要保障，做好公共卫生人才培养，意义十分重大。我转入公共卫生教学后，"预防医学""卫生统计学""营养与膳食""流行病学"等课程就伴随我的教学生涯，从事公共卫生教育教学工作时间越长，我越热爱这个工作，并且在公共卫生教育事业中寻找到了自己人生的价值。

访谈组： 党的十八大以来，党中央把保障人民健康摆在优先发展的战略地位，做出了实施"健康中国战略"重大部署，制定了一系列改革举措，您是如何对接此项战略，前瞻性地做出系列举措呢？

杨柳清： 我已在讲台上站了30多个年头，通过数年的打磨与沉淀，不断从经验与感悟走向理性与科学，具体来说以"健康中国"发展战略为纲，我们主要做了"四个一"。

一是建立一个学院。2017年6月21日，学校从区域内卫生事业发展的总体布局出发，决定成立公共卫生与管理学院，加强公共卫生人才培养，并任命我为学院负责人。建院初期，临时办公场地不足60平方米，只有1名负责人、9名职工，却有3个专业100多名学生，建设任务繁重而艰难。经过近4年的发展，学院从无到有，由小到大，目前学院专业数有7个，其中公共卫生与管理大类在"金平果"高职高专专业综合排名位居全国第一，学生人数由2017年建院之初的100余人增加到目前的1000余人，就业率达98%以上。

二是成立一个党支部。2017年下半年，公共卫生与管理学院直属党支部成立，现有党员24名，其中教师党员17名，学生党员7名，我任党支部书记带领支部。通过"党建+"模式，凝聚职教育人合力，促进党建工作与学院事业发展相融合。2019年入选第二批全国党建工作样板支部培育创建单位，2020年"工作室"被评为重庆市"双带头人"教师党支部书记工作室培育创建单位，学院被重庆市预防医学会授予2019年度"学会工作先进集体"荣誉称号。

三是创建一个专业。预防医学专业申报时，只剩不到一个月时间，我带领团队克服时间紧、任务重、人手少的困难，完成专业需求调研、人才培养方案设计等工作。为配合重庆市卫计委（现重庆市卫生健康委）专家到校现场考察，我和团队顶着40度的高温在实训室与办公室之间来回忙碌，从每台设备的摆放布局，实训室的每句解说词，每页PPT课件都一一把关。为撰写专业的申报材料，我带着团队到政府部门、基层医疗机构去调研，取得区域内公共卫生人才需求现状的第一手资料，查找了上百篇文献、政策资料。经过努力，我们的预防医学专业一次性申报成功，成为教育部在重庆市高职高专首个布点设置预防医学专业的院校。

四是开创一门课程。为适应新时期基层公共卫生服务岗位的需求，我创新开发了一门新课程——"基层公共卫生服务技术"，该课程的开设比全国其他同类院校整整早了7年。为将基层现场工作场景真实地展现在学生面前，让学生能真实地感受工作细节、规范，我们将课堂搬到医院、社区、院坝、农户家，制作成在线开放共享课程，让公共卫生工作者、学生、服务对象都参与其中，做到真场景、真参与教学。经过几个月的艰辛努力，课程终于上线，面向全国高校及社会免费开放，在疫情期间发挥了教育助力基层抗疫的重要作用，得到多方好评。该课程被评为"重庆市高校精品在线开放课程"，入选重庆市高校在线课程建设与应用示范案例、重庆市高校课程思政示范项目。

访谈组： 我从《重庆日报》的一篇报道中了解到，疫情期间你们支部组织了两支党员突击队，你们是如何实现教育助力抗疫的？

杨柳清： 充分发挥支部的战斗堡垒作用，面对2020年突如其来的新冠肺炎疫情，党支部召开线上会议凝聚力量，鼓励公卫人员要敢战能战，党员要起到模范带头作用，教师和辅导员要守好责任田。

一是组建"党员突击队"，尽心服务人民群众。我作为直属党支部书记，在疫情肆虐时积极统筹教师组成"党员突击队"，分成两个小组，分别参加万州区、奉节县疫情防控综合指挥部的抗疫工作以及学校发热观察点病人的调查工作，让党旗在抗疫一线高高飘扬。为了准确分析有效信息，高效、及时为政府疫情决策提供依据，那段时间，我们的党员教师每天要对52个乡镇（街道办事处）、7所发热门诊、1个定点医院，还有交通检查等方面的海量信息进行统计分析，数据庞杂繁复，结果要求精准无误，大家深感肩上的责任、压力重大。当时由于防疫物资十分紧张，我带着教师们进入学校"发热病人"隔离区内，就只穿着学生做实训练习用过的防护服，收集发热病人的第一手资料，完成了420名发热病人的流调工作。

二是凝聚教师育人使命，组织教师全心上好云端课。疫情期间，支部前方党员突击队全身心投入基层疫情防控，支部后方党员也同步紧锣密鼓组织全院专兼职教师线上备课，迎接"停课不停学，网课保教学"的开学大考。一方面，引领全体教师参加线上授课强化培训，反复进行模拟授课练习，发现问题立即解决；另一方面，提前为每次课做好讲课录音，保证家里网络较差的同学不落下课程，同时还想尽办法让学生手中都有课程的电子教材，以此来保证每一堂线上授课的质量。网络授课持续了3个月，学院43位专兼职教师面向94个班级云端开课41门，完成了4280次直播，全体教师经受住了考验，也实现了信息化教学能力提升的大跨越。

三是为学生树立榜样，公卫学子心向党，让党旗高高飘扬。面对突如其来的新冠肺炎疫情，公卫毕业学子挺身而出，疫情防控在哪里，哪里就有他们活跃的身影，他们用坚强的毅力诠释了"学则恒心，医则仁心"的校训。在校学子同样没有落后，他们扛着志愿队旗，将《疫情防控宣传册》等送到老百姓手中。支部抗疫事迹《三峡医专在抗疫一线有支"党员突击队"》被《重庆日报》《三峡都市报》及万州电视台等媒体宣传报道。我们还编制了《"疫"线闪光的雷锋精神》等抗疫事迹故事集，制作了《发挥支部战斗堡垒作用——抗"疫"

时期,用"心"彰显共产党员的使命担当》《筑牢支部战斗堡垒,发挥党员模范作用》两部精品微党课视频。

访谈组: 您作为"双带头人"需要党建和院务双肩挑,是如何发挥"头雁效应",一面抓好基层党建,一面引领教育教学改革,同时做好党建工作和教书育人工作的?

杨柳清: 党支部要切实加强党对各项工作的全面领导,紧紧围绕立德树人,积极开展新时代高校党建示范创建和质量创优工作,立足办学特色与优势,织牢织密公共卫生防护网,助力"健康中国"战略的实施。具体而言,我是这样做的:

一是严肃开展党建工作,创新主题党日活动开展形式,增强支部活力。例如:通过"主题党日 + 政治生日"强党性,将政治生日作为增强党员政治身份意识的重要载体;通过"主题党日 + 校内外支部共建"做示范,将支部经验、特色举措向其他基层党组织推广介绍;通过"主题党日 + 革命教育"受洗礼,让党员教师"感受红色基因,学习革命精神,践行公卫使命",切实提升师生党员的党性修养,增强爱国主义情怀。

二是牢记使命,织密基层公卫人才网底,形成人人事事时时育人格局。由于新冠肺炎疫情影响,学校开始在网上授课。我们深知部分学生家长由于疫情原因无法外出务工,学生的生活开支也会受影响,于是我们对全院学生网课学习条件进行仔细摸排,为 60 余名家里网络条件差的学生解决实际困难,确保家庭经济困难学生线上学习不"暂停"。学生在感谢信中说:"杨妈妈对我们无微不至的关怀,让我的大学学习和生活增添了很多实在的温暖和前行的动力,我更加有底气面对未来的成长挑战。"我自己也感到幸福满满。

三是同向同行,时时皆为育人时机。作为预防医学专业带头人,以自己负责建设的课程"基层公共卫生服务技术"为示范,组织学院里的班级辅导员、思政课教师和专业课教师集体备课,讨论课程思政的教学设计,对接课堂教学素质目标,力争将思政元素、思政思维、思政意识融入专业课程,实现专业教学与思政教育同向同行。将新生的入学教育、专业教育由教室移到乡镇卫生院和社区卫生服务中心实地进行,将学生带入田间地头,在脱贫攻坚、民生保障的第一现场,体验国家的基本公共卫生服务项目对于保障人民群众的健康所起到的重要作用。

四是院内外融合,事事皆为育人题材。建立"公共卫生专业建设群",邀请重庆市万州区基层医疗机构的公卫骨干加入，以公卫学院为载体，进行信息互通、资源共享。与重庆市内多家基层医疗卫生机构、疾病预防控制中心等单位共同建立了公共卫生专业建设委员会，搭建起互利共享平台，邀请行业专家指导专业建设，吸纳其对人才培养的建议，为教学提供典型案例促进育人成效提升。与区域内疾控中心签订合作协议，探索校企（院）合作、产教融合、医教协同的医学育人模式，借助疾控中心行业骨干在技能方面的优势，在为学生传授公共卫生服务技术的同时传承"工匠精神"，打通育人"最后一公里"。

专家型教师如何培养具有『仁心仁术』的医务工作者

——重庆医药高等专科学校何坪同志访谈实录

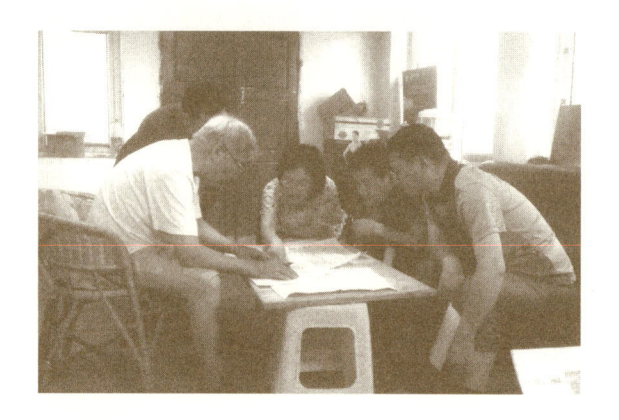

人物简介

何坪，女，汉族，中共党员，1965年12月出生，重庆人，现为重庆医药高等专科学校教授、副校长。重庆市全科医学重点学科带头人，重庆市名师，重庆市教书育人楷模，重庆市高职院校首批"双师型"名师工作室主持人，发表CSCD论文60余篇，出版专著7本、主编教材11本，承担省部级课题13项，获得全国卫生职业教育教学成果奖三等奖1项，重庆市科技进步奖三等奖2项，重庆市教学成果奖二等奖1项、三等奖1项，重庆市社会科学优秀成果奖三等奖1项、发展研究奖三等奖1项。创新性提出了"社区导向、基于问题的学习"的教育理念，开拓性构建了"3+2"助理全科医生培养模式，该模式被14个省（直辖市）21所高职院校、2个省卫生健康委、2个省级全科培训中心采纳应用。

访 谈 组 | 重庆医药高等专科学校党委组织宣传部
访谈地点 | 重庆医药高等专科学校副校长办公室606室
访谈对象 | 何坪

访谈组：作为重庆市高职院校首批"双师型"名师工作室主持人，外界对您的评价一直都是认真务实、爱岗敬业。支撑您数十年如一日如此工作的动力是什么？

何坪：最主要的动力是对这份职业的热爱。俗话说：要想做好一份工作，那你就要爱上这份工作，一直从事教育行业，我感同身受。我的母亲曾是小学高级教师，我父亲也曾是一名教师，他先后在小学、老年大学、中专等教授美术，同时他也是我的启蒙老师，我深受他的影响，才最终选择了教师这一职业。

我1985年从泸州医学院毕业后，曾梦想成为一名白衣天使，救死扶伤，但踏上工作岗位承担临床带教工作后，发现从事医学教育更适合自己，随后，我走上了医学教育之路。

当时，全科医学教育在国内基本处于空白状态，在了解国外全科医生发展情况和我国医疗卫生事业面临的主要困境之后，发展和壮大重庆市全科医学教育成为我的主要奋斗目标。重庆市全科医学教育从零起步，现如今已涵盖专科、本科、研究生、住院医师规范化培训、岗前培训、继续教育等领域，得到了极大的发展，为重庆市输送了大量基层医疗全科医学人才。

进入新时代，面对当前错综复杂的国际形势、艰巨繁重的国内改革发展稳定任务，特别是新冠肺炎疫情的严重冲击，人民健康是实现"两个一百年"奋斗目标的基本和重要保障。因此，作为百年大计的教育，特别是医学教育应该先行。我虽然快退休了，但作为一名共产党员，不能忘记当年选择教师行业的这份初心和使命，我会继续专注于全科医学教育，培育更多适应社会发展需要的优秀医学人才。

访谈组：作为一名共产党员，您是如何把党员的先锋模范带头作用体现在日常的工作和生活中的？多年来您坚持资助贫困学生，您能分享下这方面的经历和感想吗？

何坪：共产党员的先进性是体现在方方面面的。我是一个高校教师，只有努力在自己岗位上做出不平凡的贡献，党员的先进性才能得到充分体现。从事教学及教学管理工作30多年来，我时刻以共产党员的标准要求自己，工作兢兢业业、任劳任怨，不计较个人得失。在我眼中，共产党员应当具有的先进性，既是一种品质，又是一种能力，还是一种行为，是三者的统一。品质必须优秀，能力必须高强，行为必须模范。

记得学校刚搬到大学城的时候，家里到学校有40公里，为了避开堵车高峰，不耽误正常的教学工作，我总是6点过就从家里出发，提前近1个小时到学校。无论春夏秋冬，无论严寒酷暑，无论刮风下雨，从未耽误一节课。

之前在临床医学院任院长，我发现家境贫困的学生对学医的愿望很强，这也是当时临床医学院贫困生数量和比例都高于学校其他学院的原因之一。而从事医疗这个职业，不仅可以让这些来自贫困家庭的学生"鲤鱼跳龙门"，更可以让他们实现自身价值，回报社会。我还记得那名怯生生来学校报到的新生，没有带任何行李，小心翼翼地问：没有钱交学费可以报到吗？听到后，我一阵心酸，立即安排学生走绿色通道贷款入学，并找到所在学院党总支书记，我俩一合计，决定发动学院和校外兼职教师的力量，帮助这些贫困学生完成学业。现在这名学生已顺利毕业，并在社区卫生服务中心工作，从事了他梦想的医生职业。作为一名共产党员、一名人民教师，看到学生实现自己的梦想，我的所有付出就有了意义。

访谈组：习近平总书记提出，教育的根本问题是"培养什么人、怎样培养人、为谁培养人"，您如何看待医学教育与"立德树人"之间的关系？

何坪：韩愈在《师说》中开宗明义指出："师者，所以传道授业解惑也。""传道""授业"和"解惑"是教师的基本任务，虽有主次，但又相互联系，缺一不可。

那么，传道为什么放在首位？这里又有一句古话"道不同，不相为谋"，我认为这里的"道"是指"大道"，也就是理想和信念。作为一名共产党员、一名人民教师，要始终铭记习近平总书记提出的"培养什么人、怎样培养人、为谁培养人"这一教育的根本问题。我们办的是社会主义教育，必须坚持教育为人民服务、为巩固和发展中国特色社会主义制度服务、为改革开放和社会主义现代化建设服务，我们培养的是社会主义建设的合格接班人，是服务广大人民群众健康、具有仁心仁术的医务工作者，是能在面对像新冠肺炎疫情这样突发公共卫生事件时仍能坚守岗位、奋不顾身、前仆后继的医务战士，这是医学教育的根本使命。

访谈组：具体来说，您是如何在专业课上进行"课程思政"建设的？在这方面有什么创新经验和我们分享？

何坪： 我讲授了十多年的"全科医学概论"，一直注重课程思政的建设，目前这门课已获批国家精品在线开放课程、国家课程思政示范课程、重庆市高校精品在线开放课程、重庆市高校课程思政示范项目。在整门课程的设计上，基于对基层医疗机构全科医生工作任务和岗位能力分析，我们构建了全科医学"基本概念、基本原则、基本方法"三大模块课程内容，课程全面融合"全科思维"，贯彻医师精神，形成了全科医学育人理念。围绕全科医学育人理念，确定课程思政建设目标，深挖课程思政元素，以课堂教学为主阵地开展课程思政建设。目的是培养对我国医疗卫生体系和全科医生工作有较高的认同度，具有高尚职业道德、科学严谨态度和良好团队精神，愿意全身心服务基层的"下得去、留得住、用得好"的优秀全科医生。

学校党委高度重视课程思政工作，2019年成立了以党委书记、校长为第一负责人的课程思政教学研究中心，下设机构9个，配置专兼职研究人员16人，明确了中心发展定位、建设目标、主要职责。关于课程思政创新的心得，一是全景体验式育人，以培育"责任感、使命感、荣誉感"为核心，在理论教学中创设虚拟场景，概览全科医生的工作全貌；使用远程互动教学系统直通社区卫生服务中心，打破教学时空限制，零距离呈现全科医生工作流程的真实场景；依托社区卫生服务中心、社会实践教育基地打造社会体验场景，亲历式体验全科医生接诊、家庭访视、健康教育等，实现从虚拟到现实、课堂到社会的全景体验式育人。二是榜样典型化育人，精选优秀校友"全国最美乡村医生"周月华、扎根基层优秀毕业生贾晓燕、优秀兼课教师"吴阶平全科医生奖"获得者钟宇等身边人、身边事，以先进典型为榜样，拍摄宣传纪录片、创作主题微电影，用好课程思政天然"活教材"。三是双线辐射式育人，筑牢课堂主阵地，开展校内双线教学或培训；开辟网络战线，面向在校生、校外社会人员、基层单位，实施辐射式全科教育，截至目前，课程点击量10601901次，辐射全国935所高校，累计互动16942次。

访谈组： 今年是建党100周年，作为一个学校的管理者，您认为高校党史学习教育的重点是什么？

何坪： 作为重庆市市属高校，我校党史学习教育的最重大任务就是把习近平总书记的殷殷嘱托全面落实在重庆大地上，全面贯彻落实党的教育方针，全面贯彻落实习近平总书记关于教育工作的重要论述，全面贯彻落实立德树人的根本任务，让广大师生把历史和当下贯通起来，学史明理、学史增信、学史崇德、学史力行，记住我们的职责使命，增强历史自觉和政治担当，激发干事创业的信心和动力，培养社会主义合格建设者和可靠接班人。

　　对于高校来说，我认为党史学习教育的一个重点就是要创新学习形式。我校把开展党史学习教育融入课程体系，打造由思想政治理论课、专业课程、社会实践、网络教学等构成的教育教学体系，教育引导青年学生大力发扬红色传统、传承红色基因，赓续共产党人精神血脉。

　　党史学习教育的另一个重点是和办实事结合起来。我们的领导干部要带头深入工作领域，聚焦师生反映强烈的问题开展调查研究，听取服务对象的意见和建议，提出解决问题的思路与举措，不辜负师生所盼。要把解决思想问题同解决实际问题相结合，要把党史学习和学校建设发展结合起来，切实推进学校高质量发展。

访谈组： 作为专业领域的学科带头人，您认为培养全科医生的意义在哪里？您对学生有什么寄语？

何坪： 全科医生是综合程度较高的医学人才，主要在基层承担预防保健、常见病多发病诊疗和转诊、病人康复和慢性病管理、健康管理等一体化服务，被称为居民健康的"守门人"。国家高度重视全科医生培养，最近出台的《中华人民共和国国民经济和社会发展第十四个五年规划和2035年远景目标纲要》中提出，扩大儿科、全科等短缺医师规模。

　　长期以来，我国医疗卫生需求主要在城乡基层，而医疗卫生资源却集中在城市大医院，基层医疗卫生供需矛盾突出，特别是全科医生极度匮乏，已经成为制约我国基层卫生服务改革发展的关键瓶颈。以重庆为例，直辖之后，随着全市经济快速发展，人民群众对医疗卫生健康服务的需要日益增长，而基层医疗资源不足，缺医少药问题日显突出，居民"看病难，看病贵"一直是困扰民生的一大难题。影响医疗卫生服务质量最重要的因素是医务人员的水平，但是在基层医疗卫生机构，如社区卫生服务中心和乡镇卫生院等，医师队伍不稳定，"三无"现象突出［无学历、无执业（助理）医师资格、无职称］，基层医疗机构急需高素质的医学人才。同时，医学本科毕业生"下不去、用不上、留不住"现象突出，为此，培养专科层次的全科医生显得十分迫切，能有效解决基层医疗卫生机构医师队伍数量不足、能力不足的现状。正因如此，我十几年来一直致力于全科医学教育，培养的学生70%以上都到了基层医疗卫生机构工作，其中学员周月华被评为"全国最美乡村医生"，受到李克强总理接见。

　　对于医学生而言，希望大家用三句话勉励自己"有时去治愈，常常去安慰，总是去帮助"。鉴于现今的科技水平，医务工作者其实不能治愈所有的疾病，但为了解除患者的痛苦，要求医务工作者必须尽量解除患者生理上的痛苦，并时刻关注患者心理上的创伤，带给患者温暖和快乐。

访谈组： 从老师到管理者，您对职业教育在"十四五"期间的发展有何期待？重庆医药高专的"双高"建设应该如何推进？

何坪： 我认为在"十四五"期间，职业教育将迎来新一轮快速发展。一是职业教育体系将更加完备。我国职业教育长久以来只有中职和高职，一直难以突破"天花板"，导致职业教育与普通教育体系的互通性和连接性较差。在新时代求学者教育需求和用人单位用人需求持续提升的背景下，打破职业教育的"天花板"，建立纵向贯通、横向融通的职业教育体系是职业教育高质量发展的基础。

二是职业教育制度将更加规范。作为一种与社会经济联系紧密的教育类型，职业教育将往多元化、社会化的方向发展，职业教育的需求侧和供给侧匹配度将逐渐提高。

三是职业教育标准进一步统一。开发职业教育内容标准，既可以规范职业教育人才培养过程，也能够充分发挥政府的服务职能，使人才培养质量显著提高。

"十四五"期间，学校在"双高"建设推进上有几项措施：一是按照任务书要求，逐一落实各项建设任务，100%完成任务；二是对接教育部《职业教育提质培优行动计划（2020—2023年）》，认真完成承接的任务；三是在现有任务基础上，做"亮"点，出"新"点，为学校下一轮申报国家"双高"院校奠定基础。

访谈组： 在繁重的行政管理工作同时还在教育科研上取得这么多的成果，您在时间管理上的诀窍是什么？

何坪： 提前设定目标，做好规划，安排好进度节点，过程管理，最终评价，并进行实时反馈。注重团队协作，个人的能力和时间其实是有限的，但只要合理分工，按照每个成员的特长安排工作和任务，依靠团队中每个人的力量，便可以事半功倍。及时了解行业发展动态，密切联系教学，善于发现教学中存在的问题，及时提出解决问题的方法，在做的过程中多思考、多提炼。

重庆幼儿师范高等专科学校
继续教育学院（培训学院）党支部访谈实录

党支部简介

继续教育学院（培训学院）党支部成立于2019年9月，支部书记宋凌云，副书记张平奎，支部现有党员9人，拥有硕士学位教师占比33.3%。支部在2020年学校党建考核被校党委评为"优秀"。支部党员多次荣获学校"优秀党员""优秀党务工作者""重庆市教育系统政务信息工作先进个人""评建工作先进个人"等称号。多人承担重庆市高等教育教学改革研究项目、重庆市高校课程思政示范项目、重庆市深化教育领域综合改革试点项目等，多人分别被聘为重庆市学前教育质量监测专家、重庆市家庭教育研究会副会长、重庆市国培市培项目评选专家、重庆市国培市培项目授课专家。近年来，党支部党员在市级教育教学竞赛、科研论文评选中多次荣获"一等奖"。

> 弘扬红色文化，践行使命担当

访 谈 组｜重庆幼儿师范高等专科学校党委组织宣传部
访谈地点｜重庆幼儿师范高等专科学校校史展览馆
访谈对象｜重庆幼儿师范高等专科学校继续教育学院（培训学院）
　　　　　　党支部书记宋凌云

访谈组： 请您简要介绍一下党支部目前情况及取得的成绩。

宋凌云： 继续教育学院（培训学院）党支部成立于2019年9月，共有正式党员9名。由继续教育学院、三峡学前教育集团、附属幼儿园等三个部门的党员同志组成，现设书记1名、副书记1名、组织委员（兼统战委员）1名、宣传委员（兼纪检委员）1名。在党支部的引领下，继续教育学院被评为2019年度全国成人优秀继续教育学院；党支部在2020年党建考核中被校党委评为"优秀"。党员吴琼同志获学校 2020 年度"党课开讲啦"一等奖，并获学校 2020 年度"优秀党员"称号；宋凌云同志获 2020 年度学校"优秀党务工作者"称号。

继续教育学院送教下乡培训转化成果"幼儿园名师精准送教促进幼儿园教师创新能力培养与实践"被市教委推荐参加第五届中国教育创新成果公益博览会，并于 2019 年 11 月在珠海展出。继续教育学院与川南幼儿师专共同举办的"国培计划（2020）——重庆市幼儿园骨干教师培训"，推动了成渝地区双城经济圈学前教师教育协同创新合作发展，这是落实党中央推动成渝地区双城经济圈建设决策部署的务实之举，学员称赞此次培训为"幼教国培浸初心、成渝双城结硕果"，并赠送锦旗。

访谈组：支部能够在成立之初就取得这么好的成绩，肯定有不少特色做法，请您谈谈支部加强党建工作的创新举措。

宋凌云：在党建工作中，党支部深入探索支部建设新途径，全面推进标准化建设，力争把支部建设成为一座攻坚克难的战斗堡垒。一是加强理论武装，当好"领头雁"。作为党支部书记，我积极参加党务工作培训，刻苦学习，全面掌握党支部标准化建设、组织生活会、发展新党员等党建业务知识，并就工作中的困惑和问题与其他同志交流，进一步提升了业务能力和综合素质，增强了基层党支部的战斗力、凝聚力和创造力。

二是实施量化管理，奏响"先锋曲"。为充分发挥党支部的战斗堡垒作用，党支部创新支部管理方式方法，将党建工作融入学校中心工作，实施党员量化管理，加强了基层党支部的战斗力和向心力，提升了基层党支部的管理水平。

三是开展支部联创，激活"细胞核"。党支部分别与校内的体育工作部党支部和校外的天城镇党支部、开州区云枫幼儿园、开州区大进中心幼儿园等党支部一起积极开展党建活动。在支部联创活动中，我支部与开州区云枫幼儿园党支部结成帮扶对子，双方就幼儿园管理理念、教学理念、留守儿童、幼小衔接等问题做了深入交流，共同探索解决幼儿园常见问题，共同推动成渝地区双城经济圈学前教育协同发展。

通过联合校内校外党支部，奏响"支部联建、业务联强、作风联转、人才联育、活动联谊"五部曲，切实增强了基层党组织的工作活力，激活了基层党支部的"细胞核"，为推动学校发展提供坚强组织保证。

"国培计划（2020）"—贵州省幼师国培乡村幼儿园园长法治与安全专题培训重庆幼儿师专培训班

四是丰富日常教育，强化"身份感"。支部特别注重通过日常教育不断加强党员的思想认识和身份意识。支部组织党员观看爱国主义电影《金刚川》、脱贫攻坚主题电影《秀美人生》，撰写观后感，营造了支部内崇尚先进、学习先进、争当先进的良好氛围；组织党员观看党的光辉历程展览，感受党的丰功伟绩，有效激发了教师党员工作的积极性。

五是加强反腐教育，常敲"警示钟"。党支部组织党员同志集中观看警示教育视频短片，净化党员思想，触及灵魂。看后，大家纷纷表示，要做到以史为镜、以人为镜、以案为鉴，尽职履责，永葆廉洁本色。

访谈组：近年来，继续教育学院的培训工作越来越呈现出学员多、满意度高的良好态势，请您结合支部的具体情况，谈谈支部是如何将教育培训与红色文化深度融合的。

宋凌云：2012年以来，继续教育学院共承担国培项目22个、市培项目11个、委托培训8个,并不断向其他省份拓展,承担河南省国培项目2个、贵州省国培项目1个,历年来共培训2000多名乡村幼儿教师和园长,教育部匿名评估年年位居前列,学员满意度高,社会声誉好。

在传承红色文化工作上,我们结合支部工作,立足校地实际,深挖红色校史资源,注重将红色文化传承融入党员日常培训教育,取得了良好的宣传效果。主要体现在以下几个方面:一是成立培训班临时党支部,加强党员学员教育管理,坚持党的教育方针,熔铸红色师魂于培训育人全过程。二是组织学员重温红色记忆,回顾建党百年光辉历程。组织培训学员参观校史馆,了解我校红色校史文化、百年校史文化和六十载幼教特色;参观刘伯承纪念馆,组织党员学员重温入党誓词;参观红岩革命纪念馆、渣滓洞、白公馆等红色教育基地,感悟革命先烈坚持真理的牺牲精神。三是打造红色教师教育品牌,融红色基因于素质培训。组织党员学员开展谈心谈话、主题党日、座谈会等系列活动,引导学员、党员深刻认识身上肩负的责任,严于律己,传承红色师魂,勇于担当、善于作为,始终保持大无畏奋斗精神,在工作中充分发挥党员的积极性、创造性和先进性,为学前教育事业添砖加瓦,为新时代新征程贡献力量。

访谈组: 请您结合党员同志的现实表现,谈谈支部如何引导党员同志在脱贫攻坚工作中积极作为。

宋凌云: 支部不折不扣落实党中央及市委关于扶贫工作的要求和部署,坚持党员领导干部打头阵,全体党员用实际行动践行使命担当,做到主动作为,奉献力量。

一是发挥专业优势,送教到家门口。党员教师邢磊长期扎根乡村学前教育一线,引导、支持乡村幼儿园课程建设与教育质量提升。同时,将行业经验带到课堂、带给学生,为万州区幼教事业以及教师教育做出了积极贡献。她的先进事迹受到了社会各界的高度评价,并被《重庆日报》报道。党员教师吴琼多次赴巫溪县、城口县、巫山县等偏远山区为当地幼儿送课,引导当地幼儿园教师开展教学研讨,深受欢迎和好评。她组建的"蒲公英种子支教团队"为贫困地区的学前教育事业发展做出了贡献。今后,党支部会将更多的"情"和"教"送到偏远山区。

二是教育扶贫,精准送教。自2015年以来,党支部赴石柱县、巫溪县、巫山县、城口县和奉节县等地开展幼师国培项目送教下乡培训,有效解决了当前乡村教师队伍建设领域存在的突出问题，造就了一支素质优良、甘于奉献、扎根乡村的教师队伍，为基本实现教育现代化提供了坚强有力的师资保障。

三是引导产业发展，助力产业扶贫。我多次代表支部到巫溪县天元乡对接贫困户黄永臻，详细询问了解贫困户生产生活、住房、就医、用水用电等方面的困难与需求，鼓励其学习掌握"百香果"产业种植先进技术，党支部在智力、资金等方面给予了大力支持。党员扶贫干部张平奎、郭立建等对接帮扶万州区郭村镇三根村、双福村贫困户，坚持每月开展入户走访，调查对接贫困户的收入情况，并引导农户积极发展农副产业，鼓励他们利用农闲时节外出务工，为贫困户的脱贫致富、决战决胜脱贫攻坚圆满收官做出应有贡献。

四是开展消费扶贫，助推脱贫攻坚。近年来，党支部组织教职工采取定向采购、直播带货等方式以购代帮，采购巫溪县天元乡、万州区三根村的农特产品，消费扶贫上万元，提高了贫困户产业发展积极性，切实增加了贫困群众的收入，助力脱贫攻坚。

五是"第一书记"树榜样，驻村驻心真帮扶。我校驻村第一书记段林冲同志，2015年主动请缨到三根村扶贫，一干就是5年。5年间，在他的多方呼吁和争取下，该村道路建设投资339.215万元，硬化公路6.816公里，新建人行便道4.2公里，安全饮水建设投入16万元，解决了38户贫困户饮水困难问题。在病魔缠身、极度虚弱的情况下，他仍不忘"第一书记"的责任和群众的企盼。在学校组织的"党课开讲啦"活动中，支部党员教师吴琼广泛收集、深入挖掘"第一书记"先进事迹，将段书记的扶贫故事宣讲给全校师生和党员同志，大家纷纷落泪，被段林冲同志的奉献精神深深感动。吴琼同志的党课荣获一等奖，并被推荐参加市委教育工委的"党课开讲啦"评选活动，得到上级充分认可。

访谈组： 围绕学校事业发展、地方社会发展、国家战略部署等方面，请您谈谈如何发挥党支部的战斗堡垒作用。

宋凌云： 当前，党中央对学前教育事业高度重视，学前教育事业发展迎来了春天。作为幼教集团负责人，我深感责任重大。在市委、市委教育工委和学校党委的高度重视和大力支持下，支部紧紧围绕国家乡村振兴战略，围绕学校"一总四大八工程"建设，依托西南大学打造"塑造乡村幼师卓越品牌"项目，创建提质培优示范性职教集团平台，服务区域学前教育发展。

一方面，有序推进与政府、教委、幼儿园的友好合作，助力乡村学前教育事业发展。目前，学校已挂牌万州区蓝天幼儿园、开州区大进中心幼儿园、巫溪天元乡幼儿园、巫山县双龙学校附属幼儿园等乡村附属幼儿园。坚持帮扶打造乡村附属幼儿园，探索乡村学前教育人才培养新模式，有力支持了地方学前教育的科学发展。

另一方面，支部始终坚持以创新促改革，以职教集团、"塑造乡村幼师卓越品牌" UGK 项目为抓手，创造性解决教育服务地方发展中的难题。一是加强规划，为地方教育融智。紧密结合成渝地区双城经济圈发展战略，借助成渝地区双城经济圈职业院校学前教育发展联盟合作平台，协同川南幼儿师专幼教集团，共谋川渝两地学前教育优质发展。2020年11月28日，成功召开重庆三峡学前教育职业教育集团第一次成员代表大会，吸纳成员单位128家（幼儿园103家、行业机构25家），遍布市内26个区县，后期将覆盖重庆全市38个区县。二是积极搭建市级平台，围绕"重庆市学前儿童家庭教育研究中心"建设稳步推进工作，成功申报重庆市妇联"0~3岁婴幼儿家庭教育指导读本"项目并扎实推进，为下一步托育实体打造奠定基础。三是始终站在教育改革创新最前沿。依托集团附属幼儿园及职教联盟成员单位建设全实训基地，已获批"重庆三峡幼儿教师培训基地"，为三峡地区学前教育优质人才培养做出了贡献。

访谈组： 请您谈谈在国家实施乡村振兴战略背景下，师范院校党支部如何发挥更大作用。

宋凌云： 一直以来，学校聚焦"学前教育有保障"目标，以补齐教育短板弱项为突破口，以解决瓶颈制约为方向，不断提升社会服务能力。在实施乡村振兴战略背景下，针对乡村学前教育存在的问题，党支部提出五项帮扶举措：一是学校解决培训费，我院逐年组织乡村幼儿教师参加国培、市培轮训，或通过讲座、论坛等形式提升师资水平；二是组织学校优秀学生前往乡村幼儿园实习，解决师资短缺、力量不足的问题；三是将部分乡村幼儿园纳入学校牵头组建的幼教集团，并授牌"重庆幼儿师范高等专科学校乡村附属幼儿园"；四是逐年多渠道筹集经费，支持乡村幼儿园建设和发展，为教师营造安心教学、潜心育人的生活环境；五是以三峡职教集团实践教学团队为载体，对渝东北片区乡村幼儿园进行教学指导、提供服务。

高职院校信息安全领域的探索者

—— 重庆电子工程职业学院
武春岭同志访谈实录

人物简介

武春岭，男，1975年2月生，汉族，中共党员，二级教授，在读博士，重庆电子工程职业学院人工智能与大数据学院党总支副书记、院长，重庆市政协委员，国家"万人计划"教学名师，国务院政府特殊津贴专家，重庆五一劳动奖章获得者，重庆市教书育人楷模，重庆市高校"黄大年式"教师团队——人工智能技术与应用教师团队负责人，重庆市技术能手，工业和信息化职业教育教学指导委员会计算机类专业指导委员会委员，中国通信工业协会信息安全与云计算校企联盟理事长，国际计算机协会（ACM）重庆分会咨询委员会委员，中国计算机学会重庆会员活动中心（CCF重庆分部）执行委员会委员。

访 谈 组｜重庆电子工程职业学院党委组织部
访谈地点｜重庆电子工程职业学院第46届世界技能大赛市级集训基地
访谈对象｜武春岭

访谈组：您是人工智能与大数据学院党总支副书记、院长，您能先介绍一下学院名称的来历和缘由吗？

武春岭：人工智能与大数据学院的设置集中体现了学院的办学思路和发展方向，是全面贯彻落实习近平新时代中国特色社会主义思想和党的十九大精神的具体体现。2017年10月，党的十九大报告提出，要"推动互联网、大数据、人工智能和实体经济深度融合"，人工智能和大数据领域，已经成为国家战略发展新的增长极。2018年初，重庆市政府提出将"实施以大数据智能化为引领的创新驱动发展战略行动计划"作为"八项行动计划"之首。

2018年4月，学校党委审时度势、科学研究、果断决策，敢做行业内"第一个吃螃蟹的人"，对学校内设二级机构进行结构性调整。我和分管领导龚小勇副书记多次交流，在上级文件中找依据，最终选择了党的十九大报告提出的核心词：大数据、人工智能。据我了解，我们学校的人工智能与大数据学院命名在全国高校中算是最早发起者之一，在重庆更是第一。

学校人工智能与大数据学院是对学校原计算机学院与软件学院的各IT优势专业的升级整合，充分发挥专业集群优势，围绕人工智能、信息产业、先进制造等需求，紧贴人工智能和大数据技术发展趋势，设置科学的培养方案和课程体系，突出产教融合，使教学目标更贴合市场和产业需求，产教结合做得更加鲜明。

访谈组：您在信息安全领域是一名全国知名专家，我们了解到，您带领学校把信息安全与管理专业建成全国职业院校第一，可以分享一下您的建设历程吗？是什么动力让您坚持下来的？

武春岭：在专业建设上，我一直以培养德智体美劳全面发展的社会主义建设者和接班人为目标推进实施，我们专业的学生更需要加强思想政治教育和引导。

我入职学校时正赶上职业教育大发展时期，学校领导很重视专业建设和人才队伍建设，我坚信：只要肯努力，就有发展空间。2002年，我们开始着手信息安全技术专业建设，2003年正式招生，我们学校是最早开设该专业的职业院校之一。

同时，我开启了千里调研之路。我和我的团队首先走访了重庆市经信委信息安全协调处和重庆市公安局网安总队，依托重庆计算机安全学会，走访了53家重庆企业，对重庆市信息安全产业相关企业进行拉网式调研。与此同时，还专程3次走访四川成都信息安全国家产业基地，重点调研了中国电子科技集团公司第三十研究所下属的"三零盛安"和"卫士通"信息安全公司，对专业课程设置和人才培养方向有了更深入的认识。

不仅如此，我还多次到北京调研，不仅获取了专业人才培养方向的信息，而且促进了校企合作。绿盟信息安全科技公司人力资源部总监拉住我的手说："我们没有想到一个职业院校会不远千里跑到北京寻求校企合作，调研专业人才培养，令人感动，我们很愿意与你们长期合作。"

10多年来，我和我的团队坚持做到了调研不停歇，学习不间断，开创了全新的高职信息安全课程体系，探索出了适合高职学生培养的信息安全应用型技术技能人才培养模式，建成国家级信息安全重点专业和国家级"网络与信息安全创新教学团队"，成为国家"双高"建设高水平专业群引领者。2020年与国内资深信息安全专家沈昌祥院士合作，创建了重庆市市级信息安全院士工作站，开启了信息安全专业建设的新纪元。

一路走来，有苦有累有收获，再苦再累我都从未想过放弃。我想这一切都源于"党员的信仰"和"榜样的力量"。党组织作为我坚实的后盾，使我与本领域的党员专家榜样们一路同行。2009年、2014年我们学院的人才培养模式两次获得国家级教学成果一等奖；2018年我主持的人才培养模式探索与故事获得国家级教学成果二等奖。2019年9月10日，作为全国教育系统先进个人代表，我在北京人民大会堂得到了习近平总书记等国家领导人亲切接见，深受鼓舞、倍感振奋。2020年12月，我带领我院学子参加全国第一届职业技能大赛，于网络安全赛项中获得了金牌。

访谈组： 你们在人才培养上取得了很多突出成绩，近年来为社会培养了很多优秀毕业生，您是如何牵头制订人才培养目标并实施的呢？

武春岭： 一直以来，我们坚持以马克思列宁主义、毛泽东思想、邓小平理论、"三个代表"重要思想、科学发展观、习近平新时代中国特色社会主义思想为指导，坚持把落实立德树人根本任务贯穿到人才培养目标制订和实施全过程、全方面。具体而言，构建了"双平台、双核心、双情境"的"三双"人才培养模式。"双平台"运行机制即资源整合平台和社会服务平台，汇聚几十个信息安全产业公司，学校为企业提供人才输送、技能培训和项目研发等服务，为企业提供技术支持，破解校企合作"学校热、企业冷"难题。"双核心"课程体系，以职业素质和职业技能为牵引，对调研数据进行职业能力分析、能力模块分解和能力元素归并，将素质元素融入专业课程，构建大思政"双核心"课程体系，解决了教学内容不适应学生全面发展的问题。"双情境"学习氛围，依托"重庆信安校企联盟"，调动校企师资力量，营造"校内学习情境"和"校外职业情境"，解决了课程实施资源配置不均衡的问题。通过对人才培养的实施条件、课程开发、实施环境进行系统设计，有效地解决了电子信息类专业人才培养过程中遇到的校企合作、素质教育和实训基地建设方面的3个突出问题。同时，"三双"人才培养模式获得了国家级教学成果一等奖，带动本专业快速发展，成为全国信息安全专业标杆。

访谈组： 学院党总支是"重庆市高校党建工作标杆院系培育创建单位"，学院也是"双高"一流专业群建设单位，请问您在党建引领学院事业发展中有哪些典型的做法？

武春岭： 作为一名共产党员，自从我担任党总支副书记、院长以来，我一直坚持学院的建设要以政治建设为统领，突出立德树人根本任务，事实上，我们取得的一系列成果也受益于此。方向对了，班子凝聚力强了，党员干部的干劲都起来了。在党建方面，我们认真执行二级学院议事规则，每期的党总支会议、党政联席会议都会向校领导、相关职能部门和学院师生发送会议纪要；作为党总支的副书记兼教师工作委员，我全面负责教师思想政治工作和师德建设等工作，我坚持以身作则、以身示范，引导全体教师加强师德修养、遵守师德规范，做到以德立身、以德立学、以德施教、以德育德，这也推动了支部面向非党员师生"四个有力"的建设。在推进学院发展方面，我们学院党政班子实践探索形成了党建引领学院事业发展"双建制、双核心、双服务"建设模式，与我们人才培养的"三双"模式也很契合。

多年来，通过党建引领推动学院事业发展，我们自主培育了国家"万人计划"教学名师、国务院政府特殊津贴获得者、全国技术能手、世界技能大赛中国专家组组长、公安部等保测评先进个人，重庆市科技进步奖获得者、重庆英才计划、名家名师、重庆市教书育人楷模、重庆市教学名师、重庆市最美教师、重庆市技术能手、重庆市高层次人才培养计划教学名师、巴渝学者等一大批教书育人楷模。打造党务业务双融合高地，先后获国家级教学成果奖一等奖2项（全国高职院校唯一的二级学院获得者）、二等奖1项，获国家级骨干专业、示范专业、教学团队等荣誉12项，信息安全与管理专业名列全国职业院校第一。打造"党建+技能"高地，学生在世界技能大赛、国家级技能大赛中获国家级奖项14项，学生技能大赛获奖总量和质量位列同领域高职院校第一。

访谈组： 作为重庆市政协委员，您一般关注哪些领域？今年"两会"将会有怎样的提案呢？

武春岭： 习近平总书记指出，要推动成渝地区双城经济圈建设，在西部形成高质量发展的重要增长极。一直以来，我都十分关注成渝地区双城经济圈建设，也在尽我所能做一些事情：依托我院率先牵头组建的"全国职业院校信息安全与云计算校企联盟""长江经济带产教融合发展联盟"，与360、科大讯飞、腾讯、百度等知名企业共建"教学、生产、培训、服务"四位一体的人工智能与大数据产教融合基地、网络安全技术协同创新中心，创建校企联盟流动党支部，打造党员示范岗，为成渝两地政府部门、企事业单位提供智力服务至少10次；提供智能产品研发、软件系统开发、网络安全测评等技术服务至少30项，技术服务金额到账不少于800万元；开展下岗职工、退伍军人、农民工等人员返岗技能培训不少于1200人次；深入社区、乡镇、学校进行网络安全等宣传服务至少20次。

在今年的"两会"提案中，我也围绕成渝双城经济圈建设进行了专题调研，提交了两个提案。一是唱好"双城记"、建好"经济圈"，着力构建成渝双城经济圈专家团队。我提出了"构建成渝双城经济圈专家团队，柔性共享四川专家人才"的政协提案。在提案中，我认为重庆应从三个方面总体发力，以当前双城经济圈建设为契机，成立"成渝专家共享智库"，达到成渝两地专家资源共享的目的。二是融入"双城圈"、建好"示范区"，支持成渝地区设立国家级"高等职业教育改革示范区"。我提出了"支持成渝地区设立国家级'高等职业教育改革示范区'"的政协提案。在提案中，我着眼本科试点、师资培养、产教融合、智库建设、独立学院建设、课程思政共建共享等六个方面，阐释了如何进一步促进成渝地区高等职业教育快速发展，让其成为全国职业教育改革的新引擎，成为落实国家"职教二十条"成功范例的领头羊。

  下一步，学院将继续以政治建设为统领，以市级标杆院系培育创建为契机，不断加强党的建设，以"双高"一流专业群、提质培优计划等重点项目建设为抓手，深化产教融合、校企合作，努力打造职业教育新标杆，把学院办成全国的一张响亮名片，培养更多高素质技术技能人才、能工巧匠和大国工匠。

潜心职业教育，坚守讲台初心

重庆工业职业技术学院刘蘅同志访谈实录

人物简介

刘蘅，男，1984年8月出生，汉族，中共党员，硕士研究生，副教授，现任重庆工业职业技术学院设计学院工业设计教研室党支部书记、主任。曾被授予"全国优秀教师""重庆五一劳动奖章""重庆市青年岗位能手""重庆市教育系统优秀共产党员"等荣誉称号，入选重庆市青年守信联合激励对象名单。获全国职业院校技能大赛教学能力比赛、全国高校微课教学比赛等各类省市级以上教学竞赛一等奖9项、二等奖2项，指导学生获奖20余项，主讲国家精品在线开放课程1门、重庆市高校精品在线开放课程2门。

访 谈 组｜重庆工业职业技术学院党委组织部
访谈地点｜重庆工业职业技术学院隐形人创新设计工作室
访谈对象｜刘蘅

访谈组：请您介绍一下当初为何选择加入中国共产党。

刘蘅：2004年12月21日，我在北京正式成为一名中共预备党员。选择入党一是源于家庭的影响，我的爷爷是抗美援朝志愿军战士，他很喜欢给我讲述在朝鲜经历的风雨，每每谈及战友情时总会潸然泪下。我从小便钦佩那些革命中的英雄，对党渐渐萌生了向往之情。二是1998年抗洪期间，身在第一线的共产党员与人民子弟兵夜以继日地奔波于长江大堤上，不少党员在抗洪过程中献出了宝贵生命，这令年少的我既感动又震撼。三是2003年非典时期，一场没有硝烟的战争，产生了无数可歌可泣的抗疫英雄，他们让祖国的安定和人民的生命安全得到了保障。高考后，我便坚定了入党的想法，想加入这个为中华民族伟大复兴事业而努力奋斗着的集体。

访谈组：您认为如何才能做一名合格的共产党员？

刘蘅：在工作中我一直要求自己做好四点：坚定的理想信念、敢为人先的创新精神、讲规矩守纪律的意识和时刻发挥先锋模范作用的劲头，做一名思想政治合格、规矩纪律合格、道德品行合格和发挥作用合格的共产党员。在教学中，我们要牢牢遵守新时代高校教师职业行为十项准则，以德施教，以德立身，帮助学生树立正确的理想信念，积极主动学习新技术、新教法，创新课堂教学方式，让每个学生都能用自己的节奏学到需要的职业技能。

访谈组：您在工作后遇到过哪些对自己影响较大的前辈、同事？

刘蘅：对自己影响较大的前辈、同事可能不是某一个人，而是一个集体，这就是我工作的单位重庆工业职业技术学院。我曾阅读过校史，发现60多年来学校涌现出了无数优秀的教师，他们博学多识、德才兼备，对职业教育事业的忠诚令人钦佩。他们奠定了学校的教学根基，让年轻人终身受益。正是在他们坚持不懈的努力下，学校从著名中专学校发展为全国高职名校，大家共同打造了重庆工业职业技术学院这一品牌。一直以来，我总能从学校前辈那里得到无私帮助，这种薪火相传的氛围让年轻教师努力向他们看齐，要求自己做得更好，这便是榜样的作用。

访谈组： 您是何时进入重庆工业职业技术学院工作的？您对习近平总书记提出的"四有"好老师是如何认识和理解的？对教学工作有何影响？

刘蘅： 2010年，我怀揣教师梦来到学校，成为一名职教人。习近平总书记提出的"四有"好老师，为我们明确了方向：用理想信念感染学生，用道德情操陶冶学生，用扎实学识引导学生，用仁爱之心关爱学生。合格的教师能将"四有好老师""四个引路人""四个相统一"内化于心、外化于行。

我坚信当学生面对讲台和黑板的时候，他们需要的不是一台知识的复印机，而是人生的引路人。这些年，除了课堂教学，我指导学生在"挑战杯""互联网+"等各类赛事中屡屡斩获奖项。他们中有的成长为"技能学霸"，进入了院士、博士云集的中国工程物理研究院等单位工作，有的创业开办了公司，还有的学生受我影响，提升学历后到本科学校做了高校老师，事业干得风生水起，他们就是我的骄傲。

访谈组： 请您介绍一下您在学院的工作经历和成长历程，这与您党员的身份有何联系？

刘蘅： 我的成长历程大致分为三个阶段。第一阶段是2015年之前，作为新晋年轻教师，我的主要精力是备好课、站好讲台。那段时间，我先后讲授了近十门课程，取得了澳大利亚教师"职场培训与鉴定IV证书"资格，连续五年获得教学质量奖。这一切都得益于我始终以党员身份要求自己心无旁骛、专心致志对待教学。

第二阶段是2015年至2018年，站好讲台之余，我集中参加了各种教学比赛，与同行比武，磨炼教学技能。期间我先后被评为校级优秀教师、优秀党员、"两学一做"党员标兵、教书育人楷模、感动校园十大人物、重庆市教育系统优秀共产党员。

第三阶段是2018年至今，为了适应"互联网+职业教育"发展需求，我积极探索运用现代信息技术改进教学方法，改革的课程被评为重庆高校在线课程建设与应用示范案例。期间，我受邀参加了大型公益活动"全国职业院校教师信息化教学能力提升'万里行'培训"，到各省份跟同行分享教学经验，我的报告受到了参培教师的一致好评，几年下来，累计培训了本科、中高职院校近6000名教师。

访谈组：您认为党员教师的工作信念和生活态度是什么？

刘蘅：首先，我认为党员教师要把教书育人当作伟大使命，树立永远忠诚党和人民教育事业的职业信念。坚持用党的创新理论武装头脑、指导实践、推动工作，切实把增强"四个意识"、坚定"四个自信"、做到"两个维护"落到行动上。

其次，要始终把立德树人作为核心任务，坚持上好每一堂课。牢牢坚守"政治强、情怀深、自律严、人格正"12个字，将思政教育融入专业教学，把解决思想问题和解决技能问题结合起来，帮助学生在掌握技能的同时树立正确的理想信念，培养高尚的道德情操。

最后，党员教师必须持续发挥先锋模范作用，结合专业特长做好社会服务。这几年，我主讲了国家精品在线开放课程"嗨翻艺术设计创业"，创立了教育公众号"讲台魔术师"，撰写文章分享教育方法与工具，开发了"人人都可以成为设计师"系列微课，免费提供给各校师生使用。在2020年疫情期间，我受超星、蓝墨云班课等公司邀请，开展了3次全国公益直播，分享在线教学、数字化资源制作经验。为积极响应"停课不停学"号召，我带领团队快速制作了慕课"微课设计与高效制作"，将课程上传到学银在线、哔哩哔哩等网站，服务了全国近800所学校的老师，该课程今年又被评为重庆市高校线上一流课程。

访谈组：您认为搞好职业教育教学最重要的是什么，您都做过哪些尝试？

刘蘅：我认为须做好"立德树人为核心，产教融合为法宝"这14个字。将思政融入专业教学、弘扬正能量，一直是我上课时特别注重的事情，例如课程作业让学生制作关于诚信、关爱父母的公益海报和视频，既锻炼了专业技能，又传播了社会主义核心价值观；组织学生一起观看正能量电影，开展观影沙龙；将就业经验融入毕业班教学，引导学生形成正确的就业观。

为了让教学符合职教特点，我一直以"工学结合、知行合一"为核心理念，尝试借助企业资源校企共同育人，例如联系浙江企业出资在专业课上开展设计竞赛，将结课作业变成参赛作品，将结课考核变成颁奖典礼；与同事成立产品创新设计工作室，引进重庆智能水表集团水表外观造型设计等项目；参与学校铜梁龙文创产品开发研究院工作，带领师生团队设计近百款主题文创产品，打造铜梁龙文创产品展示基地，致力于用传承和弘扬中华传统文化，作品受到了重庆市和铜梁区文化与旅游发展委员会、法国里昂国立应用科学学院的领导和同行的高度评价，成果也被中国职业技术教育学会评为2020年中华传统美德典型案例。

访谈组： 您为什么参加那么多教学比赛？有什么收获吗？

刘蘅： 我把每一次比赛都当成一次修炼，用于磨炼和提升个人教学技能。这十年，从校级说课竞赛一等奖，到连续三年获得重庆市高校微课教学比赛一等奖，重庆市高职高专院校青年教师教学技能竞赛一等奖，重庆市高职院校说课竞赛一等奖，重庆市信息化教学大赛一等奖，重庆市教学能力比赛一等奖，再到以总分第一名获得全国高校微课教学比赛一等奖，两次获得全国职业院校技能大赛教学能力比赛二等奖，我几乎参加了与教师教学相关的所有技能比赛，也取得了一些成绩。这个过程让我一次又一次加深了对教学的理解，也实实在在反哺了课堂教学。

访谈组： 被评为全国优秀教师时，您的感受是什么？

刘蘅： 2019年，我被教育部授予"全国优秀教师"的荣誉称号，拿到证书的那一刻，我在朋友圈里写下了这么一段话："总是感觉自己的成绩还配不上这份沉甸甸的荣誉，今天拿到证书的这一刻才逐渐明白，其实微不足道的我只是这份荣誉的载体，这个奖是颁给每一位勤勤恳恳工作在重庆工业职业技术学院的老师的，这是在时刻提醒我们，莫要辜负讲台，辜负学生，辜负教育！敬畏职责，敬畏生命！"这就是我当时的真实感受。我认为自己只是做了一名共产党员和教师该做的事情，组织给予如此崇高的荣誉，让我感到无比光荣和感激。

访谈组： 您认为党员教师应该如何发挥好作用？

刘蘅： 最重要的是用好课堂教学这个渠道，提升思政教育的亲和力，有效落实课程思政。为此我和团队也做了一些尝试，今年我们组织学生到红色圣地太行山、红旗渠开展红色写生教学，实践活动以"弘扬红旗渠精神·做新时代奋进者"为主旨，精心设计了"写生、参观、拓展、访谈、讲座"五大主题教学形式，将红旗渠精神融入写生课程全过程，提升实践课育人效果。通过"太行印象·民居采风"主题写生，让学生感受劳动人民的智慧，提升学生的文化自信和民族自信心；通过"参观红旗渠纪念馆·感受伟大信仰力量"主题参观，让师生们接受红旗渠精神洗礼；通过"重走红旗渠·磨砺青春志"主题拓展，师生共同探寻和汲取"自力更生、艰苦创业、团结协作、无私奉献"的精神力量；通过"聆听老兵故事·厚植爱国情怀"主题访谈，邀请老兵给学生近距离分享军旅生涯；通过"提升专业技能·遇见更好自己"主题讲座，引导大家学习红旗渠精神中所蕴含的坚毅韧性、刚强意志和不屈精神，刻苦钻研，匠心筑梦。这是一次非常有价值的尝试，以美育人，经典铸魂，传承和弘扬红旗渠精神，增进师生爱党爱国情感，形成思政教育与艺术设计教育新合力。

访谈组：您对入党积极分子、教师党员、大学生党员有何建议和寄语？

刘蘅：就是"不忘初心，方得始终"。从个人成长经历来说，我一直坚持"三个不忘"：以不忘感恩作为人生态度，以不忘学习作为做事态度，以不忘真诚作为做人态度。我们需时刻感恩伟大的中国共产党、伟大的祖国母亲，感恩父母、学校和老师，时刻保持学习、探索与创新的热情，做一个终身学习者，永远真诚地与人交往、与人合作，做一个有才更有德的人。

访谈组：在建党 100 周年之际，您有什么想对组织说的话吗？

刘蘅：我是中国共产党党员刘蘅，党龄 16 年。在建党 100 周年之际，我一定严格按照习近平总书记在党史学习教育动员大会上的讲话精神，学史明理、学史增信、学史崇德、学史力行，不忘初心，牢记使命，坚定不移跟党走，以实际行动和优异成绩庆祝建党 100 周年。祝愿我们伟大的党 100 岁生日快乐！祝愿祖国母亲在党的领导下早日实现中华民族伟大复兴的中国梦！

勇担时代使命，争做扶贫战线的排头兵

——重庆城市管理职业学院傅伟同志访谈实录

人物简介

傅伟，男，1974年6月生，汉族，中共党员，硕士，教授，现任重庆城市管理职业学院图情信息中心主任。2017年9月，傅伟同志主动请缨担任巫溪县天元乡香源村驻村第一书记，投入扶贫工作后，他与当地村干部一起吃住在村，并肩战斗在脱贫攻坚第一线。由于扶贫工作成绩突出，傅伟同志所带领的驻村工作队被评为"巫溪县2017年度脱贫攻坚先进集体"，个人被评为"2019年度重庆市脱贫攻坚先进个人"。

访 谈 组 | 重庆城市管理职业学院党委组织部
访谈地点 | 重庆城市管理职业学院党建知新书屋
访谈对象 | 傅伟

访谈组： 傅主任，您当初主动请缨担任贫困村驻村第一书记的动力是什么？

傅伟： 习近平总书记在2017年新年贺词里说道："我最牵挂的还是困难群众，他们吃得怎么样，住得怎么样，能不能过好新年、过好春节。"这句话给我留下了很深的印象。因为我来自农村，是地地道道的农民的儿子，对农业、农村和农民的情况都比较了解。同时，我也是一名共产党员，共产党员就应当冲锋在前，争当脱贫攻坚的先锋队和排头兵。2017年9月，我在学校健康与老年服务学院任党总支书记，当时儿子正在上高中，妻子工作也十分繁忙，但我还是决定报名到重庆市深度贫困乡镇担任驻村第一书记，希望能为打赢脱贫攻坚战、全面建成小康社会尽自己的绵薄之力。

访谈组： 傅主任，您能谈谈初到香源村的感受吗？

傅伟： 香源村位于重庆市巫溪县天元乡，离县城有70多公里，由于山路崎岖，从县城到香源村的车程要三小时左右。初到香源村时，这里给我留下了非常深刻的印象，可以用四个字来形容。一是险。那里山高坡陡，沟壑纵横，极易出现山体滑坡等自然灾害，同时交通基础设施差，所有的村道公路几乎都没有硬化，公路边也没有护栏，很多地方往下一看就是悬崖。二是大。整个村辖区面积达24平方公里，相当于重庆市渝中区这么大，渝中区陆地面积20.08平方公里，加上水域面积才23.24平方公里。三是穷。香源村处处可见土墙房，有些快要坍塌的土墙房是用木料支撑加固的。另外，当地有一句话叫"九山微水一分田"，意思是接近90%是山地，约1%是水域，耕地面积不足10%，而坡度大于25度的耕地占八成以上，所以老百姓生产生活十分不易。四是美。那里青山绿水，植被茂盛，风光秀丽，空气清新，充满原生态气息，全年空气质量都是优，经常见到蓝天白云，用一个字形容就是美。

访谈组： 您能跟我们说一下在脱贫攻坚路上以产业发展带动脱贫的一些具体事例吗？

傅伟： 初到香源村，我就想：既然我主动申请参加扶贫工作，就要对得起组织的信任，对得起群众的期盼，对得起共产党员这个称号！于是，我迅速转变角色，经常带领支部党员走村串户了解村情、民情，经常和村民交流，并实地察看村民的产业情况，了解农民家庭收入情况。我发现，很多家庭都种植土豆、玉米、红薯，当地俗称"三大坨"，而且很多家庭把土豆当主粮吃，然后把玉米与稻米混合煮成饭，当地叫蓑衣饭，也被当主粮吃，红薯基本上都喂猪。"三大坨"大面积种植，而土豆、玉米、红薯经济价值不高，仅仅依靠"三大坨"发展产业，农户收入难以有效增长。农业要强，农村要美，农民要富，必须依靠产业，产业发展是开展脱贫攻坚的重要抓手。因此，发展何种产业带动农民增收这个问题一直萦绕在我的心头。

记得有天晚上召开村民大会（白天村民要出去务农），村民聚集在一起，主题就是发展农村产业和宣传扶贫政策，会议开到很晚。会后，当地一个叫刘才军的贫困户拉着我的手，请我到他家里去看看，晚上我们就和村支书、村主任一起到了他家。他把我带到一个放着十几个大塑料桶的房间，说自己辛苦在外打工几年没挣着钱，便回村来养殖中蜂（"中蜂"是"中华蜜蜂"的简称），这两三年中蜂养得倒不错，可就是卖不出去。他打开桶让我看，一瞬间蜂蜜香甜的味道扑鼻而来，这是我第一次看到这么多蜂蜜，刘才军用勺子一舀，蜂蜜滴成一条线，一看就是非常纯正的蜂蜜。我问他总共有多少蜂蜜，价格多少。他说有1000多斤，当地出售价是80元一斤。我估算如果全部卖完，就有接近十万的收入呀，真是一座金山搁家里了。第二天，我便四处联系，最后通过驻乡工作队联系到重庆渝教科贸集团有限公司，这家企业来到香源村就把刘才军家所有的蜂蜜按原价80元一斤收购了。这件事一下子传遍了全村甚至全乡，一个中蜂养殖大户也是一个贫困户，立马就有了近十万元收入，这个宣传效果很不错。这件事深深触动了我，后来我就发动村民养殖中蜂，村民们也对中蜂养殖产生了浓厚兴趣，燃起了对这份"甜蜜事业"的期望。此后，香源村大力发展起中蜂养殖产业，中蜂养殖量及产蜜量位列全乡前列。

中蜂养殖只是产业发展的开始，随后，我们还发动村民种植中药材。根据香源村实际，我们提出了"两扩大一适度一减少一特色"的产业发展思路，即扩大中蜂养殖规模，扩大独活、党参、玄参、云木香等中药材种植面积，适度发展黄牛、山羊、土猪等传统养殖业，减少"三大坨"种植面积，发展种植魔芋这个特色产业。到 2020 年，香源村所有贫困户全部实现了脱贫目标。

访谈组：听说您在香源村总结的"1115"社会治理模式在天元乡进行了推广，有没有一些精神扶贫的相关故事跟大家分享一下？

傅伟：思想贫困比物质贫困更可怕，有一条非常有名的标语"党的政策就是好，我要努力向前跑"，这说明人的内生动力很重要。我们组建了由群众民主推荐的老党员、老干部、致富带头人等代表参加的美丽乡村共建会，参与基层社会事务治理工作。在香源村，我们积极开展社会治理工作，并总结出"1115"社会治理模式，即成立 1 个美丽乡村共建会、建设 1 个文化宣传阵地、建立 1 个新时代文明实践所、开展 5 大行动（自强励志行动、扶危济困行动、乡风文明行动、美丽农家行动、法德双治行动），也就是"一会一地一所五行动"。我们的目标就是以树立和践行社会主义核心价值观为主线，以建设美丽乡村为载体，引导广大党员群众传承良好家风、树立文明乡风、激发内生动力、破除陈规陋习、建设美丽家园，更好地推动经济社会发展。

在这里，我给大家分享一个美丽农家行动的故事。为了进一步改善农村人居环境，提高群众的生活水平和质量，建设"宜居、宜业、宜游"的美丽乡村，我制定了一个"天元乡香源村人居环境整治及评比活动实施方案"，并成立考评组开展香源村人居环境评比活动，评选出人居环境一星至五星的家庭和人居环境黄牌家庭，最好的是五星家庭，同时对三星至五星家庭还给予一定的物质奖励，每季度动态调整一次，需要升级星级家庭的可以向组委会组长申请，由组委会安排组委会成员在合适的时间组织考核，并更新星级。对降级星级家庭，由组委会组长安排组委会成员随时抽检并更新星级。结果有一个贫困户家庭的人居环境非常差，我们给他评了一个黄牌家庭。评比后我们就开始张贴人居环境等级牌，他得了一个黄牌。在张贴的时候，这家贫困户非常生气，极不配合，而且当场把黄牌摘下来。大家都问我怎么办。我说摘就摘了吧，没关系。因为我觉得我的目的已经达到了，说明他非常在意这块牌子，自己做得不够好，心理上已经有所重视。接下来，让大家意想不到的是这家贫困户随后就有了变化，对屋前院坝进行了整治，猪圈也修好了，环境有了很大改观，当然也顺利地真正摘下了黄牌，评上了星级家庭。

访谈组： 通过以往的新闻报道，我们了解到您结合自身专业优势，探索出了一条"信息化建设助力脱贫攻坚"的特色之路，能跟我们谈一下您是怎样想到将信息化建设融入脱贫攻坚工作中的吗？它对助力脱贫攻坚起到了哪些作用？

傅伟： 到香源村，我积极开展扶贫工作。白天，深入贫困户家中看民情、听民意，广泛开展前期调研工作；晚上就建立贫困户台账、梳理产业发展方向、记录扶贫走访情况等。刚开始，我兜里每天都揣着笔记本，各种信息密密麻麻记了好几十页。但时间一长，很多数据和信息发生了变化，在本子上勾勾画画很是不便。以前，我有一些软件编程的经验，于是决定开发一套脱贫攻坚信息管理系统，用信息化手段助推脱贫攻坚。

接下来的一段时间，我充分利用晚上及周末时间，结合脱贫攻坚工作实际，广泛征求意见、构思系统模块、编写程序代码、测试程序功能，卧室的灯常常亮到深夜。一个月后，我终于开发出电脑版的"天元乡脱贫攻坚信息管理系统"1.0版本，心里非常高兴。该系统的上线引起了乡领导及重庆市教委扶贫集团驻乡工作队领导的高度重视，他们向我提出了更高的要求，希望在此基础上构建智慧扶贫信息化平台，让扶贫更精准更高效。

为此，天元乡政府组织了多次系统功能征求意见座谈会，各级扶贫干部各抒己见，提出了许多好的建议，为我进行系统开发提供了第一手调研资料。经过一段时间摸索，该功能得以不断完善，集成了贫困数据收集、产业统计、结对帮扶、收支管理、扶贫项目进度管理、天元扶贫大事记、扶贫新闻发布、扶贫网校、走访记录等十余个模块。如此一来，贫困户的致贫原因、产业发展情况、扶贫项目的实施情况、帮扶人对贫困户的帮扶措施等方面的信息一目了然。

结合实际开发的脱贫攻坚信息管理系统，极大提高了扶贫工作信息化管理水平，为天元乡扶贫工作高效管理提供了技术支持。重庆日报、重庆晨报、人民网、新华网、巫溪电视台等多家主流媒体对天元乡运用信息化手段推进精准扶贫工作进行了专题报道。2019年，由于该系统的研发与使用，我获得了重庆市脱贫攻坚创新奖。

访谈组： 今年2月25日，习近平总书记庄严宣告，经过全党全国各族人民共同努力，在迎来中国共产党成立一百周年的重要时刻，我国脱贫攻坚取得了全面胜利。接下来，乡村振兴是实现中华民族伟大复兴的一项重大任务，请谈谈您对未来乡村振兴之路的展望。

傅伟： 脱贫摘帽不是终点，而是新生活、新奋斗的起点。实施乡村振兴战略，是党的十九大提出的国家战略，也是亿万农民的殷切期盼，为我国乡村建设指明了新的方向。我们广大农村地区，要抓住机遇，努力开创农村发展新局面，推动农业全面升级，让农业更强、农村更美、农民更富，谱写新时代乡村振兴新篇章。

真蹲实驻,用实干与汗水写下"扶贫诗"

——重庆工程职业技术学院邵乘胜同志访谈实录

人物简介

邵乘胜,男,1976年10月出生,汉族,管理学学士,现为重庆工程职业技术学院财务与资产管理处副处长、副教授、土木工程高级工程师。2019年3月,到重庆市云阳县云阳镇光华村担任驻村第一书记,兼任工作队队长。2019年荣获中共云阳镇优秀共产党员称号,2020年荣获重庆市教育委员会脱贫攻坚工作个人嘉奖。

访 谈 组 | 重庆工程职业技术学院党委组织部
访谈地点 | 重庆市云阳县云阳镇光华村办公室
访谈对象 | 邵乘胜

访谈组： 您第一次来到光华村，对这个村子的第一印象是什么？

邵乘胜： 我想象中的光华村，绿树掩映、山清水秀，周围至少有五到六家农户，还有商店等，跟部分电视剧里的农村一样美。但到了之后看到的场景令我大失所望，周围啥都没有。来之前，我知道云阳是山区，但没想到山这么大、坡这么陡、土这么薄、沟这么多，比想象中的条件艰苦多了。光华村村委会坐落在一个凹坑里，旁边就是郑万高铁的施工道路和G42沪蓉高速，施工用的装载的大型车辆特别多，沿线雨天泥浆飞溅、晴天尘土飘扬，重型车辆碾压的公路坑凼裂缝多，来往车辆因道路坑凼产生的铁碰铁的噪声特别大，再加上42高速公路上汽车碾压减速带的声音，简直是震耳欲聋。

访谈组： 在得知自己将成为驻村第一书记后，你在前期做了哪些准备工作？到村里之后，又做了哪些准备工作？

邵乘胜： 得知自己将担任驻村第一书记，心里忐忑不安，只有在进村前下功夫了解、熟悉相关工作。我在手机上收听了《对话临沂第一书记》等扶贫故事。同时，通过网络，我了解了驻村第一书记的工作内容、工作方法、和群众打交道的技巧等。在到达驻村后的一个月里，我坚持到每一户建档立卡贫困户和村民代表家中进行走访，让村干部和老百姓说说我们村里的事、家里的事、心里的事，了解老百姓的心声和需求。通过一个月不停地走访、慰问、了解，不但清楚了老百姓的所思所想所盼，拉近了干群关系，树立了自己"农村干部"的形象，同时也学会了一些"土话"。

通过走访，我也了解到，光华村位于云阳镇与红狮镇的交界处，四面环山，村子共15.2平方公里，全村有930户3109人，劳动力仅1500人，其中外出务工人员就有900多人。一些农户想买农用电动车，但村里的路没有通到家里和地头，村里4、5、6组仍是砂石修的土公路，还没有通组级公路；产业发展薄弱，贫困户的收入主要靠种五谷杂粮、养鸡鸭、养牛、养猪、养羊、养蜜蜂等，很不稳定；村里还存在季节性缺水问题等。

访谈组： 到光华村之后，你作为驻村书记面对的第一个难题是什么？

邵乘胜： 之前，光华村党支部软弱涣散，光华村又是社会矛盾突出的重点地区，遗留问题较多：村中部分人行便道施工质量差，人饮池山坪塘存不住水，公益岗位不干活，9组流转的柑橘基地无人管护，部分村民在原支部书记手下干活的劳务费没有兑现，8组混凝土硬化道路有近1公里因为占地矛盾形成了断头路等。这些遗留问题使得当地老百姓对村支两委、村干部一度失去了信心。所以，我到光华村之后，首要工作是整顿软弱涣散的党组织，重塑村支两委、村干部在老百姓心中的形象。我带领村党支部制订了"软弱涣散党组织整顿方案"，经镇党委审核同意后，严格按照整顿方案执行，定期开展主题党日活动和开设微党课讲堂，举办了题为"党在脱贫攻坚中如何发挥作用""重温入党誓词""重温党员的权利和义务""学习村规民约，改善农村人居环境"的微党课。

访谈组： 作为一名土木工程高级工程师，你是如何利用自己的专业特长为村里办实事的？在你驻村之前，光华村有几组组级公路迟迟没有开工？为了顺利开工，你又做了哪些努力？

邵乘胜： 光华村成立了翔发劳务公司，并在驻村工作队和村支两委的帮助下做好了发展规划，计划在7组发展蜂糖李100亩，然而，没有通往规划产业园区的路，村民只能"望路兴叹"。道路通才能产业兴，我首先为大家做统一的思想工作，让村民认识到要致富先修路的重要性。其次，明确项目经费及施工队伍。再次，协调占用部分村民的土地。我利用自己的专业特长，现场指导调整线路，使公路更顺畅、转弯及坡度更合理。调整构造，使造价更经济更节约，可延长修路里程。以6组组级公路为例，原计划修通2.5公里，实际修通3.5公里。在村里，我还利用自己的专业特长，为光华村的基建出谋划策。一是做了村委会西侧塌方路段的抢修方案、造价预算、施工指导。二是指导了2组罗发成家旁边的堡坎施工方案、造价预算、施工过程。三是做了2组、11组两个饮水池的施工方案、造价预算、施工指导。四是做了原有饮水池加盖、厨房屋面维修更换等的设计、绘图、施工监管、收方结算等。

访谈组： 听说你还被称为"诗人书记"，在驻村期间写了多首诗词。写诗是你保持了很多年的一个习惯，还是临时起意？来到光华村后写的第一首诗词是什么？

邵乘胜： 其实，我写的那些东西，谈不上诗词，我认为更像是顺口溜，或是生活感悟、感想之类的，只是通过类似诗词的格式表达而已。但它们却是一线的真实写照，也是乡情的再现，没有华丽的辞藻，也没有绚丽的片段，记录的是东家的柴米、西家的油盐。写作也算是我的一个习惯，在空闲时间把自己的一些所思所想、所见所闻用诗词的形式记录下来，工作总结有时也喜欢用这种形式表达。在光华村的日子，我更是找到了创作的激情和动力。我深刻体会到基层工作的艰辛、繁忙和不易，闲暇之余，为缓解工作疲劳、调动工作积极性、传递正能量，我将深奥呆板的文件规定、宣传材料、日常工作感悟等，编写成朗朗上口的诗歌，进一步提高广大群众政策知晓率，方便干部学习掌握脱贫攻坚各项惠民措施，做好政策宣讲和到户帮扶工作。我随身携带笔记本和笔，利用晚上休息时间整理我在扶贫工作中的所见所闻、亲身体验和农村农业现状，渐渐累积了15万字。在同事们的建议下，我将部分诗整理成《脱贫攻坚诗词拾遗》一书，书中共分为四个板块：扶贫感怀、田园风光、村民百态以及百字令和藏头诗。我来到光华村，写的第一首诗词是《走村串户》。这是通过两天的走访，看到了光华村的现状，了解到部分村情村貌后，有感而发写作的。

走村串户

田间地头去走访，宣传政策新思想。了解贫困和现状，详细记录写文章。
老弱病残坐厅堂，下地干活打猪粮。年龄都在六十上，爬坡上坎无人帮。
山高路陡盘旋长，梯田油菜柑橘绛。偶有养猪和牛羊，鸡鸭惬游在水塘。
感叹村中无青壮，老人去世难抬丧。城里打工留空房，几年也不回家乡。
土地闲置长撂荒，野草滋生疯狂长。空巢老人难照养，帮扶队员拉家常。
吃穿不愁住新房，医疗教育有保障。看见来访喜若狂，感谢政府共产党。
大好政策都夸奖，开心快乐寿命长。吃饱穿暖重健康，幸福生活共分享。

访谈组： 可以给我们讲一讲与诗词有关的驻村扶贫故事吗？

邵乘胜： 作为驻村干部，最主要的职责任务是指导、协助、监督村支两委工作。

凡事要放下架子、俯下身子、做出样子，亲力亲为、躬身示范为老百姓做点好事、做点实事。刚上任时，村民对我并不热情，对我的工作也不够配合，甚至有的村民还对我敬而远之。但我没有气馁，坚持深入田间地头和贫困户家中，这样一来大家慢慢开始对我刮目相看，渐渐打开心扉，积极主动配合村中各项工作的开展。

贫困户金中安，今年40多岁了，家里有3个女孩、1个男孩，共4个孩子，因为他老婆身体不好，家里全靠他一个人用骡子帮人运送砂石上山赚点钱。金中安之前对村干部有看法，对村里的工作也不认可，我和村干部前几次到他家里去，他都爱理不理，认为我们也解决不了什么实际问题。后来，我发现每次去的时候，上小学的几个孩子都好奇地站在一边望着我们，我就主动去跟孩子交流，跟他们聊学习、聊校园里的一些事，取得了孩子们的好感，进而让金中安对我们也不是那么排斥了。我还给孩子们买了陶笛，教他们吹奏，培养兴趣爱好。因为家里忙，他们没时间没精力打扫卫生，家里杂乱不堪，院子里白色垃圾、破衣服、旧鞋子到处都是，树枝上挂满了五颜六色的塑料垃圾，后来我们亲自帮他们家打扫卫生，收拾庭院，并鼓励小孩子们和我们一起动手干。渐渐地，金中安感觉我们是真心想帮助他们，也渐渐开始配合工作。现在，他们养成了讲卫生的良好习惯。2019年以来，他家的进出道路和居家环境都发生了很大变化。他拿出自己积攒的一些钱，修了一条土公路到家门口，我们也帮他申请了部分帮扶款，将院坝进行了硬化，将鸡鸭进行了圈养，他家的居住环境有了很大改变。后来，我写下了这首《贫困户金中安家的改变》。

贫困户金中安家的改变

贫困户是金中安，生育三女和一男。

老婆身体欠康健，人多地少有困难。

工作队员上门前，访贫问苦找根源。

规划产业帮赚钱，买来骡子拉石砖。

养牛养猪促增收，五谷杂粮均生产。

辛勤劳作没时间，家里庭院实杂乱。

工作队来帮整理，捡拾垃圾做示范。

家具设施摆整齐，窗明几净亮闪闪。

教育扶贫树理想，培养生活好习惯。

送去陶笛教吹奏，辅导学习扬风帆。

自费修路通家园,硬化院坝砌堡坎。

感谢村委工作队,礼貌客气又和善。

生活环境大变样,感恩政府拇指赞!

在农村,鸡毛蒜皮的小事引起的纠纷并不少,如果不能妥善解决,不仅会影响村民间的和谐关系,还会给各项工作开展造成阻碍。曾经,李家栽秧子引水,张家修篱笆挤占了渠堰,杨家上游的稻田加高了田坎,刘家下游的稻田因为没水改种土豆而填埋了渠堰,覃家上层梯田除的草扔到了下面杨家的地里,因争吵又拔掉了底下杨家的葱子,杨家又损毁了上游覃家另外一块地的玉米秧,五家人因此吵闹不止,矛盾重重。其实,这五家人的矛盾由来已久,当天的事情只是一个小小的导火索。小组长和村干部及驻村工作队在现场调解了两个多小时,奉劝大家"多栽花少种刺",健康快乐安度晚年,终于让事件平息下来。第二天,驻村工作队和小组长到覃家的地里,把引发矛盾的玉米秧苗一一扶正了,大家皆大欢喜。这件事也让我认识到,村民小事要重视,处理不好会变大事。而且,基层并不是全靠法律法规就能处理好所有事情,真正用心才能处理好基层人民群众之间的矛盾。 当天晚上,我也是有感而发,写下了《扶贫路上故事多》。

扶贫路上故事多

鸡毛蒜皮吵一天,地界左右紧相连。你栽葡萄我种田,树枝秧苗偏中线。

我剪枝来你拔秧,互相伤害把仗干。请来组长将案断,指责谩骂又埋怨。

杨家拔葱惹祸端,扯掉玉米气冒汗。高填堡坎水难翻,我种土豆埋渠堰。

你牵水管进荷塘,莫要冲垮我田坎。陈芝麻,烂谷子,旧事能翻两三年。

黄土已埋在胸前,理解信任互扶换。帮助依靠保平安,少生气了体康健。

快乐就是把钱赚,子女上班也心安。不计前嫌天地宽,小康生活更圆满。

邻里互助度晚年,幸福指数节节攀。

访谈组: 在你担任驻村第一书记的两年间,学校给予了你哪些帮助?

邵乘胜: 驻村期间,学校党委书记等领导多次到光华村看望,了解指导了村里的脱贫攻坚工作,给予了很大的资金帮扶,安装了空调、消毒柜、微波炉、大喇叭、健身器材等,同时捐赠了书架、农林科技图书。2020年,学校为了解决光华村村组主要道路无照明设施的问题，筹措资金3.4万元为光华村购置了太阳能路灯52盏，既节约了能源，又照亮、美化了环境。同时，学校还为村集体捐赠了价值近4000元的柴油微耕机一台，为壮大村集体经济出一分力。

访谈组： 你的驻村工作即将结束，如果简要概括你驻村以来所取得的成绩，你认为有哪些？

邵乘胜： 驻村以来工作队的主要成绩，我认为有三点：

一是在组织建设方面。加强对习近平总书记关于扶贫的论述及各级党组织扶贫政策的学习，注重发挥驻村第一书记的先锋模范作用。通过两年努力，我摘掉了党组织软弱涣散、社会矛盾突出重点地区的牌子，配齐了村支两委班子。我还牵头改造了党员活动室和宣传栏，增设了18块党风廉政建设宣传牌，创建了流动党员微信群，营造了浓厚的学习氛围，2020年6月全村整体脱贫。

二是在项目建设方面。发展了村集体经济，在7组流转了土地100亩，准备发展白茶产业；引进了云阳县锅底湾水果种植合作社，在5组发展青脆李产业200亩，使光华村的产业从无到有，目前已经栽植李树苗8000株，长势良好，预计明年可局部挂果。新修组级公路6.5公里（5组3公里、6组3.5公里）、抢修村委会西侧塌方路段、新修饮用水池两口（2组、11组）。

三是单位帮扶方面。安装了空调、消毒柜、微波炉、大喇叭、健身器材等，同时捐赠了书架、农林科技图书，学院三年来累计给予扶持经费近17万元。

访谈组： 可以对自己驻村两年的工作做一个总结吗？

邵乘胜： 最近得知，到今年4月底，驻村工作队将进行轮换，我的驻村工作即将结束。凡是过往，皆为序章。今年以来，我们在抓好脱贫攻坚巩固提升的同时，积极思考脱贫攻坚任务完成后的发展，主动探索脱贫攻坚与乡村振兴的有机衔接，根据阶段性任务的变化，转变工作方式，积极推进乡村走向全面振兴。临走之前，我对驻村两年多的工作进行了总结，写了一首小诗以作纪念。

云阳县云阳镇光华村驻村两年总结

驻村两年，成绩斐然。新建水池，增容抗旱。吃穿不愁，医教无患。

访贫问苦，脱贫攻坚。指导产业，防虫枝剪。住房安全，接通水电。

政治学习，加强党建。科学种养，增收增产。全面脱贫，此仗圆满。
活动阵地，骤换新颜。项目验收，合格备案。百姓满意，常留吃饭。
软弱涣散，牌子摘掉。排除矛盾，整治治安。体育器材，助你锻炼。
乡村振兴，我来续延。多方发力，正能宣传。安装路灯，出行方便。
文明家风，碑牌宣传。在外务工，知乡变迁。空调喇叭，设施完善。
两委换届，参与推荐。农技图书，学习为先。协助指导，监督监管。
引进产业，在锅底湾。厨房用具，补齐补全。不负韶华，奉献两年。
聚众乡贤，回村发展。栽花种草，美化家园。依依不舍，草木留恋。
二百余亩，李树满山。环境整治，流血流汗。挨个道别，祝福不断。
楼门石里，土地流转。斩除荆棘，道路变宽。保重身体，安享晚年。
规划白茶，加紧实现。爬坡上坎，汗湿衣衫。执手相握，泪湿眼睑。
集体经济，破零俱欢。助农助耕，躬身示范。再三叮咛，时常挂念。
修路铺桥，砌筑堡坎。院坝会上，激情讲演。功成有我，群众评判。
塌方滑坡，及时排险。党政国策，精神来传。轮换回归，一路平安。

两年多的驻村扶贫，让我与这里的村民结下了深厚的友谊。听说我任职即将期满的消息，村民们都十分不舍，极力挽留，我想利用最后的一段时间，再在村里走一遍，给所有的村民道个别，几年之后，再回来看看我工作和生活过的地方。这段任职经历也让我明白，所有参与扶贫的战友，做的看似是一件件小得不能再小的事，可是点点滴滴汇聚起来，却是关系着一个家、一个村发展的大事，在柴米油盐与鸡毛蒜皮中，服务了老百姓，更得到了老百姓的信任和期盼，体现了一名学校教师党员的作用和价值。

凝聚力量 助力脱贫攻坚

——重庆三峡职业学院
谭鹏昊同志访谈实录

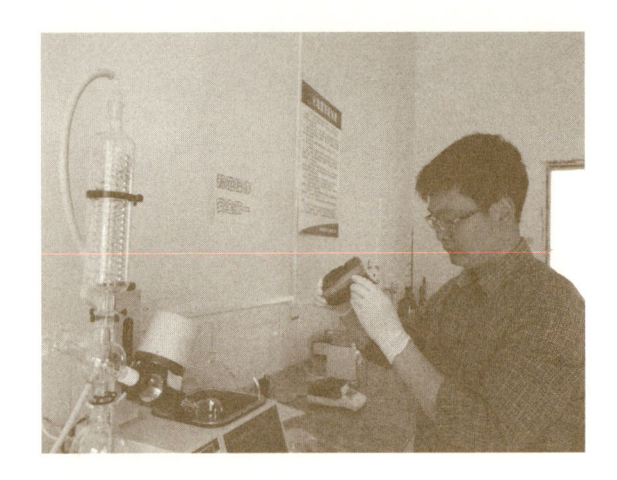

人物简介

谭鹏昊，男，1983年7月出生，汉族，中共党员，农业推广硕士，高级实验师；现任重庆三峡职业学院农林科技学院学工科科长；获重庆市脱贫攻坚先进个人、重庆市教委脱贫攻坚工作个人嘉奖、重庆三峡职业学院优秀共产党员、优秀教师。

访 谈 组｜重庆三峡职业学院党委组织部
访谈地点｜重庆三峡职业学院行政楼 202 室
访谈对象｜谭鹏昊

访谈组：谭老师好！请问是什么想法促使您报名参加脱贫攻坚工作？

谭鹏昊：习近平总书记指出，消除贫困、改善民生、实现共同富裕，是社会主义的本质要求。当得知学校党委将选派干部担任驻村第一书记时，我立即报名参加，主要的想法有三个方面：一是听党话、跟党走、为党分忧是一名党员的职责。坚决打赢脱贫攻坚战是以习近平同志为核心的党中央做出的重大决策部署。作为一名共产党员，党组织需要我们去哪里，我们就应该去哪里发挥作用，践行共产党员的初心和使命。二是有一定的脱贫攻坚工作基础。我自 2015 年 7 月起任万州白土镇大林村 5 户的帮扶责任人，落实精准帮扶任务。"稻鱼共生"脱贫攻坚产业项目、"田保姆""果保姆"等农技培训项目，让我深刻体会到"智志双扶"的作用，也让我体会到"把论文写在大地上，把成果留在百姓家"那种农业人的成就感。三是我生在农村、长在农村，又是农业相关专业出身，从事着与农业相关的工作。我熟悉农村生活，知道农民"脸朝黄土背朝天"的苦和难。现在有能力有机会回馈生我养我的农村大地和与我父母一样辛苦的农民，把党的温暖精准地送到群众的身边，既是一种责任担当，也是一种荣幸。

访谈组：驻村扶贫贵在精准，您是如何落实精准扶贫的呢？

谭鹏昊：习近平总书记高度强调精准扶贫工作，在《中共中央关于制定国民经济和社会发展第十三个五年规划的建议》中明确指出："实施精准扶贫、精准脱贫，因人因地施策，提高扶贫实效。"通过学习习近平总书记重要论述，我对精准扶贫的理解就是：实事求是，因村施策、因户施策、因人施策。把党和政府的政策，精准地用在该用的地方和人身上。分两个方面来说，一是精准到户到人。到了村里，我背上背包，挨家挨户扎实走访了全村 101 家贫困户。通过分析致贫原因，一户一策，制订脱贫方案，并积极推动落实。先后为王汉平等 22 户成功申请了低保，帮助李德清等 42 户成功申请了公益性岗位，帮助贫困户王贵琼等 12 户落实了易地搬迁政策、新建房屋选址、寻找施工队、拟定建房合同。自己跟家人商量后，每月资助贫困户蒋次安现金1000元，帮助他们渡过难关。关心关爱特困儿童，协调为小学生王碧莲捐赠上网课用的手机事宜，在疫情期间耐心辅导其学习，努力阻断贫困代际传递。二是项目安排精准。针对村基础设施薄弱情况，我们大力推进扶贫基础设施建设。新修公路37.2公里，硬化公路17.36公里、人行便道1200米，河堤整治1.3公里，建成扶贫爱心桥4座；新建人畜饮水池22口756方，新建山坪塘4口1300方，铺设管道28公里，全村人畜饮水实现全覆盖；更新变压器6台，扩容1600kW，改造电网25公里；增设通信基站2个，宽带入户108家，开办农村电商2家；完成生态搬迁57户194人，危房改建84户295人。路水电讯房等基础设施得到大大改善。

访谈组： 重庆日报等多家媒体曾以"腊肉革命"为题报道过您带领贫困群众创办腊肉加工厂的事迹，当初为什么会想到通过创办腊肉加工厂来带领群众脱贫？

谭鹏昊： 刚开始来驻村扶贫时，也没想到要通过创办腊肉加工厂来带领群众脱贫，通过两个多月的走访和市场分析才确定试一试腊肉加工产业。我想谈谈腊肉换鲜肉带来的触动。2018年9月中旬，我刚到村中十几天，看到一位60多岁的老大爷，提着一大块腊肉追着卖菜的车，喊着要买肉。怎么提着肉，又喊着要买肉？我们打听了才知道，原来这位老大爷是因为腊肉吃腻了，想跟老板换点新鲜肉吃。老板希望要现钱不愿意要他的腊肉，经过一番讨价还价，老板才勉强同意老大爷用一斤腊肉换一斤新鲜肉。为什么会这样？这件事情引发了我们驻村工作队的讨论。

　　调研分析得出：发展腊肉加工是一条致富增收路。一是这里家家户户都养猪，自然条件好，很适合做腊肉加工。二是能依托高校的智力优势和技术优势，把当地的粮食猪肉加工成高品质的腊肉。三是这里腊肉以前不容易交易，不能变成商品，但在"消费扶贫"的政策背景下，在市教委扶贫集团的帮助下，能较好地实现这一转变，让农产品变商品，促进当地群众增收致富。

访谈组： 在创办腊肉加工厂的过程中遇到过哪些困难？最后是如何解决的？

谭鹏昊： 在创办腊肉加工厂的过程中遇到的主要困难是：缺信心、缺资金、缺人才和缺技术。针对具体情况，我们发动村民、村干部和帮扶单位、社会各界力量一起来克服困难。具体的做法是：

第一，解决信心不足的问题。一是党建引领，树立信心。在腊肉厂筹备前期，当地老百姓对创办腊肉加工厂缺乏信心，村干部也担心事情办不成，参与热情都不高。村民们都不相信真能干出"气候"，不愿入股。要破解这个难题，我们从强党建方面着手，依靠组织的力量，充分发挥党员的带头作用。在村民动员大会上，我带头出资2万元，帮助20户贫困户（每户1000元）入了股，并做出郑重承诺"赚了钱是你们的，亏了算我的"。给村民吃下了一颗定心丸。二是发动群众、依靠群众。通过召开支委会会议、党员大会、村民代表大会、村民小组会、院坝会等充分讨论，明确这件事的意义价值和可行性。鼓励村干部带头，充分调动每一位党员的热情。这样一来，整个干部队伍的精气神发生了重大变化，每一个党员都是我们的宣传员、监督员。三是请回致富带头人。通过努力，我们在当地和外出务工人员中，找到了有企业经营经验的陈棕森、有腊肉生产经验的朱永刚、有经商经验的李俊和张永安、有管理经验的吴勋奎等5位同志，邀请他们回来带头发展。村民们对这5位同志也十分认可，信心慢慢也就有了。

第二，解决资金不足的问题。一是集体资金注入。万春村集体经济采取"保证本金安全和固定分红"的模式，拿出50万元借给合作社发展。二是动员村民自筹资金。贫困户缺资金，还可以"以猪入股"。最后由101家农户（其中贫困户61户，"以猪入股"的贫困户有13户，生猪68头）自筹股金135万元。三是通过借贷方式融资。在帮扶集团驻乡工作队的帮助下，协调农业银行以信用贷款给合作社5位带头人的形式，借贷了现金150万元。四是先货后款，与原料供应商协商，采取先货后款、次月结算的形式，减轻资金压力。

第三，解决人才匮乏和技术缺乏的问题。一是技术培训，走出当前困局。争取我所在的重庆三峡职业学院支持，发挥涉农院校专业特色和人才优势，成立乡村振兴学院天元分院。学校派出专家组织开展农业技术专项培训40余场次，培训2000余人次，提高了当地农民的技术水平。发挥学校食品工程专业特长，破解了技术难题，推行无害化熏烟技术、低盐腌制技术等，让腌制食品更安全更健康。二是提升学历，储备人才。积极宣传国家"高职扩招"政策，鼓励并精心组织当地青年人到学校参加扩招考试。在学院的大力支持下，办起了第一个农民大学生班，把授课地点设在了天元乡。学院根据实际采取"学分银行"制，天元乡的农民大学生累积完成相应学分，即可毕业领取全日制大专文凭。让村民足不出村上大学，圆了过去想都不敢想的"大学梦"。天元班2019年招收39人，2020年招收11名。打造出一支带不走的工作队，为脱贫攻坚和乡村振兴提供了人才支撑。三是外引人才进村。结合实际情况，我们决定从外出务工的优秀青年党员中动员李俊、吴勋奎等2位同志回村发展，吸引有十几年烟熏经验的刘师傅到村发展，让他负责腊肉烟熏环节。通过内培外引的方式有效地解决了在农村发展产业人才紧缺的短板问题。

访谈组： 媒体报道您在创办腊肉加工厂的过程中"压力很大，甚至出现了白头发"，这种压力具体表现为什么？

谭鹏昊： 压力大的主要原因是老百姓把自己的真金白银，有的甚至是把"棺材本""老婆本"放在我们这里发展建设腊肉加工扶贫车间。我感到只能成功不允许失败，否则愧对百姓。加上我第一书记的身份及帮扶集团和派出单位的信任，压力真的很大。此外，产品质量把控，生产、管理、经营经验的缺乏，也是巨大的考验。

访谈组： 在扶贫工作中，有什么令你印象深刻的人和事？

谭鹏昊： 在扶贫工作中，让我印象深刻的人和事比较多，如，贫困户彭作友建房子，我们出力帮他，他非要请我们吃腊肉荷包蛋，荷包蛋虽然看上去还有些柴灰，却是我吃到过"最香"的荷包蛋。他看到我连汤都喝掉时露出的笑容，是我见过的最灿烂的笑容。这一刻，得到群众的信任，无论再苦再难，我觉得都是值得的。还有与奶奶相依为命的特困儿童王碧莲，因家里没有智能手机，疫情期间无法上网课，我们为她捐助了一部手机，帮她辅导作业时她那双炯炯有神的眼睛，让我感动不已。还有贫困户徐金宽从不和陌生人讲话，以前看见我们就躲，后来变成喜欢与我们聊天，聊他的生活、产业发展等。去年，碰到严重的洪灾，我们在风雨交加时刻，带领20多名村民冒着危险"战灾"，组织疏散群众，开挖水渠，分引洪流，保护住宅，共渡难关，确保了洪灾期间村民零伤亡。

访谈组： 您认为在脱贫攻坚工作中，党组织和党员的重要作用体现在哪些方面？

谭鹏昊： 在脱贫攻坚战中，基层党组织和党员都发挥了不可替代的作用。为什么这么说呢？基层党组织是汇集了农村优秀人才的一支队伍，是农村各项工作的中坚力量，在脱贫攻坚战中的重要作用具体体现在以下几点。一是基层党组织和党员直接面向农村广大群众，能够直接接触和收集群众需求，是精准脱贫工作的关键所在，是群众的精神依靠。二是精准脱贫既要"输血"又要"造血"，基层党组织和党员是农村发展的中坚力量，是团结和带领群众一起干事创业的关键，具有"造血干细胞"的作用。三是在农村产业发展中，基层党组织和党员发挥了"领头雁"的作用，是带领群众走上脱贫致富路的关键，具有"致富带头"的作用。

访谈组：在带领群众脱贫工作中，您个人有什么体会和感受？

谭鹏昊：一是干部带头干，老百姓才愿跟着走。在基层开展工作，要想得到村民的拥护，顺利地开展工作，光说是不够的，必须要以实际行动去感动他们。比如，一起打扫卫生、一起坐在路边聊天、一起出资发展产业等，让大家觉得你就是他们身边的人，是个好人、是个能干事的人，然后你说的话大家才会听、才会跟着干。二是既是帮扶者，又从群众工作中受到了教育和激励。我们在做帮扶工作时，不仅仅是受帮扶对象得到帮助，我们自己也有很多收获。我们以前是从"校门到校门"的高校教师，现在走进群众，深入群众，真真实实地了解了社会、了解了群众需求，进一步坚定了共产党员的信念，深刻体会到农业类专业的价值和以后努力的方向，自己也变得更加地充实和自信。

访谈组：在全国脱贫攻坚总结表彰大会上，习近平总书记强调要切实做好巩固拓展脱贫攻坚成果同乡村振兴有效衔接各项工作。下一步您有什么计划和打算？

谭鹏昊：我国脱贫攻坚战取得了全面胜利，完成了消除绝对贫困的艰巨任务，创造了又一个彪炳史册的人间奇迹！我们为能参与其中感到很自豪，同时我们深深感到巩固脱贫攻坚成果的压力，群众对乡村振兴的期盼让我们时刻不能放松。结合万春村的实际情况，下一步我们将主要做好以下工作。一是强化党建，发挥好党员带头作用。带领群众一起干事创业，打造好万春村腊肉的品牌。我在工作中要率先垂范、冲锋在前，拿出敢拼搏敢担当的魄力，融入群众当中，使自己变成"自己人"。加强村内带头人的培养，防范形成过度依赖。二是发挥重庆三峡职业学院专业优势，做好农业科学技术的培训和农村人才的培养工作。发挥好人才在脱贫攻坚和乡村振兴的积极作用。三是全面推进乡村产业、人才、文化、生态、组织振兴，走中国特色社会主义乡村振兴道路，促进农业高质高效、乡村宜居宜业、农民富裕富足。

乡村里走出的大学教师，带领太阳山村脱贫致富

重庆财经职业学院
罗箭飞同志访谈实录

人物简介

罗箭飞，男，汉族，1984年11月出生，本科学历，中共党员，副教授，重庆财经职业学院体育教师。2018年9月，他主动申请到秀山参加脱贫攻坚工作，任隘口镇太阳山村党支部第一书记。曾先后获得"重庆市商务委系统优秀共产党员""重庆市大学生田径比赛优秀教练员""重庆市教育系统优秀党务工作者""秀山土家族苗族自治县2019年度脱贫攻坚先进个人""2020年重庆市脱贫攻坚工作先进个人"等荣誉10余项。

访 谈 组 | 重庆财经职业学院党委组织统战部
访谈地点 | 重庆财经职业学院马克思主义学院会议室
访谈对象 | 罗箭飞

访谈组： 请问罗老师，是什么原因促使您做出去山区驻村扶贫的决定？

罗箭飞： 因为我心中有着深厚的乡村情结。我是贫困农民家庭的孩子，长期在农村生活，从小就有改变乡村落后面貌的渴望。参加工作以后，也一直没有放下这样的想法。2018年，学校征集人员赴山区扶贫，我当时就非常兴奋，终于有机会实现心愿，帮助贫困的农村脱贫致富；自己是一名党员，正处在奋斗的年华，有健壮的身体和吃苦的精神，应该有所作为。我的老家也在山区，环境与太阳山村极其相似，有家乡般的亲切感。于是，我就申请到太阳山驻村扶贫。

访谈组： 介绍一下您初到太阳山村时那里的基本情况。

罗箭飞： 太阳山村地处山区，平均海拔1018米，辖区面积16平方千米，是重庆市18个深度贫困乡镇的贫困村之一。其贫穷落后有几个原因：一是经济收入来源少，村民主要靠种地维持基本生活；二是交通、住房、饮水等基本条件差；三是村集体没有经济来源，主要靠政府财政支持。

访谈组： 面对贫穷落后的现状，你当时的感受是什么？

罗箭飞： 感觉条件太差了，工作难度很大，有点不知所措，也有一丝后悔，但想到作为一名共产党员，得到组织如此的信任，我不可能临阵退缩。我也不是一个人在战斗，还有商务委的组织领导，有学校作为坚强后盾。所以我只能迎难而上，还必须干出成绩。

访谈组： 您在扶贫工作中遇到的突出困难是什么？谈谈攻坚克难中感受最深的事情。

罗箭飞： 一是村干部对脱贫攻坚的认识不够，工作积极性不高；二是村民缺乏脱贫致富的办法和能力；三是产业发展缺技术，缺致富带头人。我感受特别深的是帮助李大伟脱贫致富的过程。贫困户李大伟属于异地扶贫搬迁，迁建房屋位置比较适合发展民宿，我就劝说他搞民宿接待。但李大伟很抵触，他担心破坏风水，又怕没收益。为打消顾虑，我几乎每天都去他家嘘寒问暖，帮他做一些农活，借机向他宣传扶贫资助政策，分析民宿业的前景。见李大伟有些动心，我便详细给他解读村里制订的民宿改造方案。李大伟终于同意改建民宿，但缺乏改建资金，我们便自筹5万元借给李大伟。我们群策群力，帮助李大伟进行改建，四处订购现代家具设施，打造了"农村生活环境、城市住宿标准"的民宿典型——"山水人家"，很快迎来了游客租住。李大伟不懂经营管理，我们又协调安排李大伟妻子外出学习酒店管理知识，协调集团成员单位捐赠厨房设备，邀请专业厨师前来培训。我还动员妻子在暑假留驻太阳山村，义务协助李大伟经营管理。经过努力，"山水人家"的管理越来越规范，租住客人越来越多，三个月就创收5万余元。重庆市副市长李波在隘口镇调研时也住在这里，对"山水人家"给予了充分肯定。

访谈组： 请谈谈您在担任第一书记期间开展的主要工作、取得的主要成效和成功的典型案例。

罗箭飞： 一是加强党支部建设，充分发挥战斗堡垒作用。重点抓好支委班子建设，提高政治觉悟与能力素质，村干部对扶贫工作的认识明显提升，工作作风全面改进。扎实推动为民服务，制订实施了村干部24小时轮流值守制度，切实让百姓找得到人、办得成事、放得下心。

二是推进基础设施建设，全面改善生产生活条件。围绕解决"八难"、实现"八有"目标，大力推进基础设施建设。新建饮水安全工程10处，自来水覆盖率达到100%；全面完成电网升级改造，实现电信基站、宽带全覆盖，通组公路和入户便道全覆盖；全面改善贫困户、低保户居住环境，完成危旧房改造99幢，完成特色村寨和大美乡村风貌改造建设；安装路灯275盏，实施亮化工程全村覆盖；筹集资金150余万，修建了太阳山村便民服务中心、农产品加工房。

三是大力发展绿色生态产业。成立专业合作社，从农户手中流转土地，围绕隘口镇产业发展规划，种植各类经济作物、药材2500余亩，支持农户养蜂300群。带动200余户农户增收，实现就近就业劳动收入90余万元、土地租金收入 30 万余元，产品销售收入 60 余万元。积极推动民宿产业发展，集中打造了洪家寨青龙民宿片区，可同时接待游客 100 人。建立民宿规范管理、利益分配机制，2020 年民宿收入达 30 余万元。

四是积极争取扶贫资源。陆续争取到重庆市商务委的捐赠帮扶资金 300 万元，争取到重庆财经职业学院的捐赠扶贫资金 46 万元，消费扶贫资金 100 余万元；联系推动成立了重庆财经职业学院秀山电商产业学院，培训农业技术人员、乡村致富带头人；争取重庆财经职业学院为隘口籍学生减免学费、住宿费。

访谈组： 您的家人支持你到边远山区扶贫吗？

罗箭飞： 家里人还是支持我的，但有时也免不了有些抱怨。我很少回家，母亲就常对我说："家已经成了你的旅馆了。"有一次母亲生病，家里全靠妻子一个人，接送孩子、上班、操持家务、到医院照顾母亲，非常辛苦。她在电话里对我说："我不想做你的家人，也不想做你的爱人，我宁愿做你的贫困户！"我听了特别心酸，也特别愧疚。后来，我就常通过电话或利用回家的机会，给家人讲扶贫形势与政策，讲我的成绩与收获，讲村民对扶贫干部的支持与感谢。家人们深入了解了我的工作以后，抱怨少了，也给了我更多的鼓励和支持，妻子还利用暑假留驻太阳山村，支持我的工作。

访谈组： 担任第一书记以来您有哪些收获？

罗箭飞： 两年多来，通过与村干部的共同努力，山村基础设施全面完善，产业发展初见成效，一个个贫困户相继脱贫。看到村民们幸福的笑容，我心里暖暖的，也有了成就感和自豪感！有幸参与国家脱贫攻坚重大战略，是我一生最大的财富和美好的回忆！我明白了一个道理，世上无难事，只怕有心人，只要有坚守的毅力和拼搏的精神，不忘初心，牢记使命，踏踏实实、用心用情干事，就一定会有满满的收获。

访谈组： 您支持罗箭飞到边远山区扶贫吗？因此遭遇的各种家庭困难，您是如何克服的？您如何评价您的丈夫和他从事的扶贫工作？

罗箭飞妻子： 支持。我和他从小都生长在农村，对农村很有感情。支持他到山区扶贫，也算是我们家人尽了一份心、出了一份力，这是很光荣的事情。罗老师参与驻村扶贫后，我家最幸福的事莫过于他说："今天晚上的火车，明天回来。"他基本上每月回来一次，两三天又走。孩子听到爸爸要回来时，就特别开心。他不在家里，我只有变成"超人"妈妈，每天在忙碌工作之余，接送孩子、辅导孩子、做家务、关心照料双方父母，是挺累，但我年轻，能坚持。

最让我揪心的还是罗老师。担心他在崎岖陡峭的山路开车，担心他走访贫困户时膝盖会痛，担心他工作忙生活不规律引发高血压和胰腺炎。我在假期带孩子去太阳山村看他，他带着我们四处走，每个地方似乎都有他说不完的故事，随处都能见到他和乡亲们奋战的成果，话语中洋溢着他对太阳山村如家乡般的热爱。走到民居，村民们一见他，都亲切地招呼："罗书记，快来坐！"听着他与村民的亲切对话，我感到无比欣慰与自豪，因为"罗书记"在村民们眼里就是个"能人"，是他带领村民们搞好了基础设施建设、发展特色农业和民宿业，修建加工厂，还引来各方的大力扶助。太阳山村发生了巨大变化，条件全面改善，村民脱贫致富，他的功劳真不小啊！我再辛苦一点，多多支持他，还是值得的！

访谈组：罗箭飞同志与太阳山村干部、村民的关系如何？请您评价一下他任太阳山村第一书记期间的工作和品格。

太阳山村干部：罗箭飞同志的工作能力和为人处世，得到了干部和群众的高度认可。他随和谦逊，善于沟通，与干部群众相处十分融洽，大家十分敬重他。大家有什么困难和想法都去找他，他也总是想尽办法为大家排忧解难。他刚正不阿，办事公正，在他的带动下，党支部内部非常团结，支部工作取得了不俗业绩，在 2020 年被评为优秀党支部。

罗箭飞同志工作务实，为太阳山村做了不少贡献。帮助太阳山村村民销售农产品，还联系所在学校送教送文化送技术到山村。他把村里的贫困户时刻放在心里，为他们奔波忙碌。一个低保户的儿子上大学生活困难，罗箭飞为其争取了学习基金；另一低保户的儿子患肝癌，罗箭飞为其申请了资助，还自掏腰包为其支付费用。

访谈组：请您代表所在单位对罗箭飞同志做一个简要评价。

胡尚全（重庆财经职业学院党委书记）：我校教师罗箭飞同志在得知学校将选派脱贫攻坚驻村第一书记的消息后，主动申请到脱贫攻坚一线工作，表现了一个共产党员崇高的理想和全心全意为人民服务的情怀。

该同志舍小家，顾大家，牢记初心使命，驻守贫困山区，勇担扶贫重任，用心用情扶贫，日夜奔跑在太阳山村扶贫路上，奔波在去往贫困户家的路上。在扶贫工作中，他积极调研，科学谋划，立足太阳山村自然资源优势，充分发挥村党组织作用，大力发展生态绿色产业，创造了"党支部引领、合作社为平台、农户为核心+X个特色产业"的"3+X"扶贫脱贫模式。经过艰辛努力，太阳山村47户建卡贫困户全部实现脱贫。罗箭飞同志用实际行动将习近平总书记的殷殷嘱托全面落实在太阳山村的土地上，践行共产党员的初心和使命，为打赢脱贫攻坚战做出了积极贡献。

访谈组：无数像太阳山村这样的贫困乡村，正是脱贫攻坚的主战场；无数像罗箭飞这样的驻村第一书记，就是脱贫攻坚的先锋战士。罗箭飞，一个从乡村走出来的大学教师，胸怀对家乡一般的热爱，肩负党员先锋的光荣使命，毅然踏上了艰难的扶贫之路，坚守在条件艰苦的边远山村，奔跑在崎岖艰险的太阳山上。用全心全意为人民服务的党员情怀，滋润了这片热土，用知识和智慧、心血和汗水，播撒了脱贫致富的种子。经过多年的坚守与付出，终于赢得了山村的全面脱贫，改善了山村的生活条件，推动了山村的产业发展。支撑他一路前行的，是党员担当作为的信念，是报效家国的情怀！罗箭飞，一名普通的党员教师，在脱贫攻坚的时代号角声中，进行了最优美的冲刺，开创了不平凡的业绩，展示了党员先锋砥砺奋进的形象，树立了新时代党员的榜样！

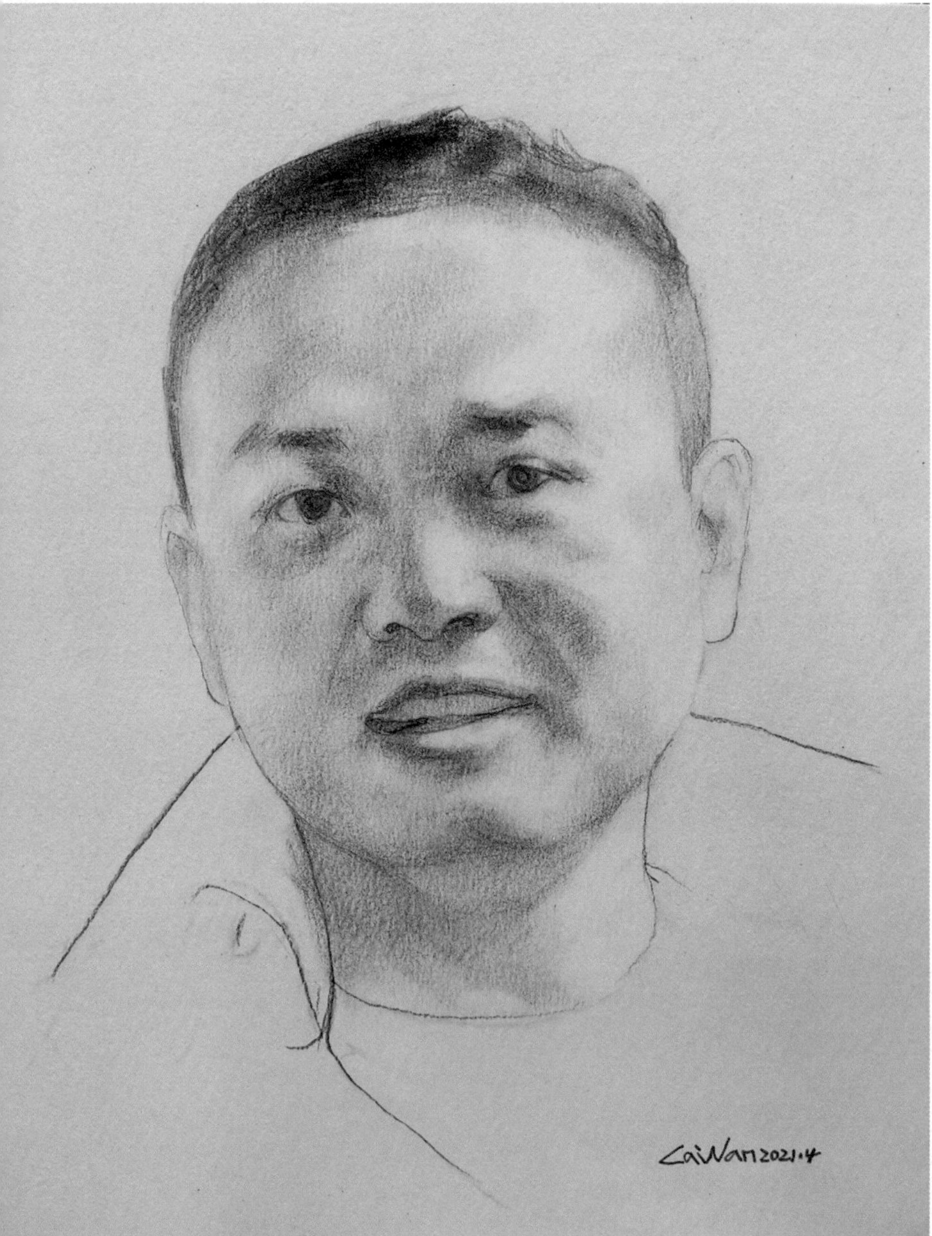
CaiWan 2021.4

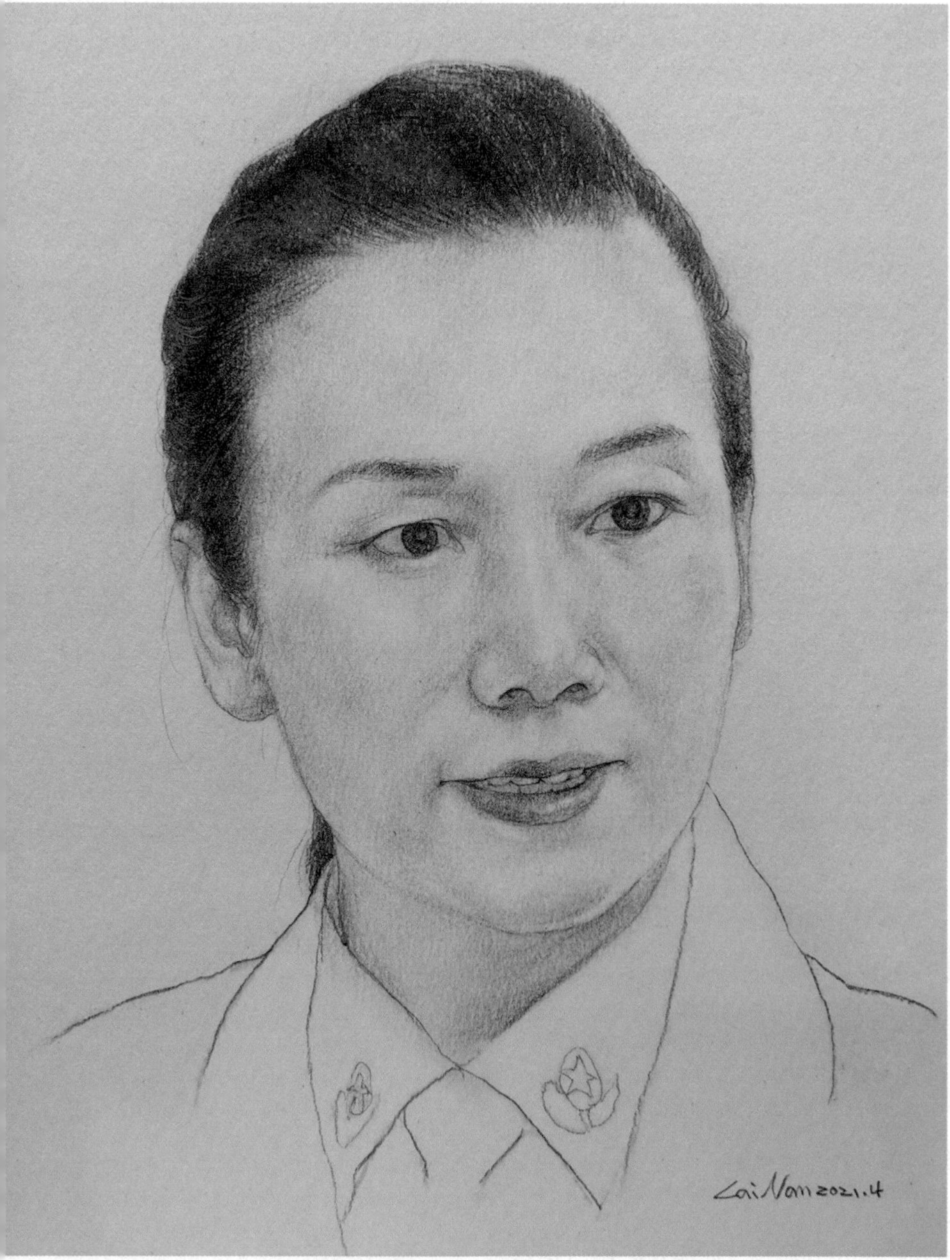
Lai Nam 2021.4

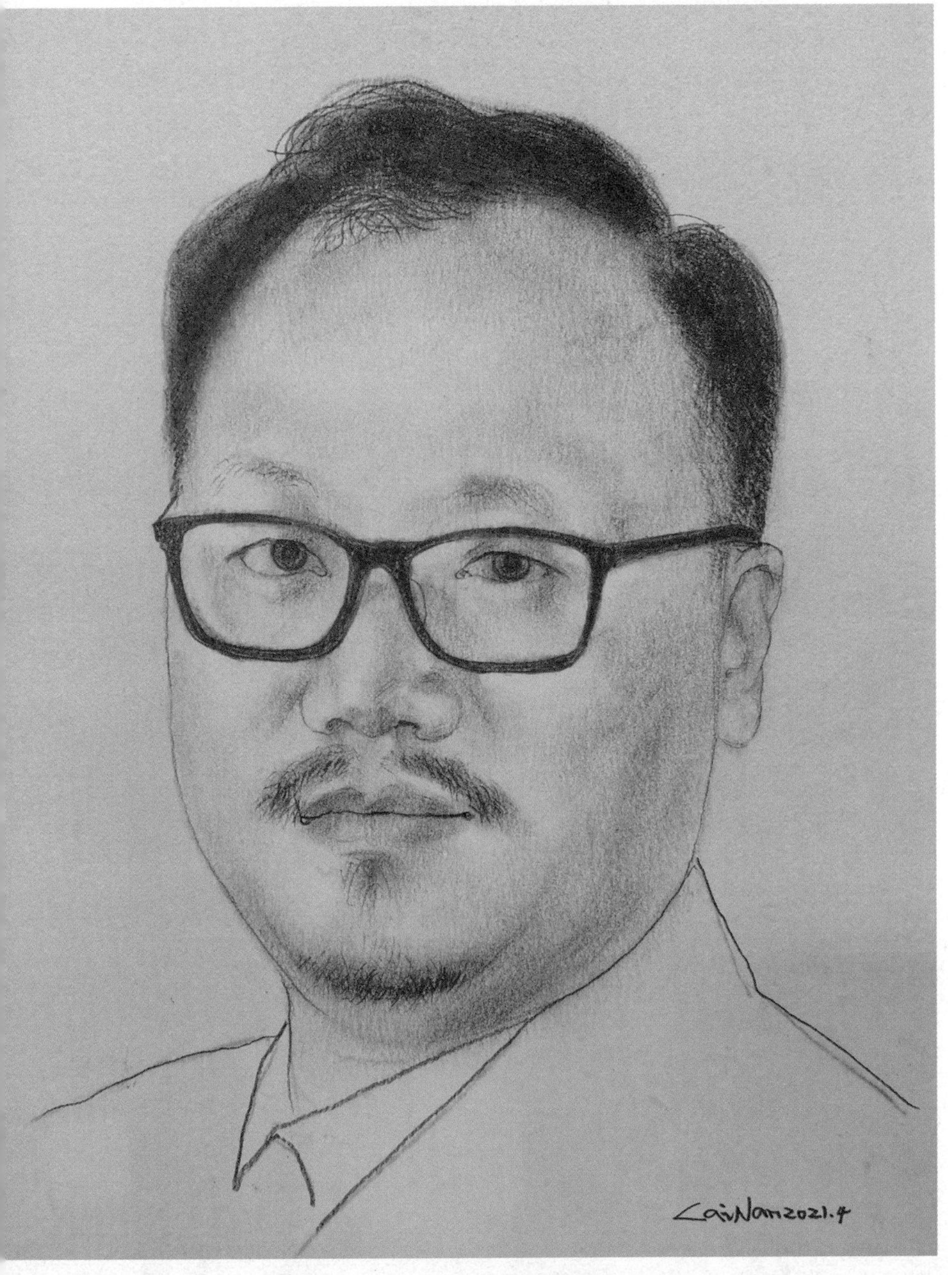
CaiNan2021.4

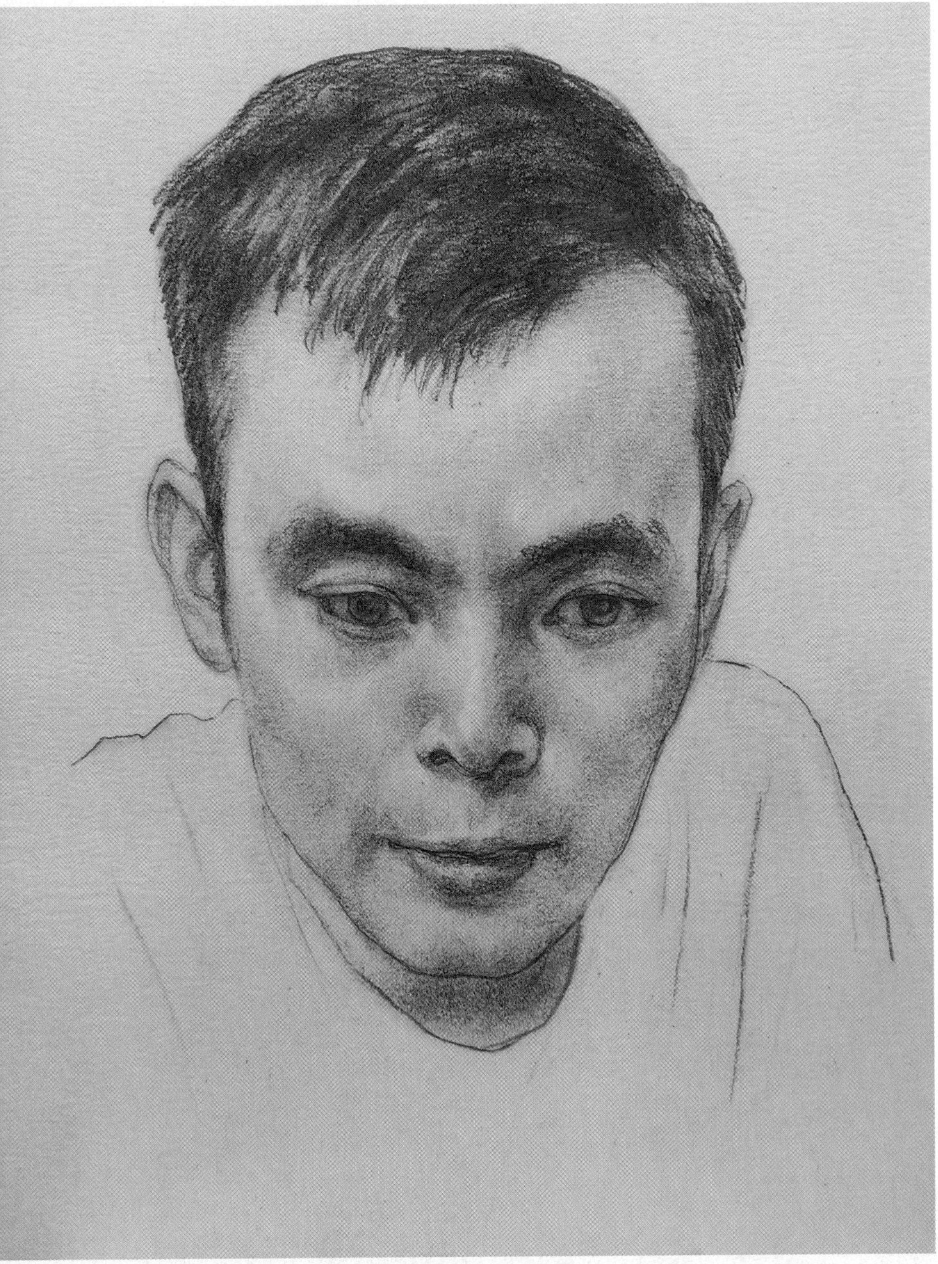

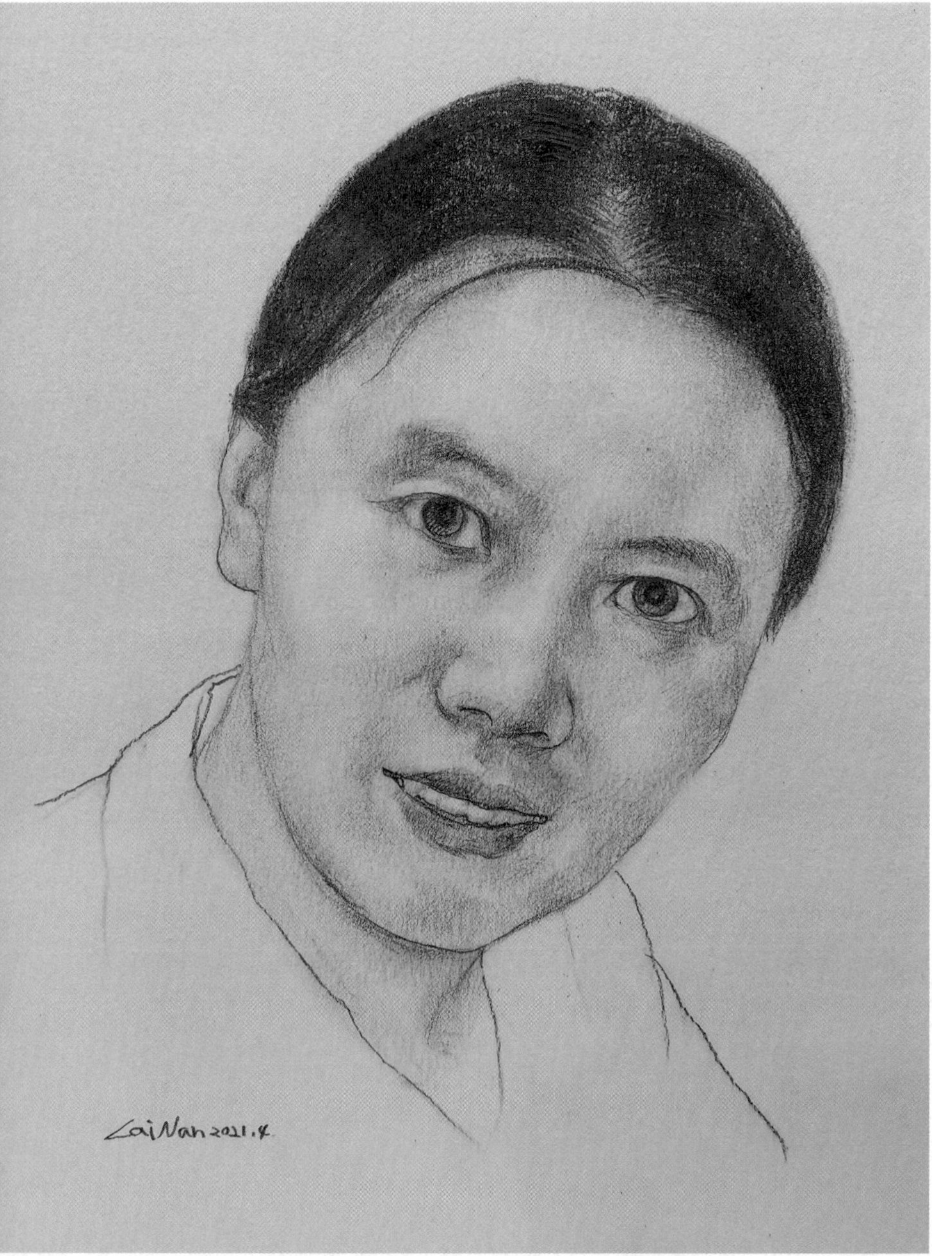
LaiNan 2021.4

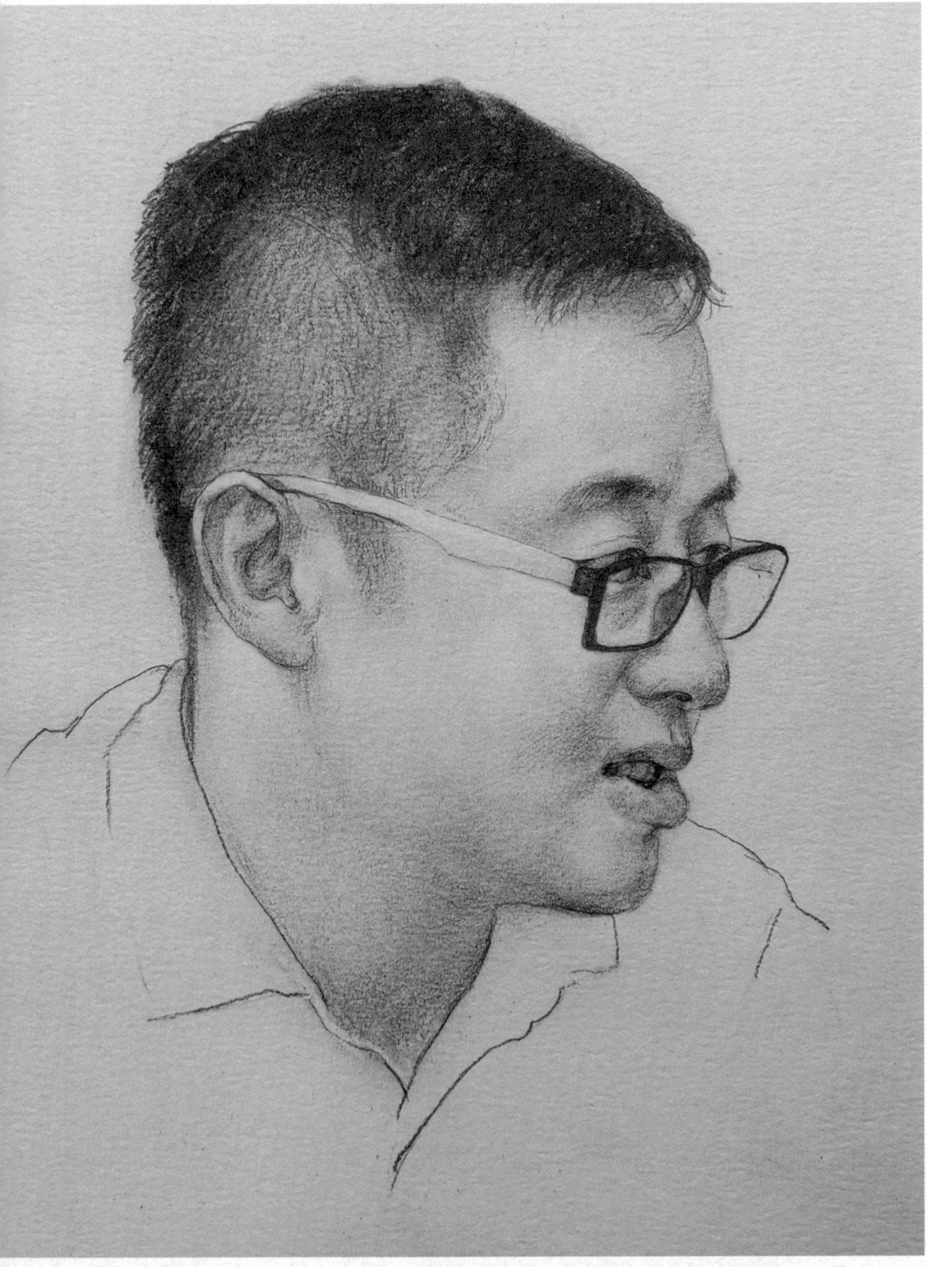

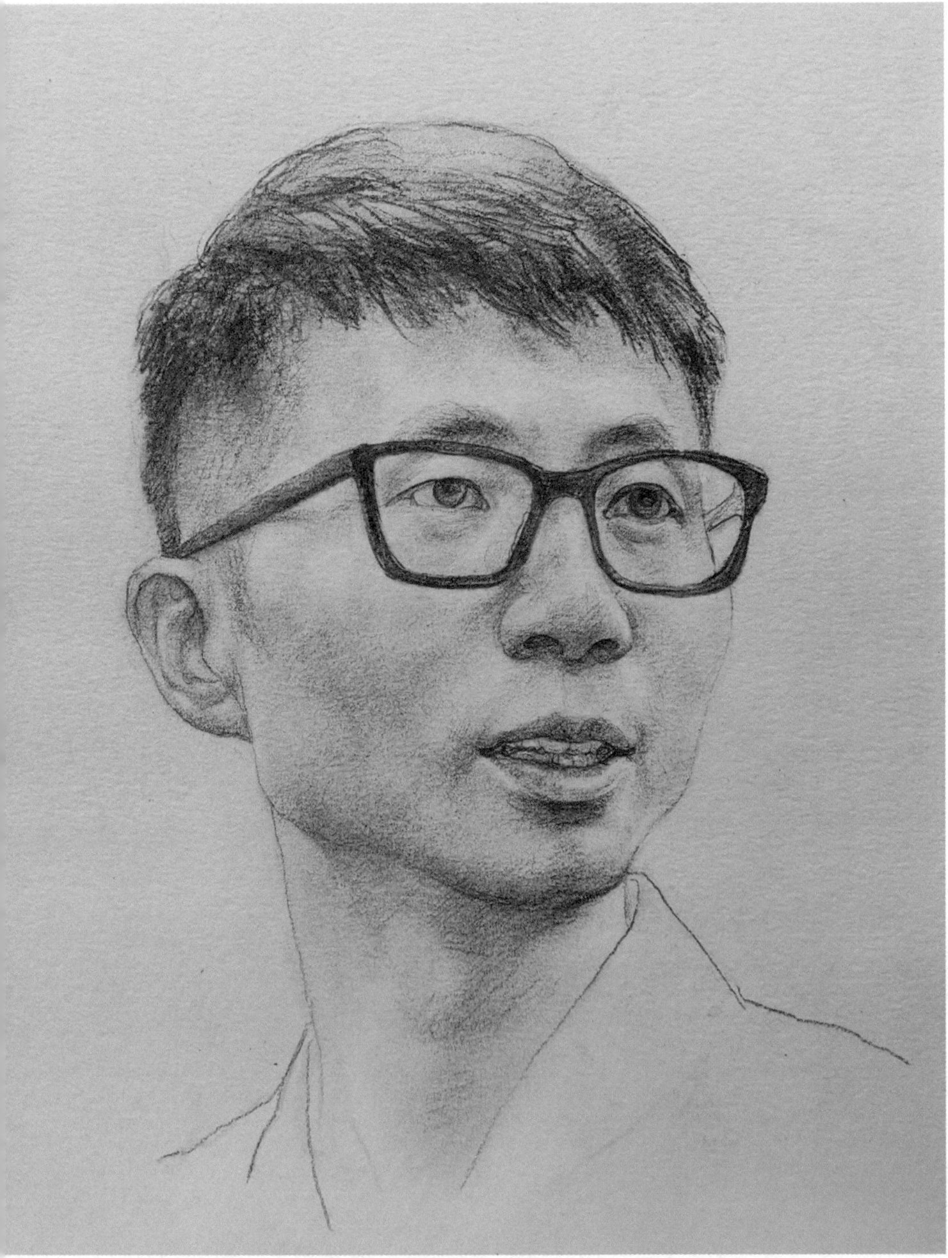

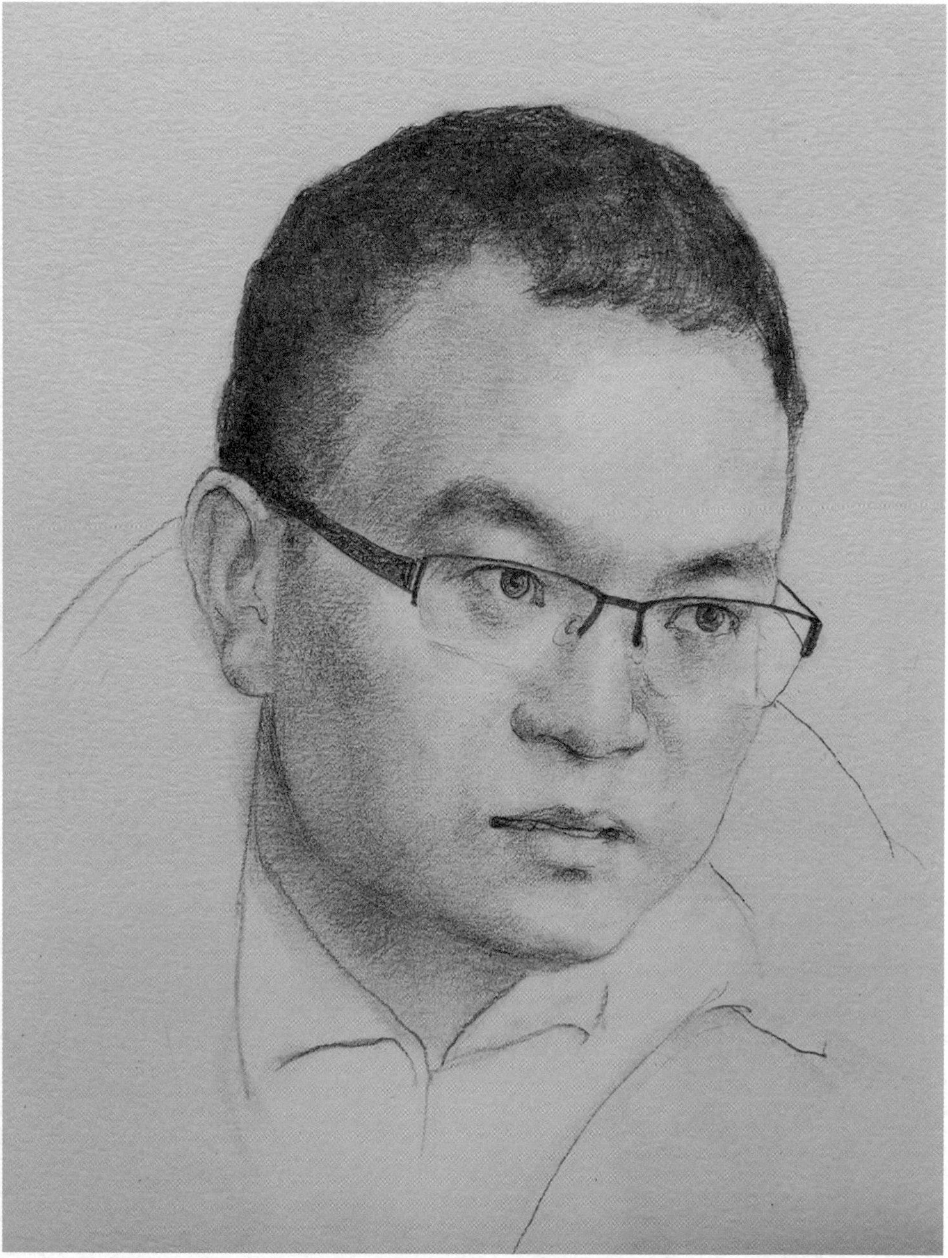

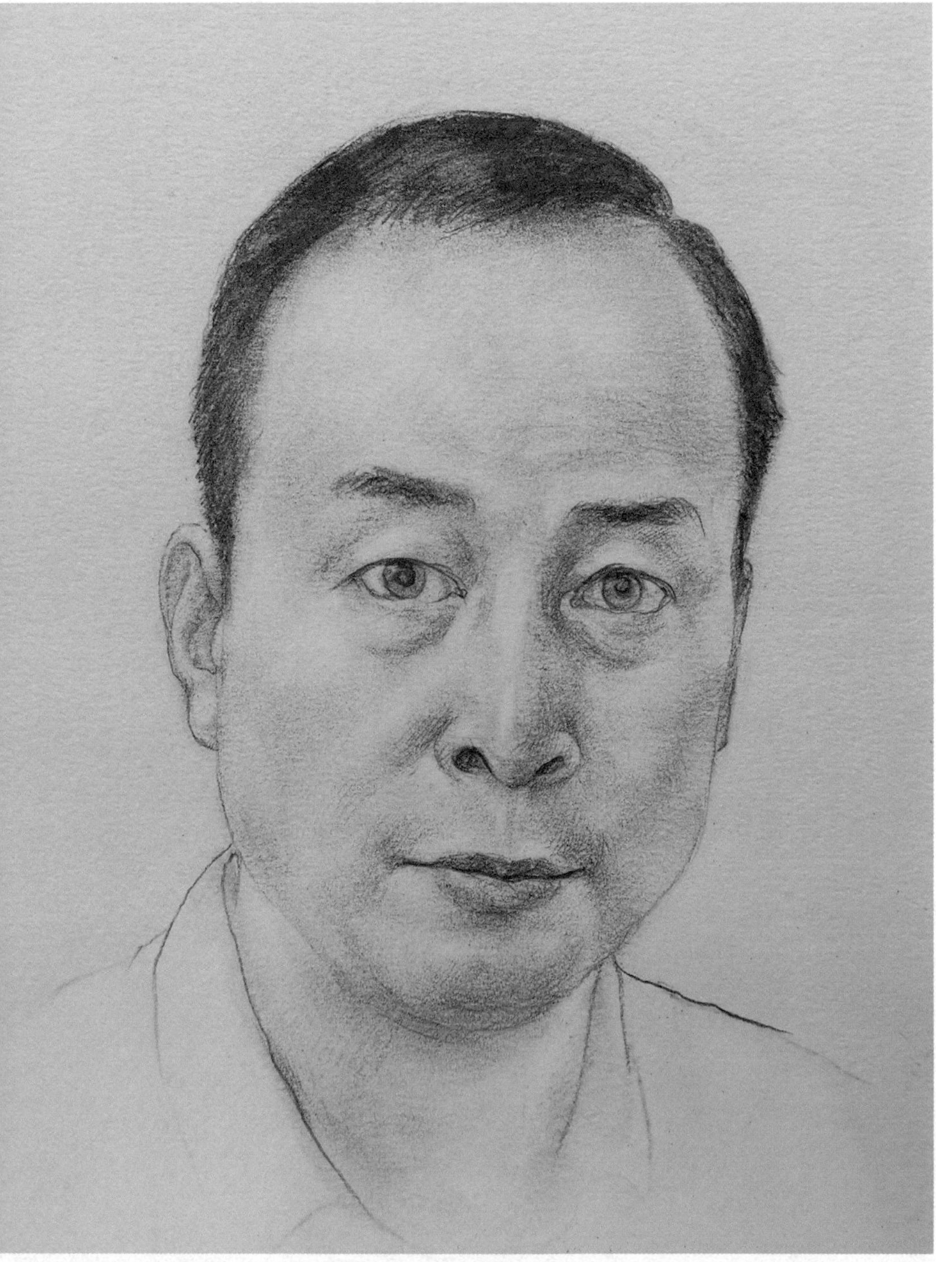

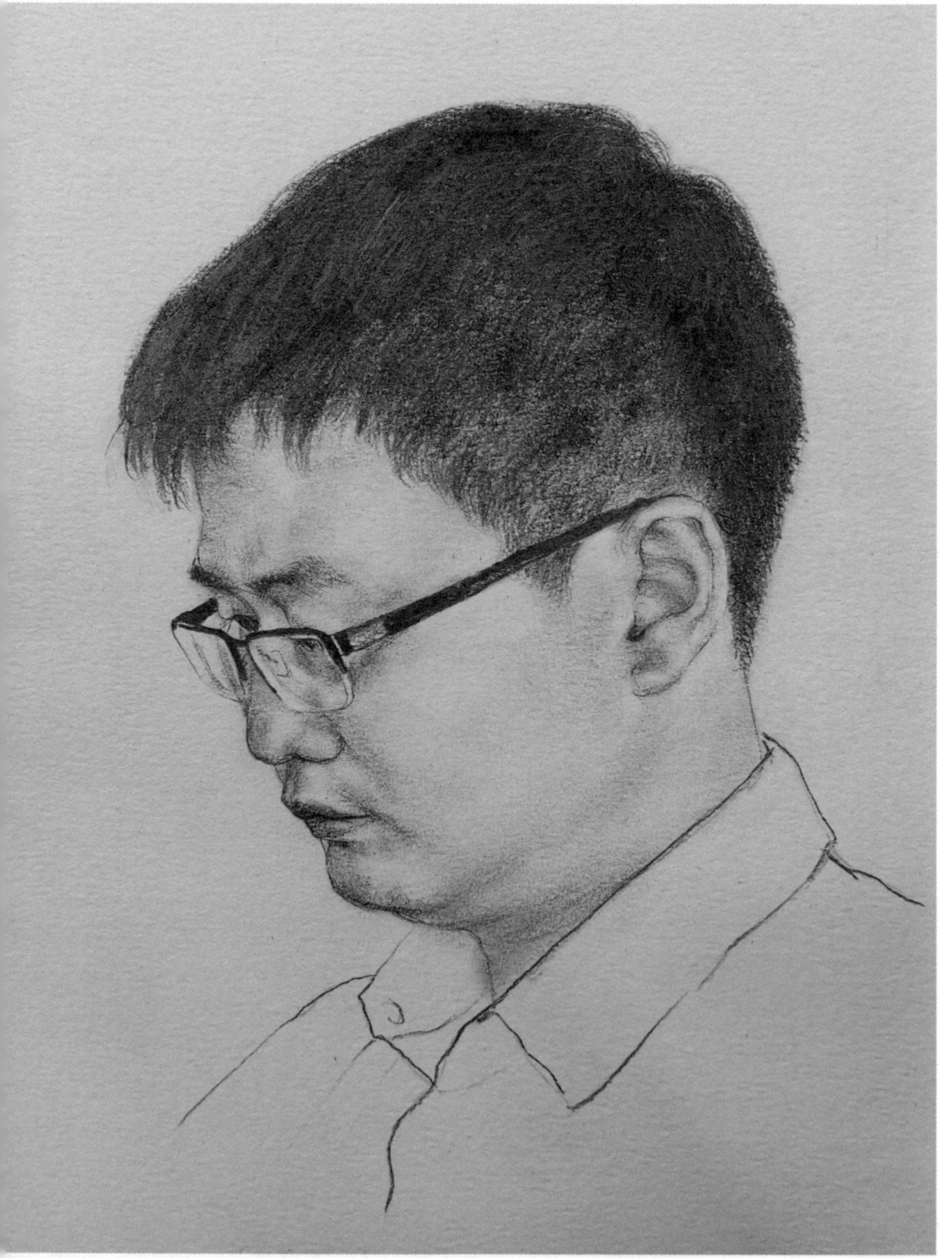

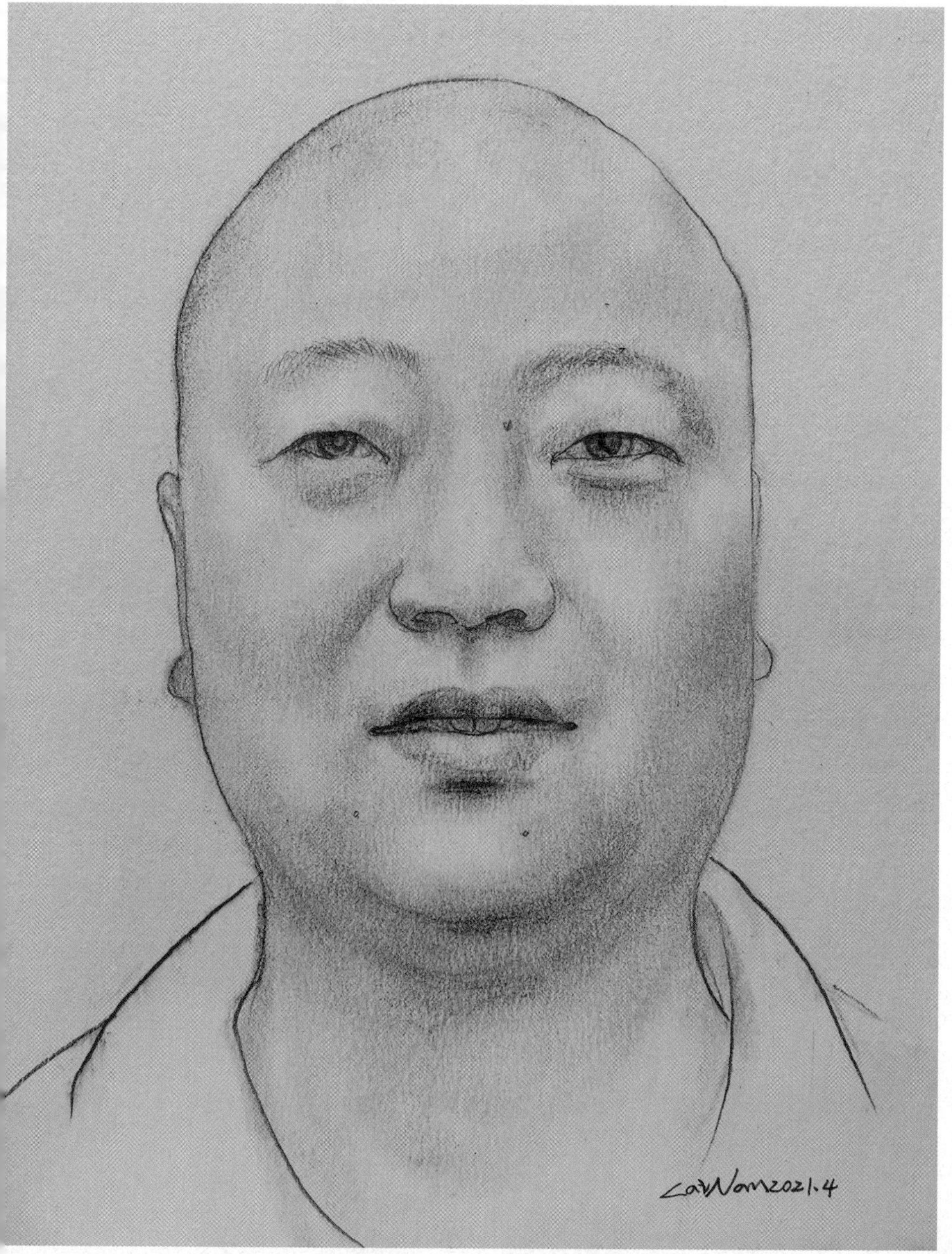
2021.4

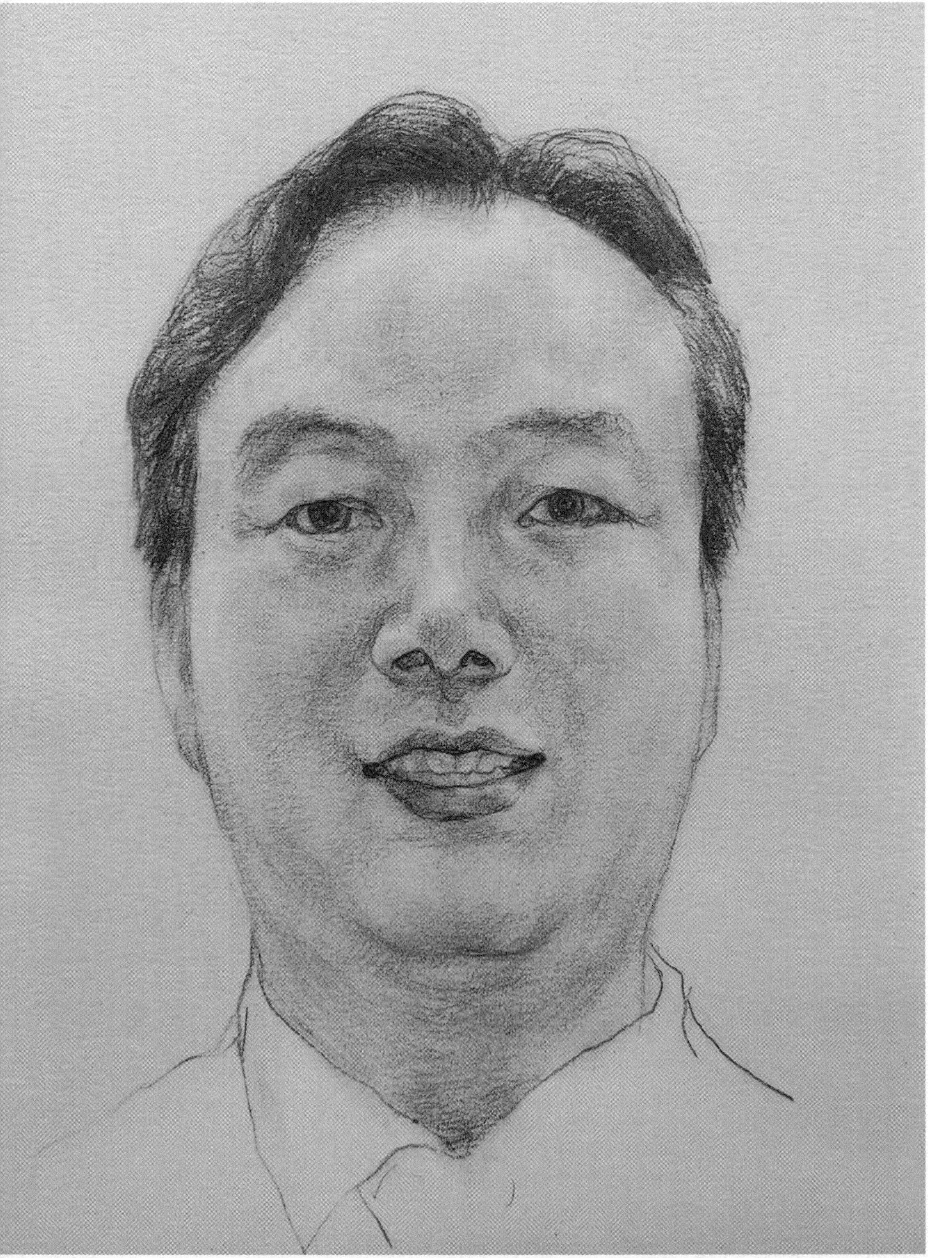

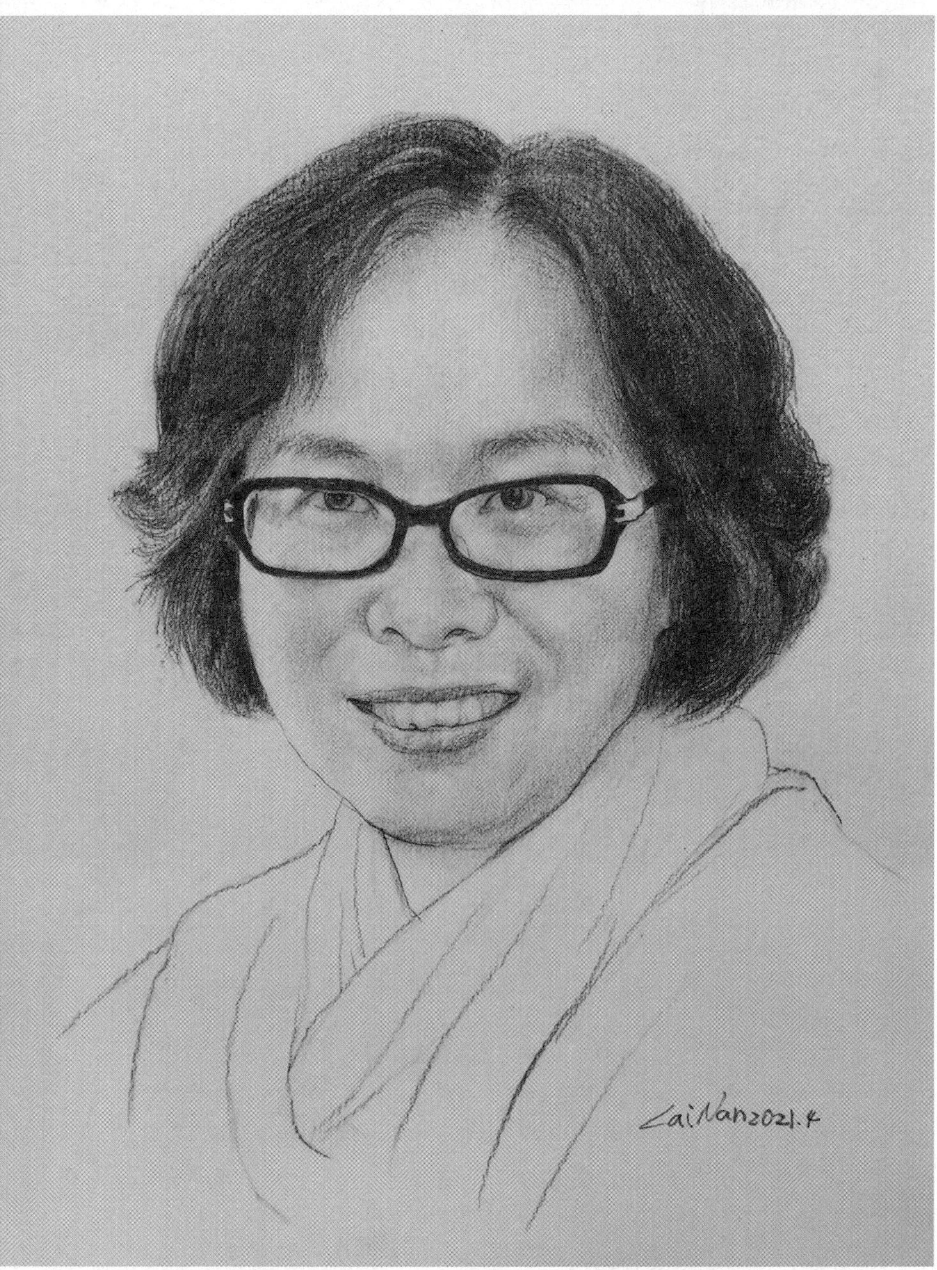
CaiNan2021.4

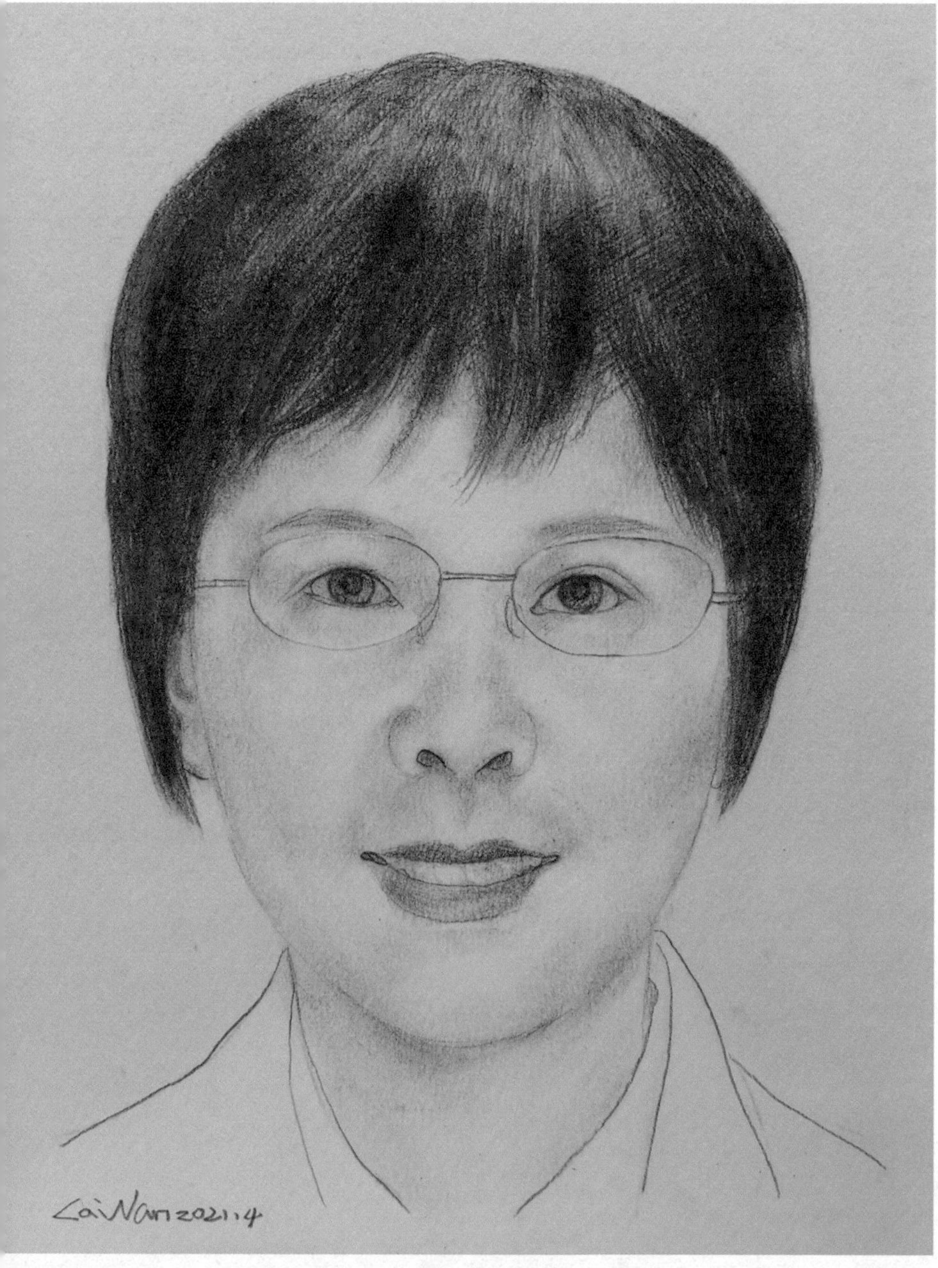
Cai Nan 2021.4

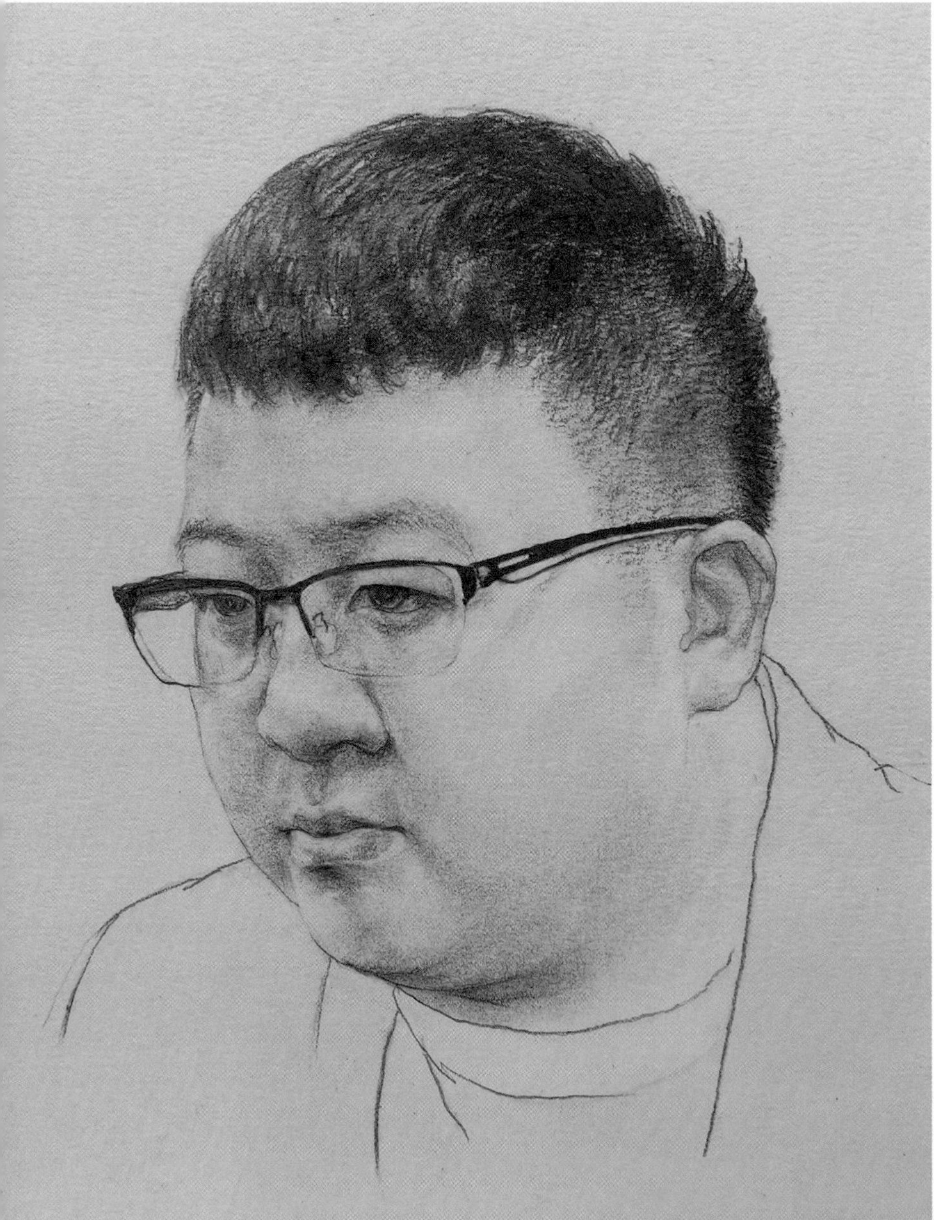

CaiNan2021.4

LaiNan2021.4

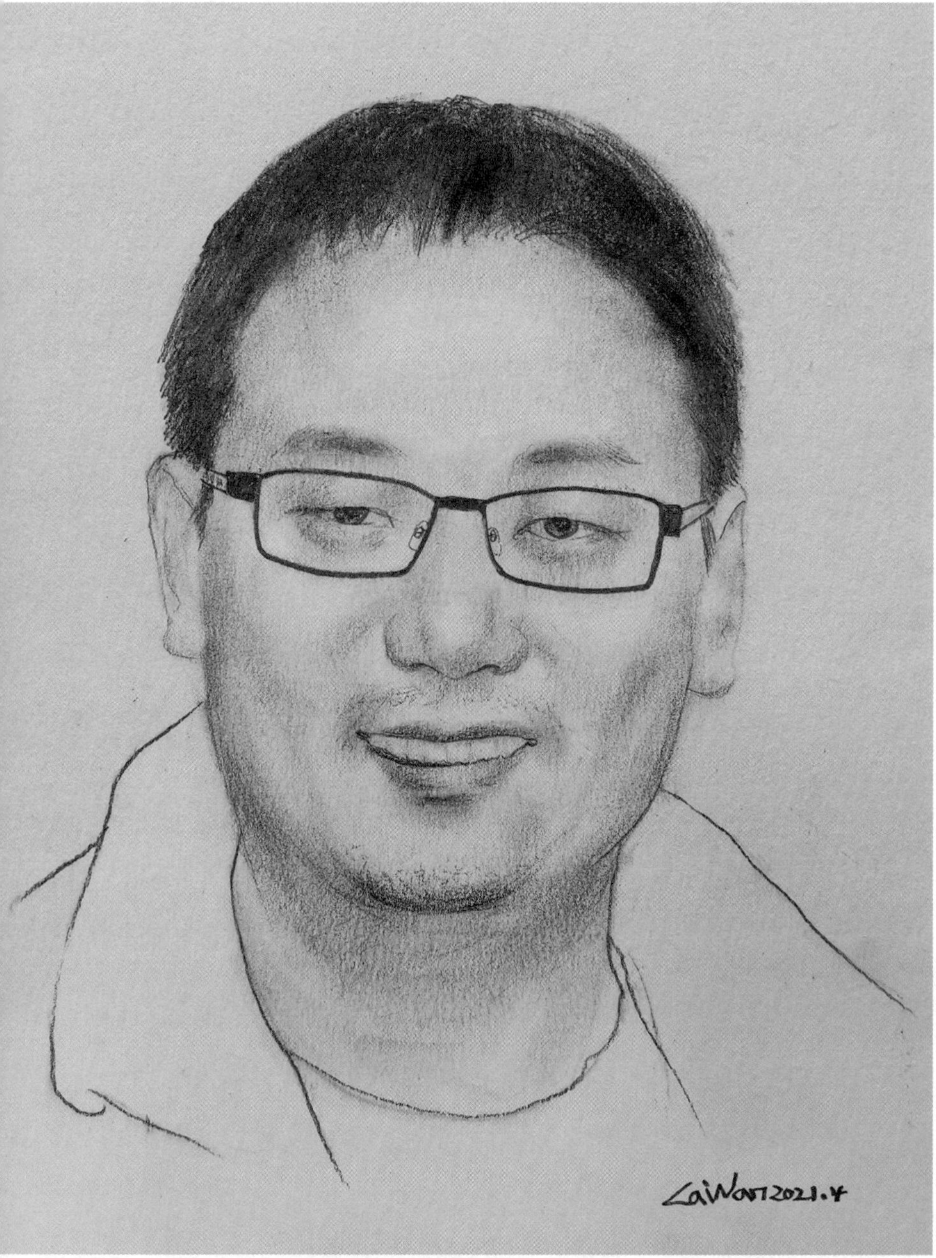
LaiWan2021.4

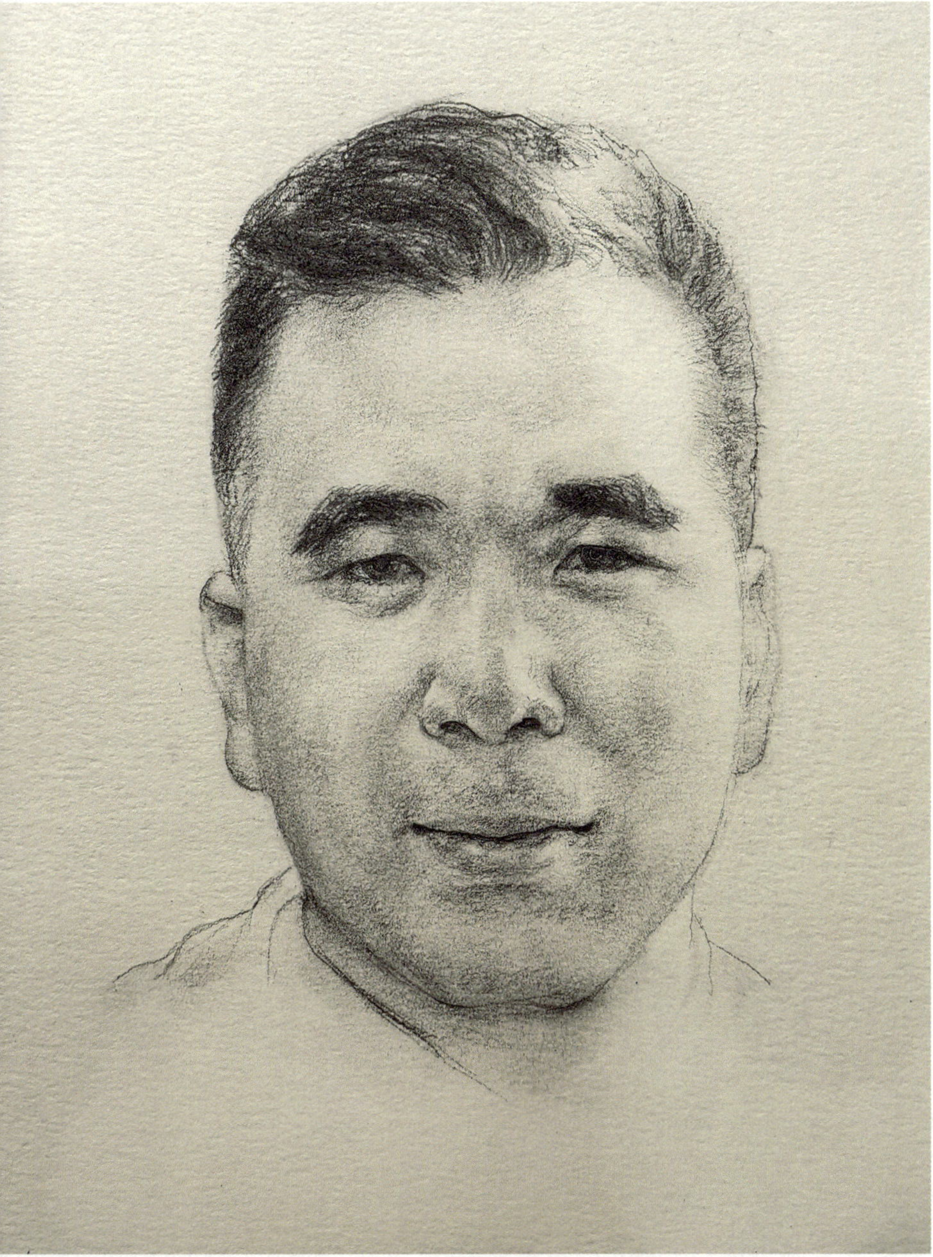

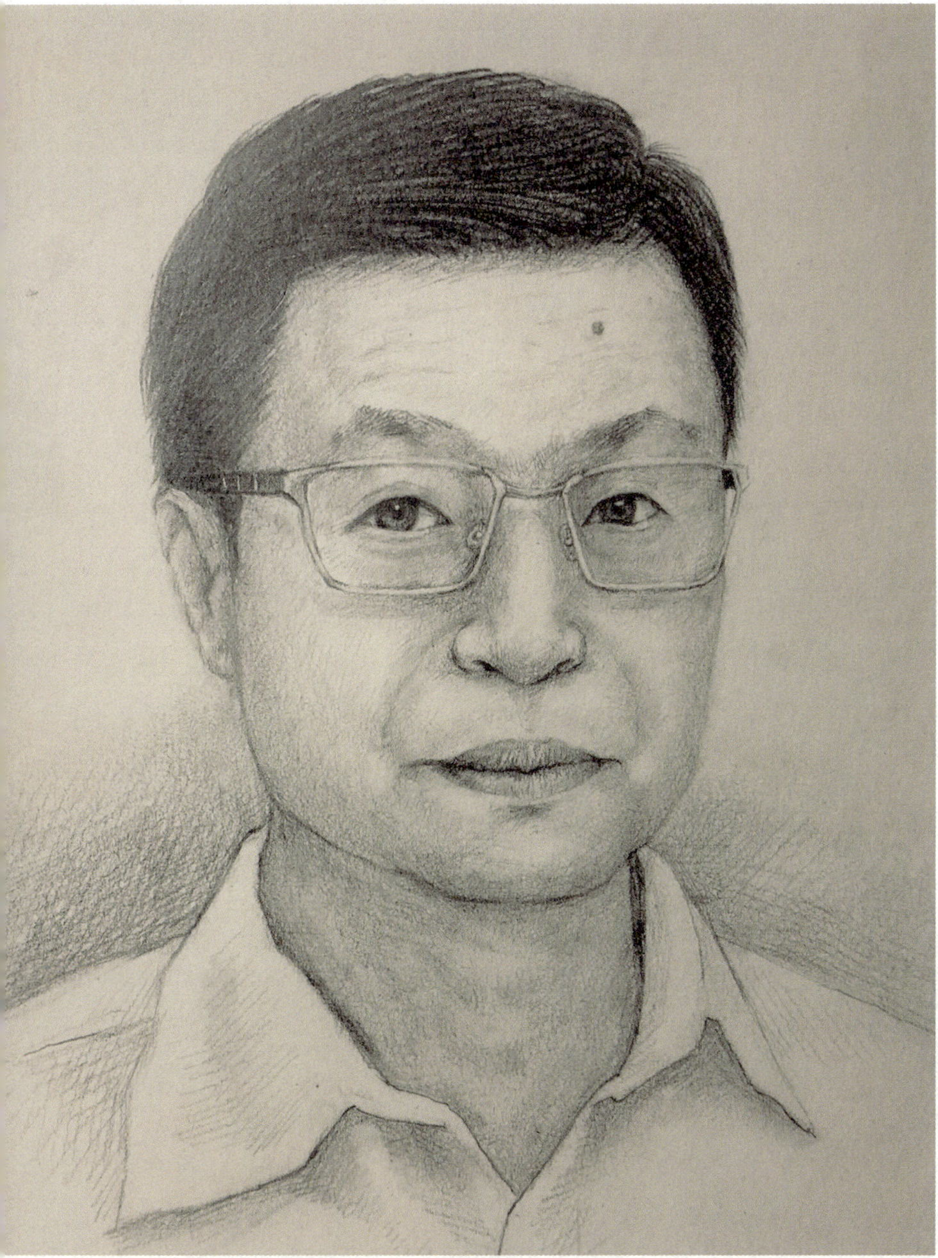

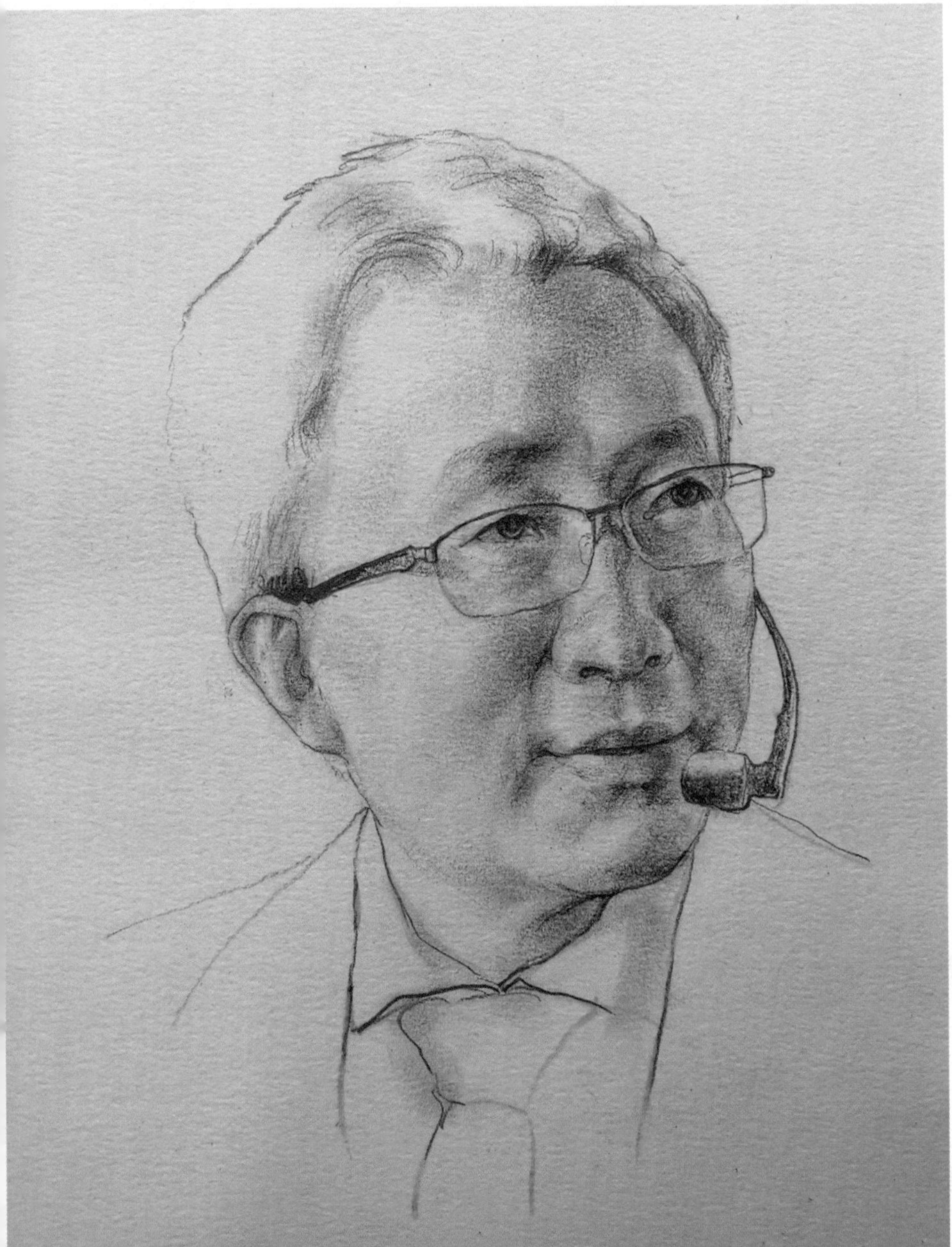

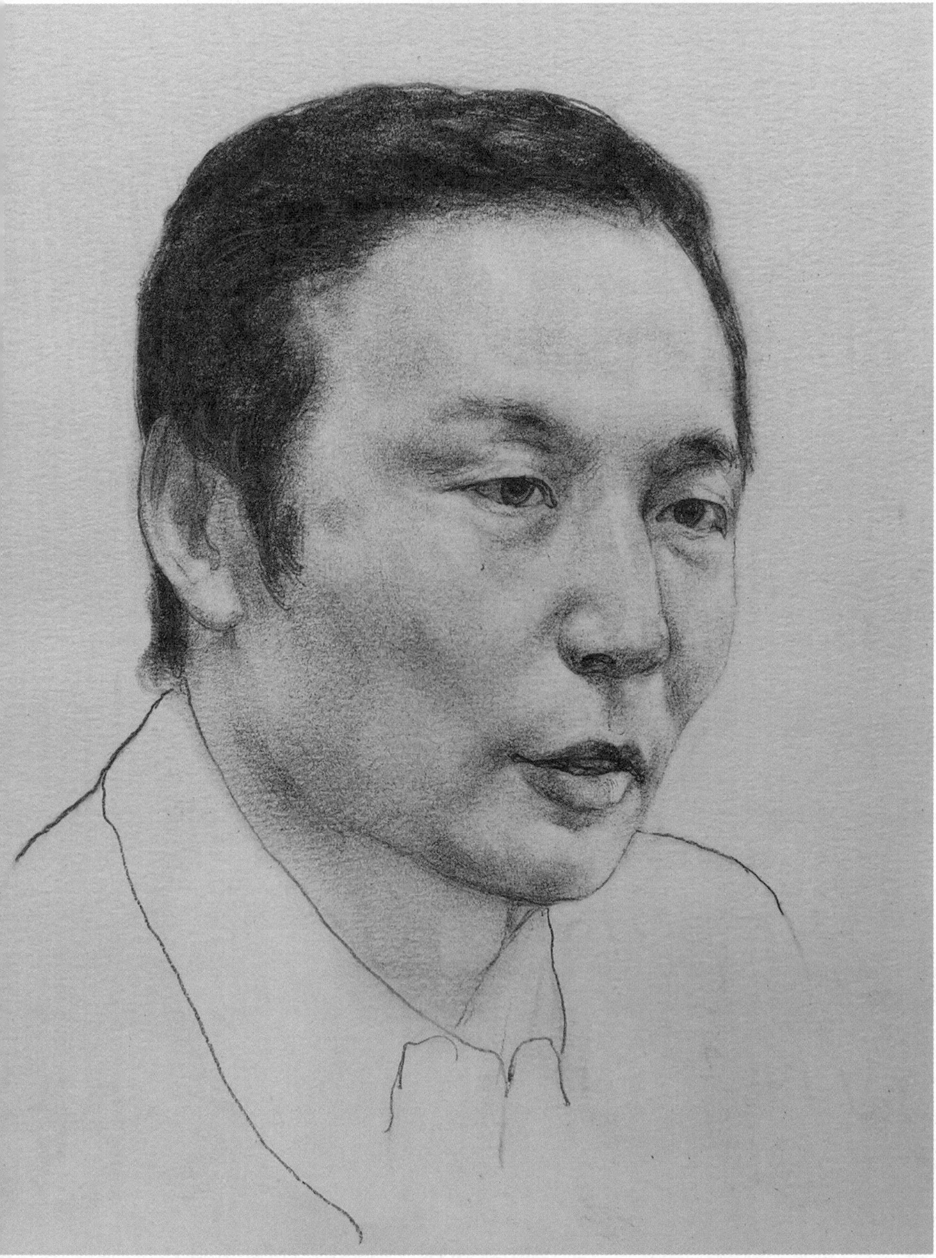

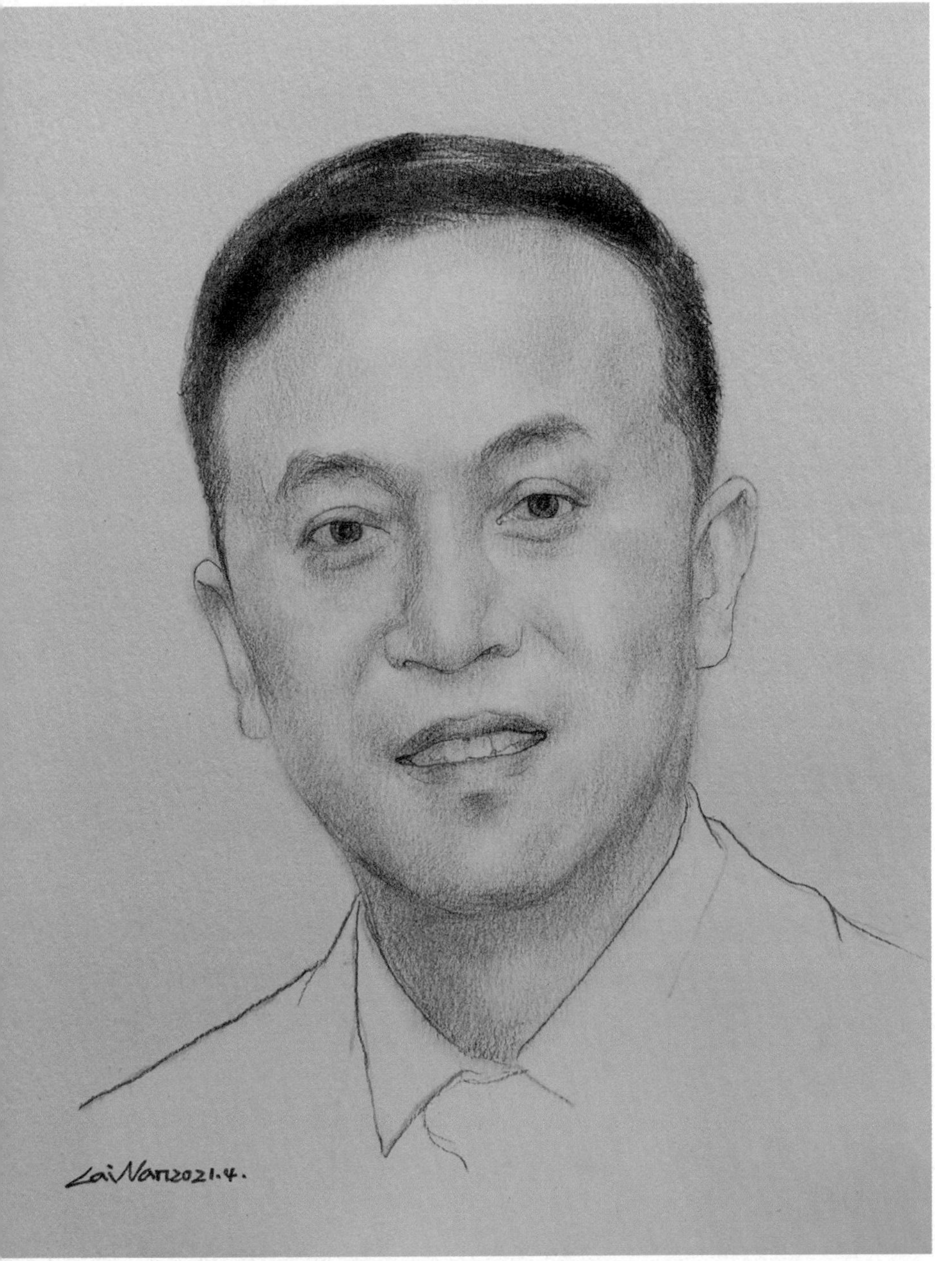
LaiNan2021.4.

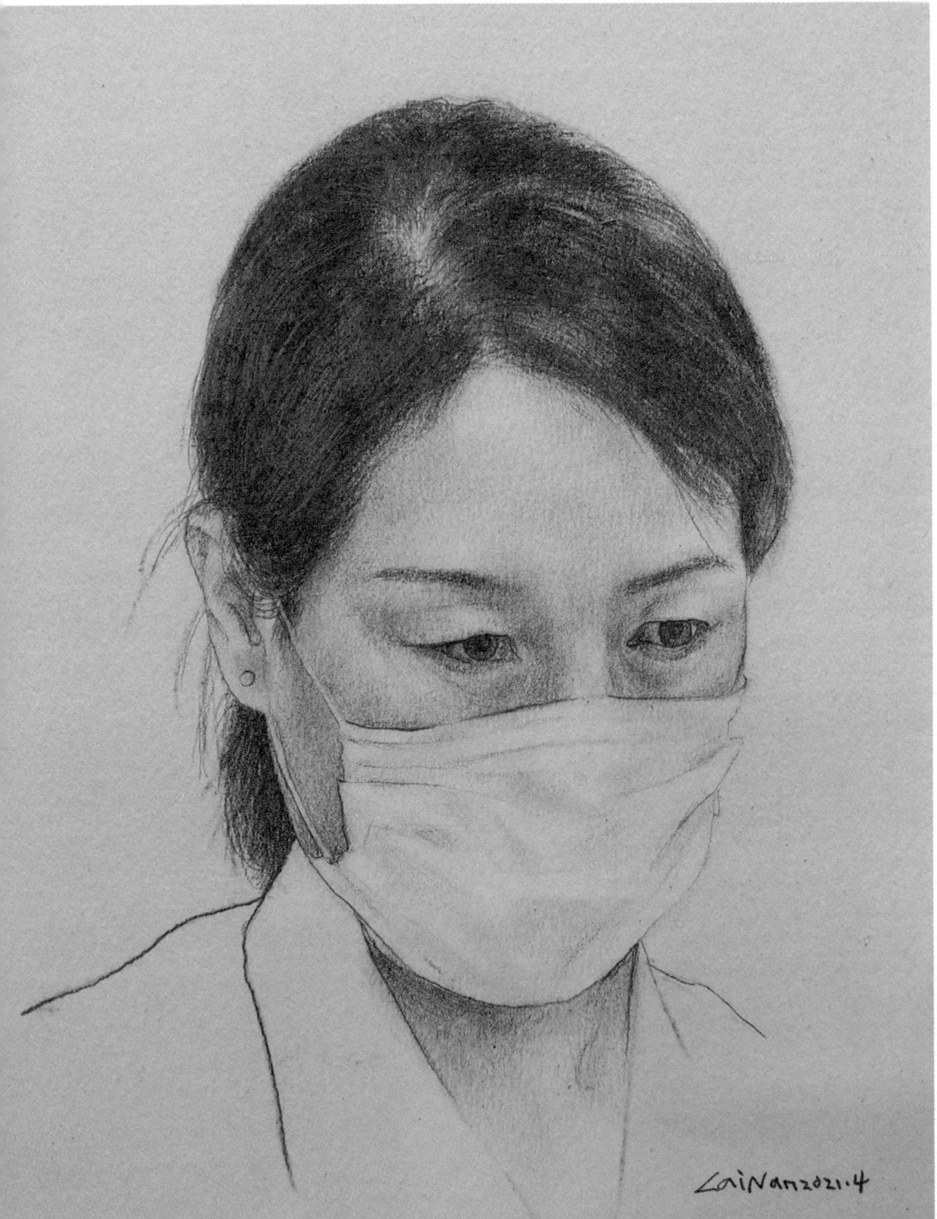
LaiNan2021.4

LaiNan2021.4

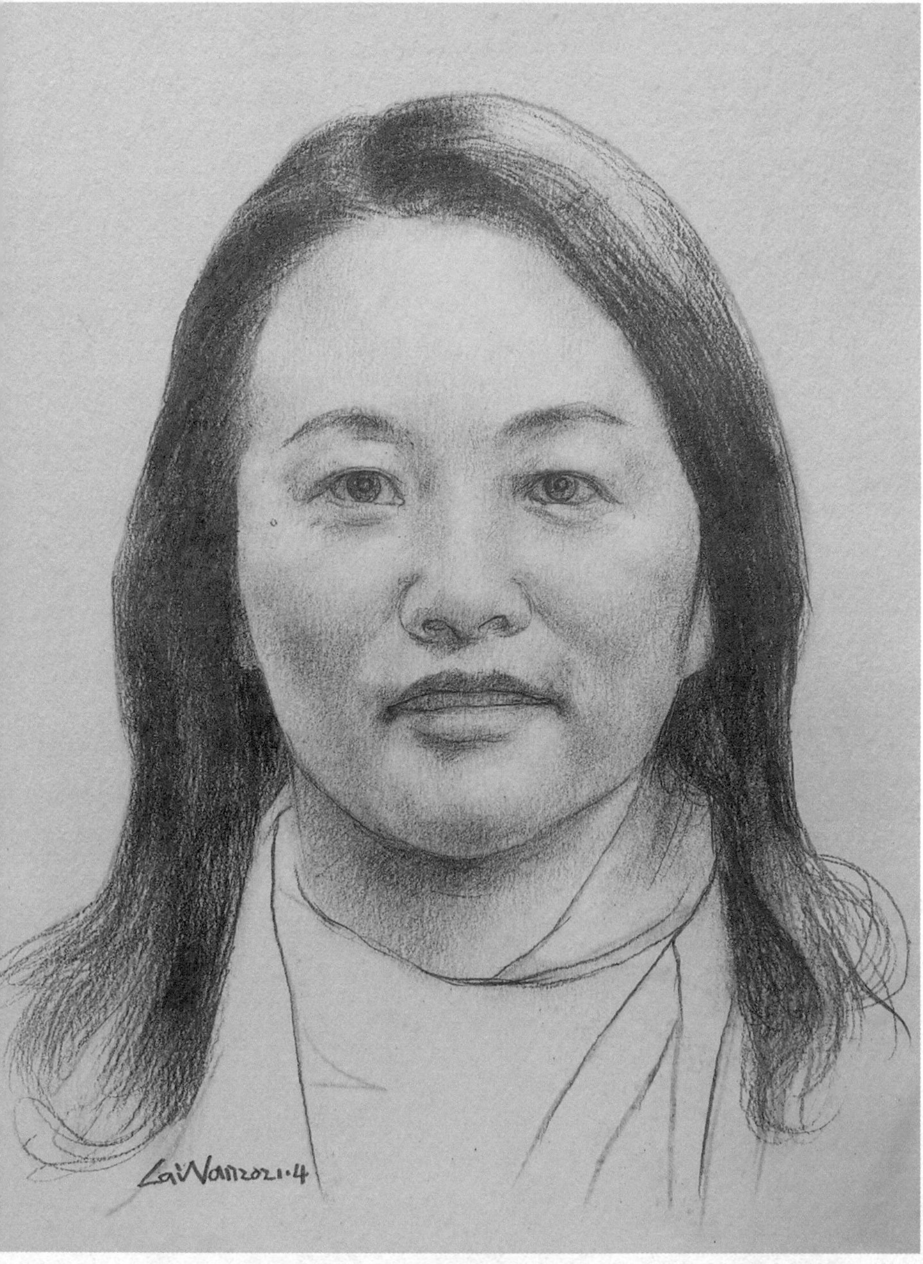
LaiWan2021.4

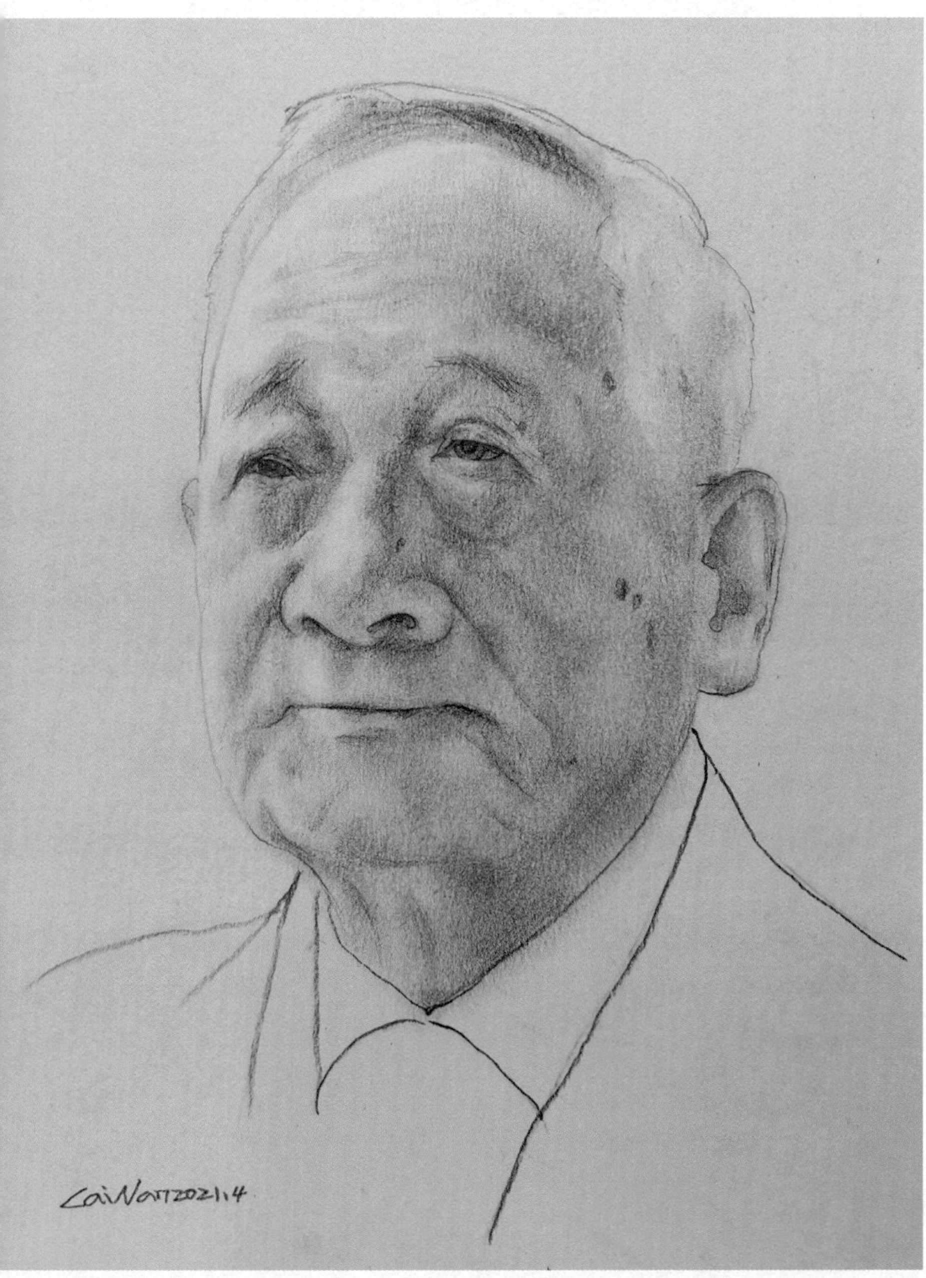
CaiNan 2021.4

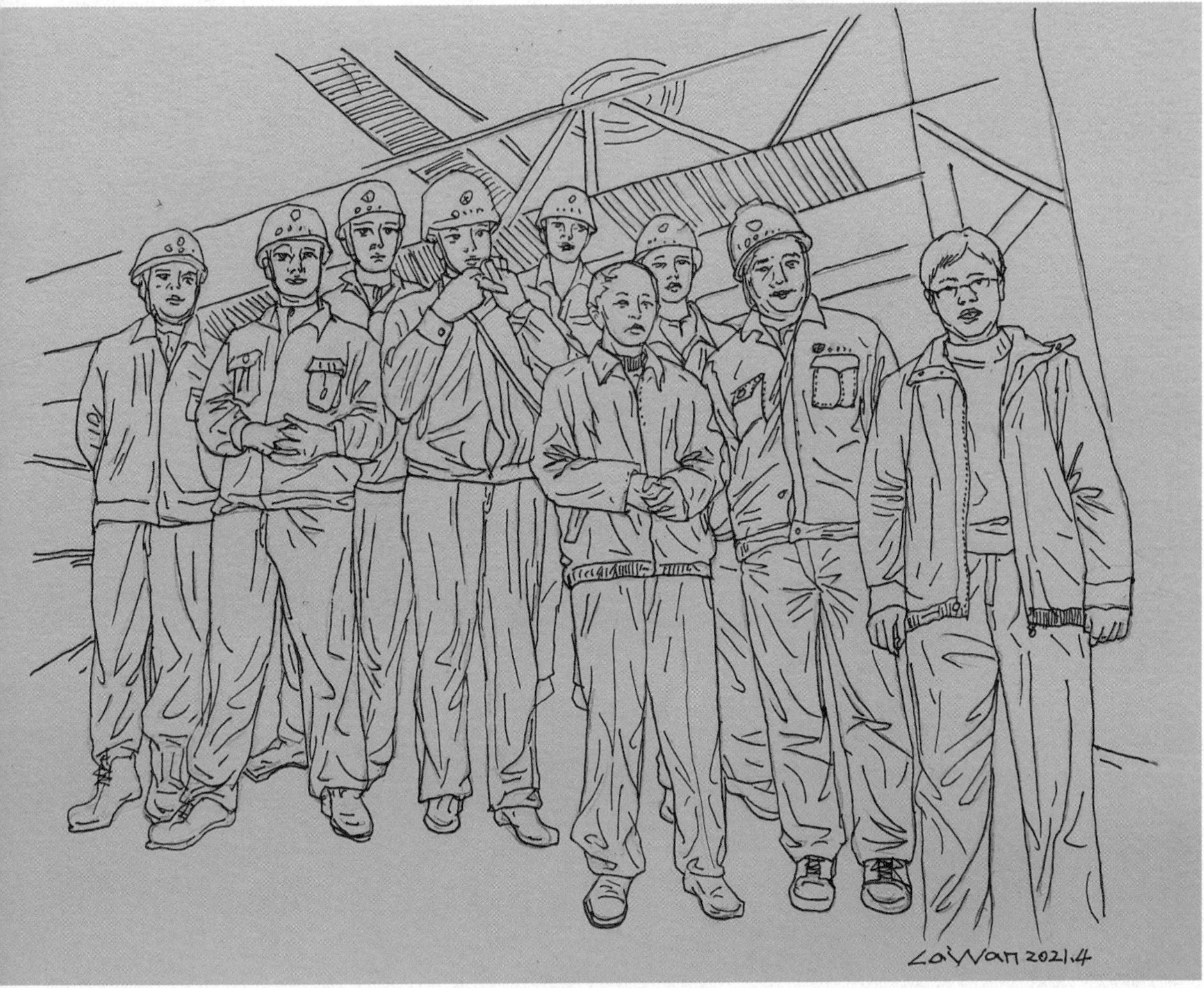
LaiWan 2021.4

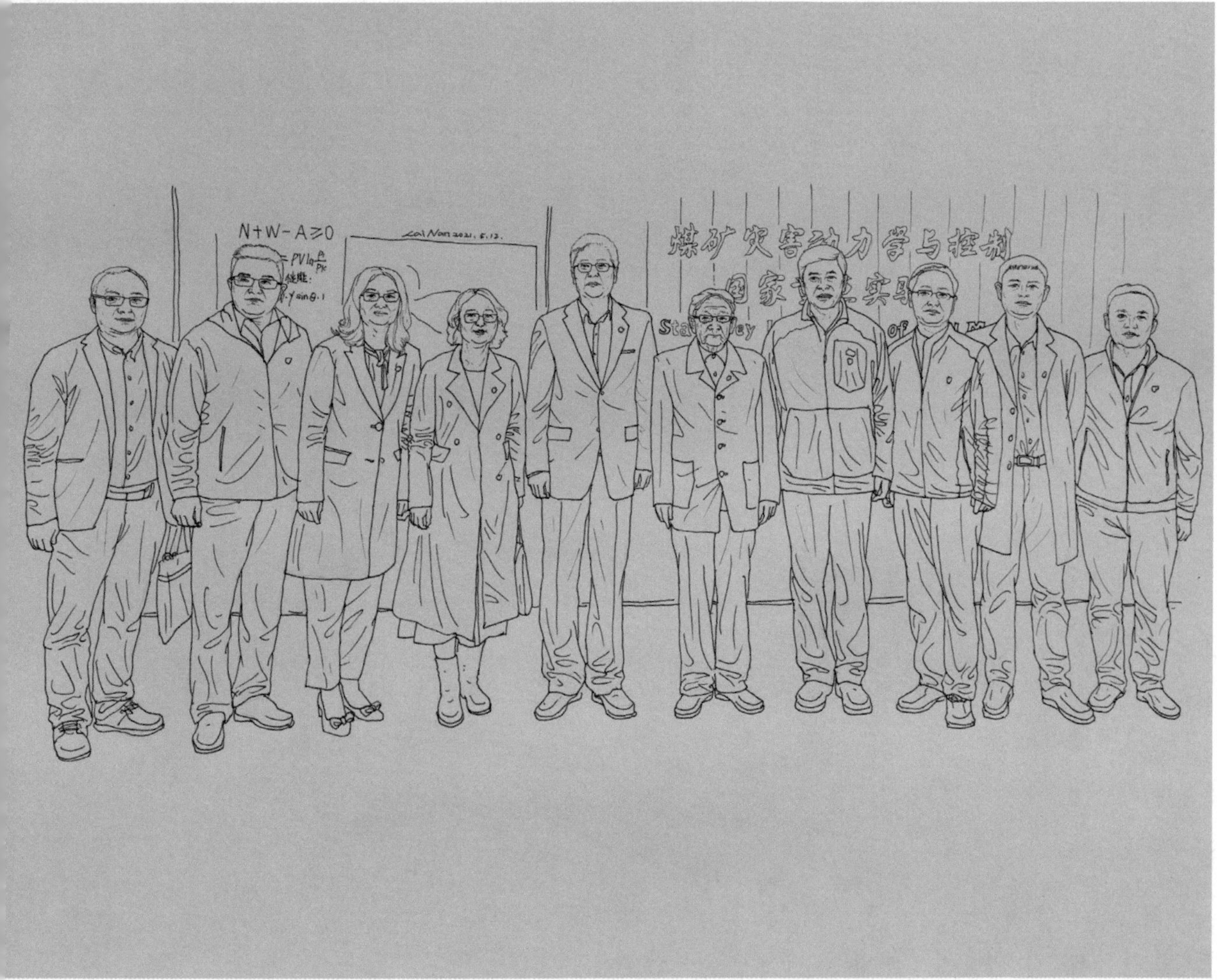
N+W-A≥0
煤矿灾害动力学与控制

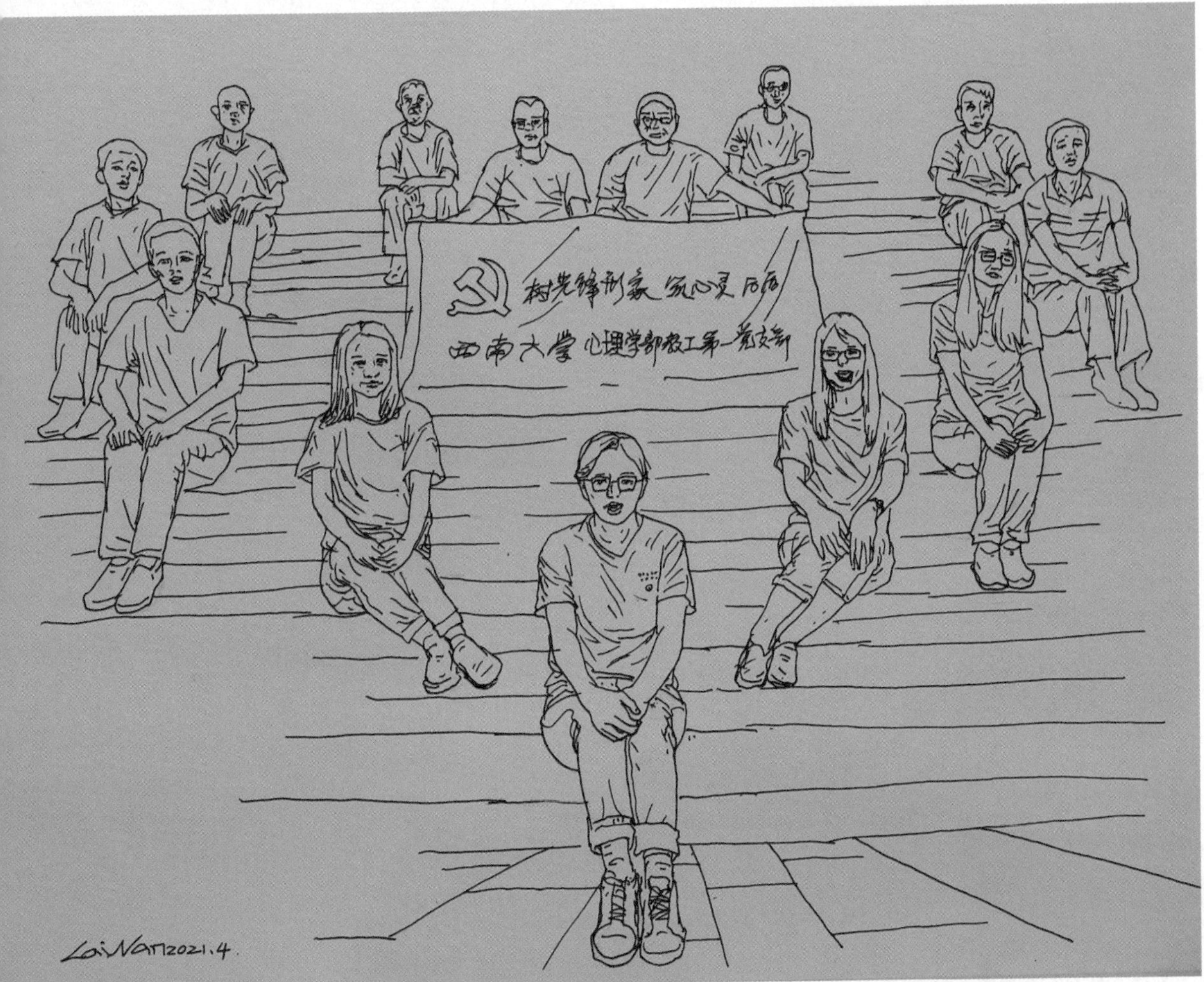
树先锋形象 筑心灵后盾
西南大学 心理学部教工第一党支部
LaiNan2021.4.

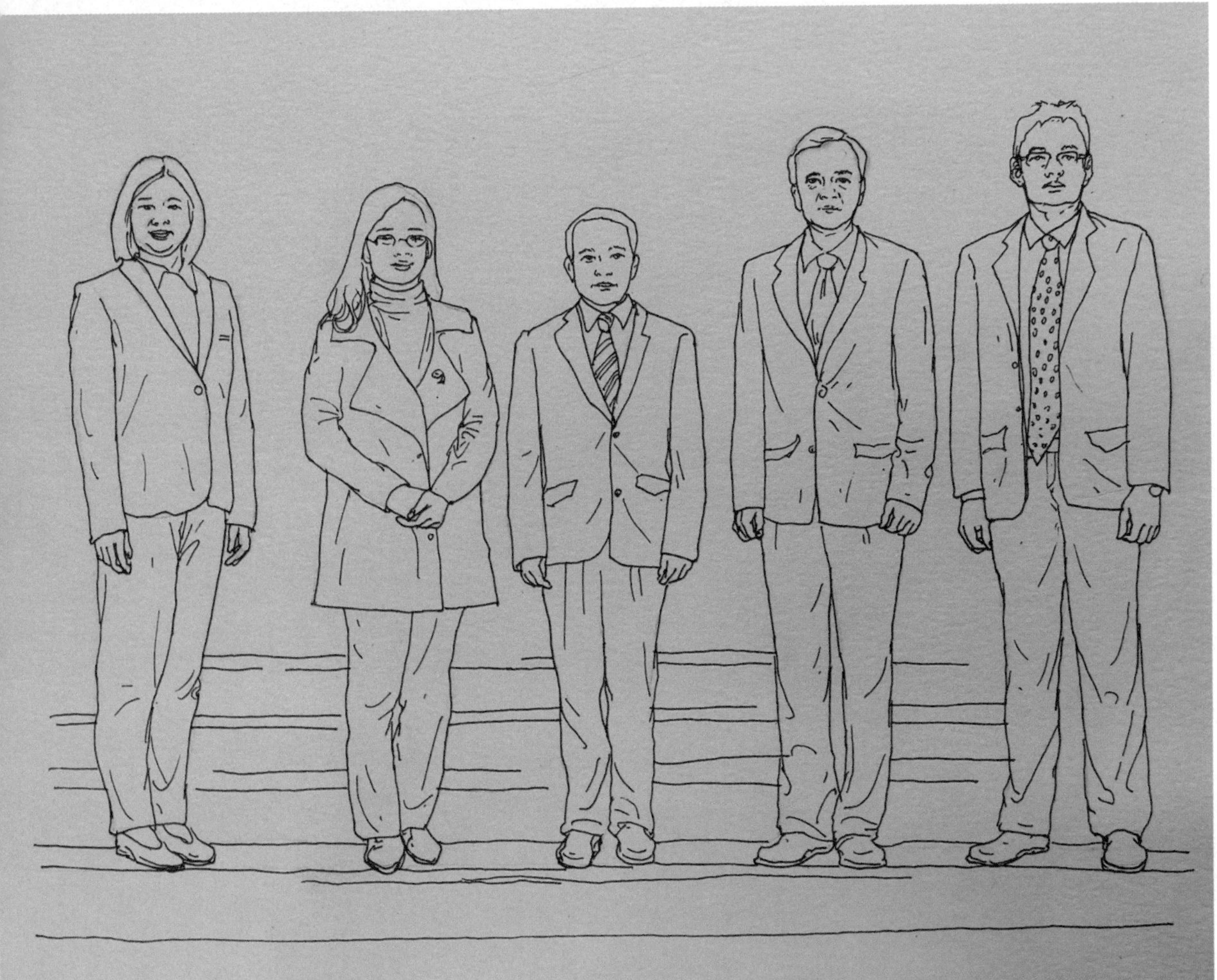

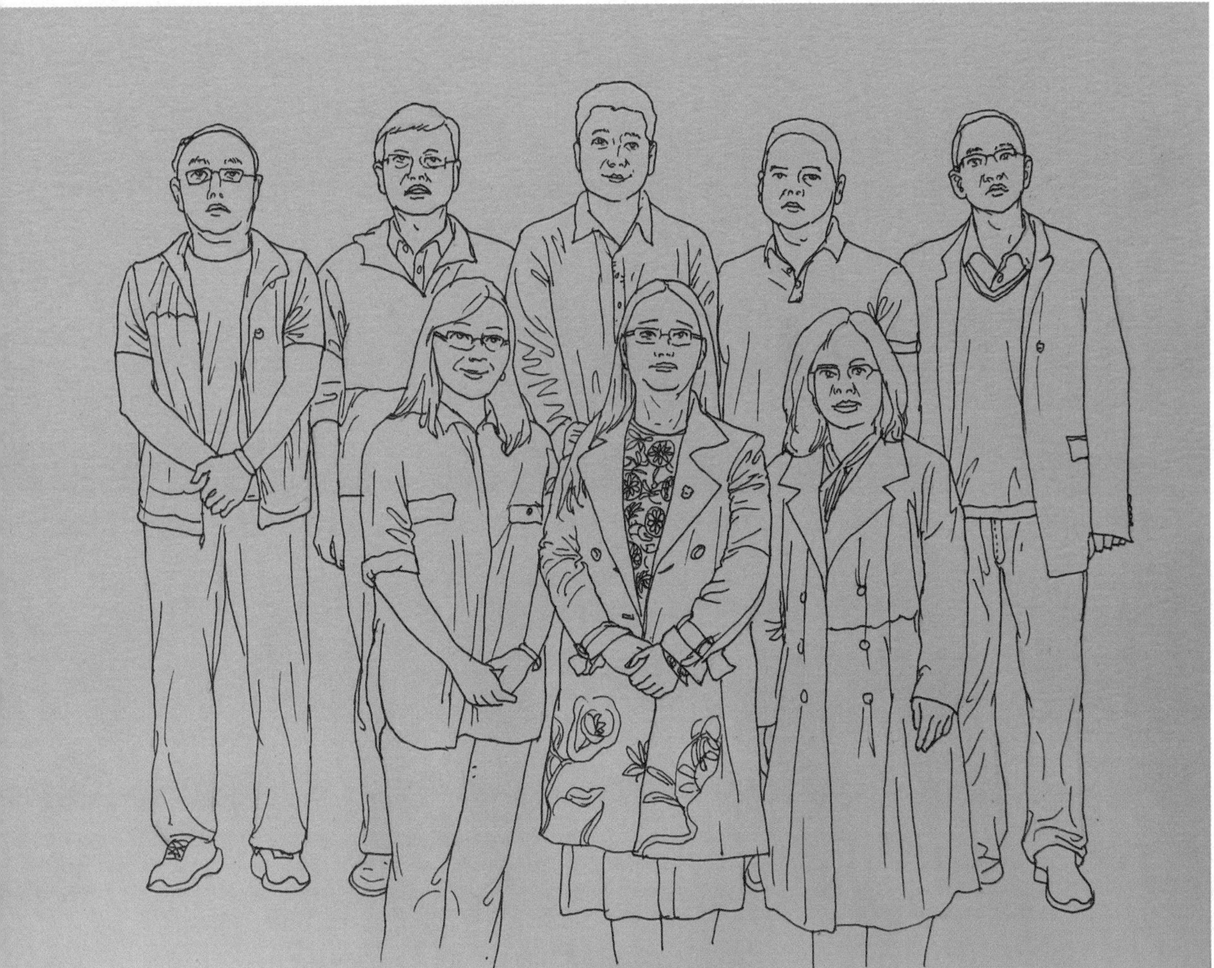

中共网络空间安全与信息法学院委员会
20年12月11日

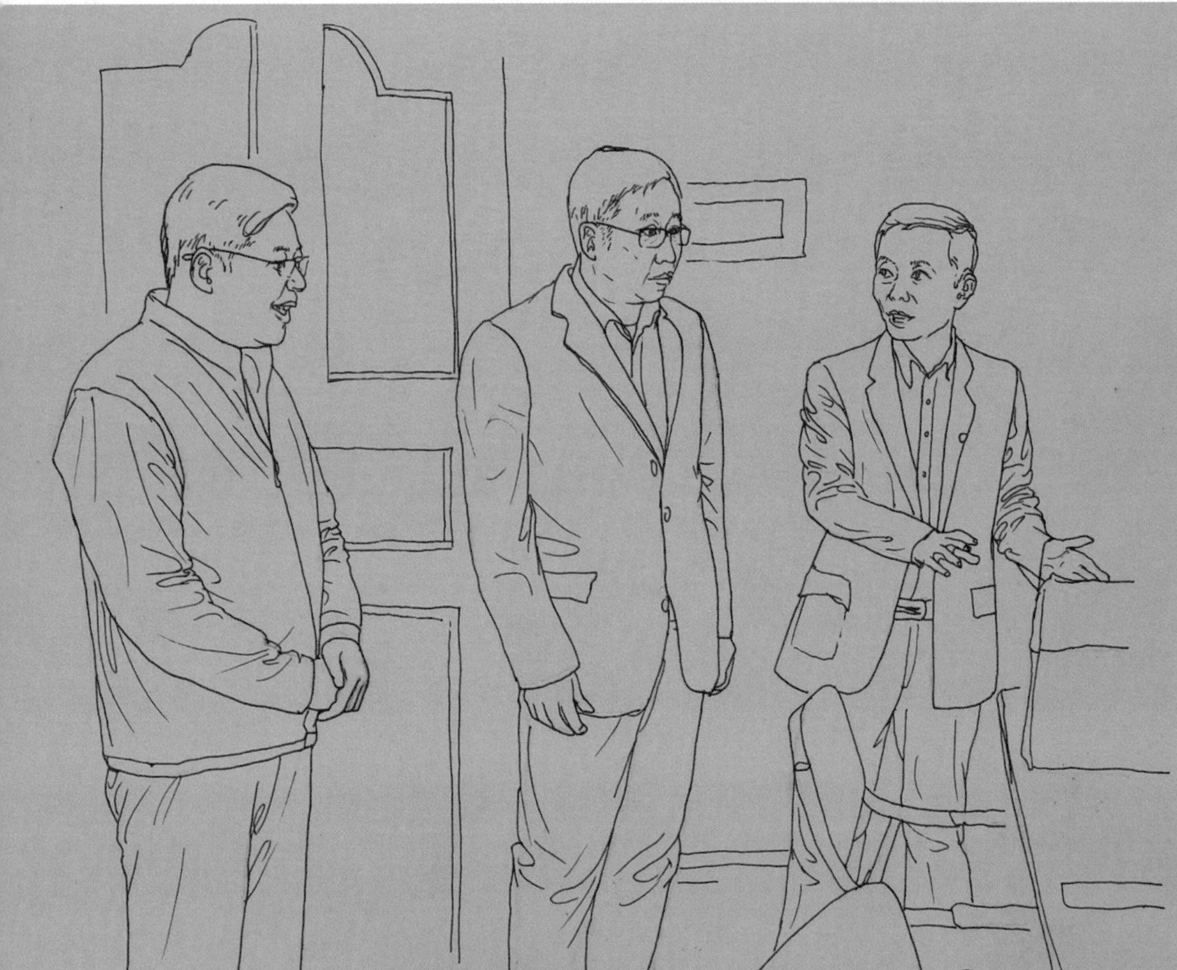

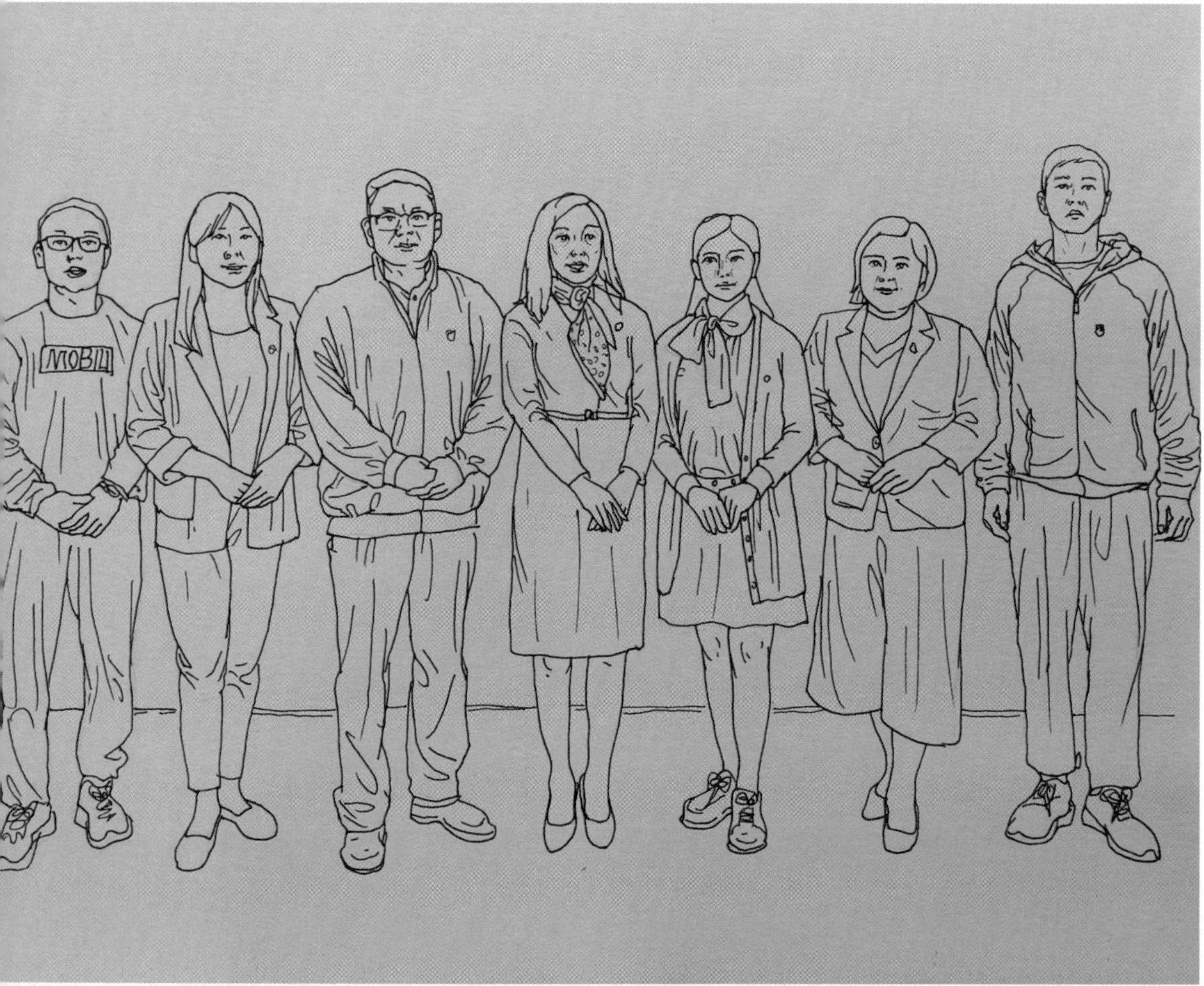